DU MAINTIEN

DE LA

PEINE DE MORT.

Cet Ouvrage se trouve aussi, à Paris,

CHEZ NÈVE, Libraire, Palais de Justice, n° 9;
PISSIN, Libraire, place du Palais de Justice, n° 1;
CHAUMEROT, Libraire, quai des Augustins, n° 13;
A la Librairie Espagnole, galerie Bossange, rue de Richelieu, n° 60;
BOHAIRE, Libraire, boulevard des Italiens, n° 10;
Et dans les départemens, chez les principaux Libraires.

On trouve chez les mêmes Libraires:

HISTOIRE ROMAINE jusqu'au temps d'Auguste, *en langue espagnole;* par M. M. Silvela. 1 vol. in-8°, Prix: 7 fr.

IMPRIMERIE ET FONDERIE DE RIGNOUX,
rue des Francs-Bourgeois-S.-Michel, n° 8.

DU MAINTIEN

DE LA

PEINE DE MORT.

PAR M. F. A. SILVELA.

> La cause de la mort est-elle dans la loi ou dans le crime ?
>
> La cause de la mort de l'agresseur est-elle dans l'homme assailli ou dans l'attaque ?
>
> ROSSI. *Traité du Droit pénal.*

PARIS.
DELAUNAY, Libraire, Palais-Royal,
VIDECOQ, Libraire, place du Panthéon, n° 6,
près l'École de Droit.

—

1832.

AVERTISSEMENT.

Je n'entreprendrai pas de prouver l'importance de mon sujet, encore moins d'en faire sentir la difficulté ; ce serait superflu.

Je n'ai qu'un mot à dire sur l'état de la question, sur son opportunité.

Jamais question ne fut plus débattue que dans l'époque où nous vivons; jamais attaques ne furent plus violentes, plus répétées contre un droit dont toutes les sociétés ont jusqu'ici fait usage. Des noms éminemment respectables figurent des deux côtés. Jurisconsultes profonds, savans moralistes, hommes dont la haute raison est à l'épreuve, tous s'en sont occupés, et cependant, sans qu'on soit encore parvenu à une solution entièrement satisfaisante, capable de confondre en une seule toutes les opinions raisonnées.

C'est au nom de l'humanité qu'on demande, d'un côté, le maintien de la peine de mort, non-seulement pour les crimes privés, mais pour les crimes politiques; pour ces crimes qui ont servi de tout temps à ensanglanter la terre!

C'est encore au nom de l'humanité qu'on demande, de l'autre, l'abolition absolue de la peine capitale, parce qu'on la regarde comme le plus cruel abus de la force.

Telle est l'opposition des opinions sur cette question vitale, et qui touche de si près aux intérêts de tous!

Il serait désespérant de se résoudre à ignorer de quel côté se trouve la vérité. J'ai voulu, pour ma part, sortir de cette fâcheuse incertitude, et après bien des efforts j'ai pu arriver à une conviction.

Qu'aux temps des Beccaria, des Filangieri, ces bienfaiteurs de l'humanité, on n'eût qu'un seul avis; que, se rangeant sous leurs bannières, les hommes instruits, les amis du droit tant de fois outragé, suivissent aveuglément l'impulsion que ces deux génies venaient de donner aux esprits : rien ne s'explique mieux. Le pouvoir abusait partout cruellement de son droit; il fallait le lui contester. Pour protéger l'homme contre ses tyrans, il fallait le

AVERTISSEMENT.

déclarer inviolable. On sait que les partis extrêmes ne doivent, en général, leur origine qu'à l'irritation produite par des excès opposés. Les horreurs du fanatisme religieux provoquèrent souvent les hommes à l'impiété; la licence républicaine engendra le despotisme des Césars, et c'est ainsi que la cruauté sanguinaire des législateurs jeta jadis les âmes ardentes, les âmes sensibles et généreuses dans l'opinion qui signale la peine de mort comme une sévérité inutile, comme un attentat aux droits de la Divinité.

Que, pour épargner les nombreuses victimes des passions politiques, le vertueux Duport décidât les bureaux de l'Assemblée constituante à proposer l'abolition de la peine de mort; que plus tard, et dans le même but, le malheureux Condorcet renouvelât la même proposition à la Convention nationale; que de nos jours encore, au sortir d'une révolution magnanime, mais dont on n'était pas sûr de maîtriser les écarts, on vînt contester à la société le droit dont il est ici question; on conçoit facilement quel était le mobile de ces nobles efforts. Il fallait ménager le sang, épargner à l'humanité d'avoir plus tard à rougir de son histoire. Le sentiment seul agissait : la raison donnait son approbation.

Dans tous ces cas, il n'y avait pas de choix à faire. Il n'y avait qu'un seul parti à prendre.

Mais aujourd'hui que de telles circonstances ont disparu pour la France; que, par la nécessité des temps, le pouvoir ajoute chaque jour à la douceur de son autorité; que, grâce à notre civilisation avancée, les passions politiques qui s'agitent autour de nous avec tant de violence n'ont cependant rien de sanguinaire : aujourd'hui que nous avons encore ensemble l'ordre public allié à une grande somme de liberté; aujourd'hui que tous les droits sont sacrés; que, sous ce rapport, nous jouissons du plein et entier accomplissement de nos espérances, il doit être possible d'examiner cette grave question avec le calme d'un esprit uniquement occupé de la recherche de la vérité, avec le sang-froid qui exclut toute préoccupation passionnée. Il doit être permis, après un mûr examen, de se prononcer pour le maintien de la peine de mort sans crainte de compromettre la vie des innocens,

AVERTISSEMENT.

sans encourir le reproche d'insensibilité ou d'égoïsme.

Les partisans de l'abolition de la peine capitale se sont donné le nom de philanthropes. Leur cause serait sans doute la plus belle, si leur victoire n'avait aucun danger. L'enthousiasme avec lequel ils soutiennent leur opinion, les séductions dont ils s'entourent, leur ont fait de nombreux partisans, surtout parmi ces classes d'hommes qui, n'étant pas habitués à se rendre compte de leurs propres idées, passent sur les difficultés sans les apercevoir, et courent sans reprendre haleine vers un but qui fuit devant eux. Combien de fois n'ai-je pas entendu dire : « Je n'ai point médité, étudié la question, mais je ne suis pas partisan de la peine de mort! »

Libre à vous de vous guider aveuglément par un sentiment; mais sachez que le sentiment de cent hommes qui n'auront ni pensé ni réfléchi, qui n'ont pesé ni les inconvéniens ni les avantages, qui ne sont pas capables de s'élever à la hauteur des connaissances nécessaires pour cette redoutable théorie; sachez, dis-je, que leur sentiment ne vaudra pas l'opinion raisonnée, fondée, d'un seul homme qui, sûr de ses principes, doué d'une raison forte ou d'une grande sagacité, se sera prononcé pour un parti quelconque.

Mais rassurons-nous; les partisans de l'abolition de la peine de mort ne sont pas si nombreux. Quel que soit le talent de ceux qui se montrent à leur tête, à la vue, au récit d'un de ces crimes qui montrent l'homme plus féroce que le tigre, la grande majorité repousse leurs théories. L'instinct, le sentiment des hommes poursuit le criminel, et le condamne à mort avant même que le pouvoir social ait pensé à le trouver coupable.

Rien, cependant, n'a tant fortifié mon opinion que de la voir partagée par un homme que son noble caractère, que ses profondes connaissances rendent éminemment respectable, mais que surtout ses vertus doivent faire chérir de tous les amis de l'humanité.

Celui qui pendant six longues années, dans un poste difficile, membre d'une Cour suprême dans un pays déchiré par la guerre civile, que la misère et toutes les calamités ensemble semblaient vouloir accabler, sut se concilier le respect, l'attachement unanime ; qui fut plus souvent le défenseur que le juge de l'accusé ; celui qui ne prononça jamais une sentence de mort pour des crimes politiques, au moment où les accusations de cette espèce se succédaient ; celui enfin qui témoigne de son horreur pour le sang, de son respect pour la vie des hommes, de sa générosité inouïe en disant : « Dans la nécessité de tuer ou d'être tué, je ne balance pas ; je me laisse assassiner. » Celui qui se sent capable d'un tel dévouement même en faveur du crime ; eh bien ! cet homme professe l'opinion qui condamne à mort le scélérat dont le forfait a rendu l'existence incompatible avec celle de ses semblables.

Qu'on ne donne plus maintenant le nom d'hommes sensibles, d'amis de l'humanité aux seuls partisans de l'abolition de la peine capitale. Qu'on ne cherche pas à attacher une sorte de défaveur à une cause qui compte parmi ses défenseurs des hommes envers lesquels on n'est pas assez juste quand on ne fait que louer leur probité, leur délicatesse et leur profond savoir.

Je manquerais à tous mes devoirs si j'oubliais de dire ici que c'est à l'homme dont je viens de parler, que je dois ce qui peut paraître, dans cet écrit, digne de quelque estime; formé à son école, imbu de ses principes, je n'ai fait sans doute que reproduire ici le texte de ses leçons, que consigner dans mon travail le fruit de son expérience et de ses veilles. Mes erreurs m'appartiennent; qu'on ne l'en rende pas responsables.

Je ne dirai rien de la manière dont j'ai essayé de prouver la légitimité de la peine de mort : le lecteur en jugera.

Je veux seulement apprendre au public, bien que cela l'intéresse fort peu, que ce travail n'était pas destiné à lui être offert. Il a fallu tous les encouragemens de mes amis, toute la bienveillance dont ils m'honorent, pour me décider à faire paraître ce que je ne considérais d'abord que comme un moyen de me former une opinion raisonnée sur cette intéressante question.

L'excellente publication de M. Urtis fut pour moi une nouvelle occasion de me refuser à leurs instances. Je cède aujourd'hui à leurs désirs; mais je les prends à témoins de ma juste méfiance; je n'ai jamais pu me résoudre à croire que j'aie réussi, même partiellement, là où les efforts de tant de bons esprits sont venus échouer.

Ouvrage de pure doctrine, dépourvu d'application et d'exemples, de tout ce qui répand de l'intérêt sur des recherches théoriques, je crains qu'il n'offre peu d'attrait.

N'ayant jamais pu comprendre l'utilité de ces brillantes abstractions, de ces vagues et mystérieuses généralités si souvent jetées dans la question, j'ai du chercher à les éviter. Sacrifiant tout à la clarté, j'ai poussé quelquefois la simplicité du langage presque jusqu'à l'affectation des formes didactiques.

Forcé de réfuter les mêmes argumens reproduits sous mille formes, j'ai été souvent entraîné dans des répétitions auxquelles d'ailleurs la fixité de mes principes devait me condamner.

Quel que soit maintenant le jugement qu'il plaira au public de porter sur mon travail, j'espère du moins qu'il n'y verra qu'une œuvre de conscience.

TABLE DES MATIÈRES.

Avertissement. Pag. j

Chapitre Ier. Considérations générales sur les peines. 1

Chap. II. De la légitimité de la peine de mort. 36

Chap. III. Observations générales sur les objections qu'on a faites contre la peine de mort. 111

Chap. IV. *Première Objection.* — La peine de mort est *inutile*, parce qu'elle est inefficace, parce qu'elle ne produit pas la crainte et le salutaire exemple qu'on se propose d'en tirer. 118

Chap. V. *Deuxième Objection.* — La peine de mort est *irréparable*; s'il y a une erreur, il n'est plus possible de revenir sur l'effet qu'elle a irrévocablement produit. 157

Chap. VI. *Troisième Objection.* — La peine de mort est *injuste*, par cela seul qu'elle est indivisible et inappréciable. Elle frappe de la même peine des crimes différens; elle frappe au déclin de l'âge comme à la fleur de la vie; elle est par conséquent plus forte envers l'un des deux individus complices du même délit. 218

Chap. VII. *Quatrième Objection.* — La peine de mort est *nuisible*, parce qu'elle démoralise les masses quand elle est publique. 241

Chap. VIII. *Cinquième Objection.* — Il est avantageux de remplacer la peine de mort par la réclusion dans des maisons pénitentiaires où

TABLE DES MATIÈRES.

Pages

le délinquant, par un travail assidu, par une conduite morale et religieuse, pourra réparer devant Dieu, si ce n'est devant les hommes, le crime qu'il a commis, et paraîtra avec moins d'effroi devant le tribunal qui doit juger tous les hommes. 263

Chap. IX. De quelques cas où la peine de mort est applicable. 279

Chap. X. Du lieu des exécutions. 304

Chap. XI. Du système pénitentiaire comme destiné à remplacer les effets répressifs de la peine de mort. 316

Chap. XII. Du système pénitentiaire considéré comme moyen auxiliaire de répression. 341

Chap. XIII. De quelques perfectionnemens dont le système pénitentiaire est susceptible. 361

Additions. 399

DU MAINTIEN
DE LA
PEINE DE MORT.

CHAPITRE PREMIER.

Considérations générales sur les peines.

Le mot de pacte social a tellement vieilli qu'il faut aujourd'hui quelque courage pour le rajeunir; mais, quoi qu'il en soit, il ne désignera pas moins une idée réelle; il n'en sera pas moins incontestable que toute association petite ou grande, à quelque état de civilisation qu'on la prenne, sous quelque latitude qu'on la considère, subsiste en vertu du consentement implicite, si non exprès des individus dont elle se compose.

Ensuite, pour que la société, après s'être formée, se maintienne et prospère, il faut nécessairement que les membres de l'association observent les uns à l'égard des autres, sinon tous les devoirs de la morale, au moins les plus importans d'entre eux; sans quoi la société non seulement ne prospère pas, mais même elle devient impossible, elle se dissout, tandis que c'est l'état naturel de l'homme, tandis qu'il y a pour lui nécessité absolue de vivre en société.

Le législateur, cet être moral qui agit uniquement dans l'intérêt social; cet être qu'on suppose et qui doit être en effet doué de la plus haute raison, de la plus grande sagesse dont les hommes soient capables, est sans contredit, celui à qui appartient de régler, de déterminer quels sont ces devoirs de morale dont l'observation est indispensable au maintien de l'ordre et de la paix dans la société, indispensable, en un mot, à son existence. Ceux qu'ils ne déterminent pas sont laissés à l'arbitre de chacun; chacun est maître de les accomplir ou de les négliger, quelque importans d'ailleurs qu'ils puissent être. Il n'appartient qu'à Dieu de faire observer aux hommes cette seconde espèce de devoirs; Dieu seul a des moyens infaillibles pour régler la conduite de ses créatures : l'homme législateur fait très bien de ne pas s'en mêler toutes les fois qu'il peut s'en dispenser.

Le législateur ne saurait avoir en vue que l'intérêt social.

Ces vérités que nous annonçons si rapidement ne sont pas, cependant, des vérités d'intuition, des axiomes, des vérités *à priori* d'après le langage d'une fausse logique; ce sont autant de propositions dont les démonstrations ont été longuement et savamment données, et sur lesquelles, par conséquent, nous pouvons nous appuyer. Qu'ici on nous dispense d'insister davantage.

Le législateur établit donc dans nos devoirs cette distinction qui les classe :

1° Les devoirs que nous sommes maîtres d'accomplir ; dont l'oubli ne nous expose à d'autres inconvéniens de la part des hommes qu'à leur désapprobation et à la honte ou au mépris résultant de cette désapprobation.

2° Les devoirs que nous sommes tenus d'accomplir envers les autres hommes, sans quoi la nécessité de leur conservation leur impose le droit de nous y contraindre.

Après avoir mis à l'écart les devoirs de pure morale, il reste au législateur à faire observer les devoirs de morale sociale, ou, si l'on veut, les lois civiles qui ne peuvent jamais être que l'expression de certains devoirs de morale, plus une sanction, une menace de la part du pouvoir social.

L'observation de ces devoirs indispensables, c'est l'obéissance.

Nous nous abstiendrons aussi de démontrer que le législateur possède seul le droit de commander, et, par suite, celui de se faire obéir, agissant toujours dans l'intérêt social.

Les hommes honnêtes, probes, les bons citoyens obéissent à leurs devoirs indispensables, non parce qu'une sanction est attachée à leur inobservation, mais uniquement parce qu'ils sont des devoirs de morale, tout comme ceux que le législateur ne sanctionne pas.

L'homme qu'une constitution organique vicieuse, ou qu'une mauvaise éducation rend enclin au mal, tend à s'affranchir de ces devoirs envers ses semblables, soit constamment, soit dans certains cas seulement, sans vouloir renoncer, bien entendu, à ce que les autres les observent à son égard. Cela lui est utile; il le sent ; il n'y renonce pas. Mais pour l'obéissance, il ne la prête pas, et met, par ce seul fait, le législateur dans l'obligation de le contraindre d'obéir et d'employer contre lui les armes que les citoyens paisibles ont déposées dans ses mains.

Le législateur peut donc contraindre par la force à l'accomplissement ou à l'observation de ces devoirs celui qui les enfreint. Mais comme malheureusement tous les devoirs non accomplis, ou tous les droits des autres violés, ne sont pas susceptibles de réparation, le législateur ne peut se contenter d'agir après coup. Lorsqu'on a violé envers un individu le devoir qui nous ordonne de respecter la vie d'autrui, il n'y a plus moyen de faire que cette violation n'existe à son égard. Le législateur doit prévenir les actes d'inobservation des devoirs indispensables. C'est là sa mission : c'est à quoi il est préposé; le reste n'est peut-être qu'un moyen et non un but.

Le législateur n'a que deux manières d'agir sur l'homme près de devenir coupable : par la justice de prévoyance qui cherche les moyens de placer les hommes dans de telles positions qu'ils n'aient pas d'intérêt à s'affranchir de l'observation des devoirs indispensables; que rien, en un mot, ne les pousse au crime. Ce sont ces moyens, c'est cette justice de prévoyance que tous les gouvernemens ont plus ou moins négligée et que souvent ils ont abandonnée. Nous pourrions faire entendre à ce sujet de justes réclamations contre les hommes d'État qui n'ont jamais pensé à prévenir l'action en éloignant la cause. Nous pourrions facilement entrer dans de longs développemens; mais comme malgré l'emploi de tous les moyens de prévoyance, il n'est pas permis d'espérer qu'on puisse déraciner entièrement le crime, ces développemens ne se rattacheraient pas directement à la question qui nous occupe.

Le second moyen laissé à la disposition du législateur, c'est le sentiment de la crainte. Que de justes plaintes, que d'éloquentes réclamations n'a-t-on pas faites aussi sur l'emploi de ce moyen! qu'il ait dégénéré en abus, nous ne le nions pas, mais l'emploi n'est pas l'abus.

Par l'application de ces deux moyens, il faut, de toute nécesssité, que le législateur empêche ces actes funestes aux individus, et, par suite, à la société entière; soit que ces actes d'inobservation viennent de la part d'un homme antérieurement coupable, ou qu'ils viennent de la part de tout autre individu que l'exemple, l'impunité, et l'attrait de l'inobservation auraient placé sur la pente du mal.

Pour empêcher ces actes coupables, le législateur cherche d'abord à faire jouir des biens de la vie le plus grand nombre d'individus possible, puis enfin il menace; et, lorsque la menace s'est trouvée inefficace il faut qu'il la relève par des *punitions*, sans quoi la menace finirait par devenir impuissante.

Le coupable une fois pris et jugé doit donc être puni. De là, la nécessité des lois pénales.

La punition doit avoir un double but parfaitement distinct, mais qui se confond dans un seul, par rapport à l'intérêt social.

Premièrement, empêcher que le coupable ne tombe dans de nouveaux excès, n'attente encore aux droits d'autrui, ou ce qui revient au même, n'oublie volontairement une autre fois ses devoirs.

Secondement, vu l'insuffisance des moyens de prévoyance, prévenir de la part des autres citoyens l'inobservation des devoirs indispensables.

Ce second effet, qu'on a dû chercher à obtenir en punissant, n'est pas non plus une de ces vérités qu'on n'ait pas contestées; mais c'est aussi une de celles qu'on a le plus généralement admises, sans que cependant on ait toujours réussi à la mettre dans tout son jour.

Quand le juge Burnet disait à un condamné: « Je te fais pendre non pour avoir volé un « cheval, mais pour empêcher qu'on n'en vole « d'autres, » il aurait eu raison s'il avait pu prouver que la société n'a pas d'autre moyen de faire respecter le droit de propriété sur un cheval qu'en pendant l'homme qui le vole. Mais comme, grâce à Dieu, cela n'est pas; qu'il peut y avoir moyen de faire respecter la propriété sans pendre les voleurs, l'acte de pendre pour avoir volé un cheval comme moyen de répression, comme moyen préventif, devient une insigne cruauté, une cruauté révoltante, puisqu'il dépasse de beaucoup le but de la punition même.

La société, n'en doutons pas, en punissant, ne peut se proposer que sa conservation, le maintien de la paix, du bon ordre, quelles qu'en soient les suites pour les coupables. Mais heureusement, pour atteindre son but, elle n'est jamais obligée de faire plus que n'exige l'expiation de la faute ; elle n'est jamais obligée de se montrer plus sévère que la justice de Dieu ; au contraire, il lui suffit, le plus souvent, de rendre prochaine et certaine une partie seulement de cette expiation pour arriver à son but de répression.

Aussi c'est à tort, suivant nous, qu'on reproche à Bentham son système de pénalité fondé sur le principe d'utilité commune. Quand du reproche on a passé à la réfutation, on n'a pas été très heureux.

Exagérant les conséquences de son principe Bentham prétend, il est vrai, que les défenseurs des accusés sont tenus de révéler à la justice les confidences qu'ils ont reçues de leurs cliens sous le sceau du secret ; que les pères et mères sont tenus de dénoncer leurs enfans et même de témoigner contre eux en justice ; et qu'il en est de même des enfans à l'égard des auteurs de leurs jours. Mais qui ne voit l'erreur dans l'exagération et non dans le principe ? Sans doute il faudrait pour l'utilité commune que le fils dénonçât son père, que le défenseur trahît son secret, si de tels faits ne constituaient pas des actes d'immoralité, des actes tels que la société a cent fois plus d'intérêt à les reprimer que le crime dont ces moyens pourraient assurer la manifestation. Il y avait, en parlant d'une manière absolue, conflit pour un instant entre des devoirs sacrés. Dans le cas où le père s'est rendu coupable d'un crime, le fils, d'un côté, doit coopération à l'ordre social qui fait son bonheur, de l'autre il doit respect et même protection aux jours de son père. Ce dernier devoir l'emporte ; le devoir de poursuivre le criminel dans l'intérêt social s'évanouit, et le droit de la société cesse en même temps que son intérêt.

Empêcher les récidives des coupables :

Empêcher, par l'exemple préventif de la punition, les délits que les membres encore purs voudraient commettre, tel est, nous le répétons, le but du législateur en punissant.

Ce double but, Dracon l'atteignait, à n'en pouvoir douter, en punissant de mort tous les délits. Car, d'un côté, la mort empêche les récidives mieux que tout autre moyen, et d'un autre côté, rien n'est plus préventif que la mort par la terreur qu'elle inspire. Mais après l'avoir atteint, le dépassait-il ce but ?... Qui pourrait en douter grand Dieu !..... Il le dépassait tellement qu'au lieu de s'y tenir après y être arrivé, il s'en éloignait à une immense distance.

N'y a-t-il pas, pour atteindre le but essentiel de la punition, d'autre moyen d'empêcher les récidives que de mettre à mort le coupable? Telle est la première question que s'est faite le législateur ami de l'humanité. Un tel législateur ne pouvait manquer de s'apercevoir qu'il était tout aussi utile et même beaucoup plus utile de corriger le coupable, de le réformer, de lui faire abjurer la volonté du mal. Toutefois et malheureusement il n'a pu se flatter d'obtenir dans tous les cas un pareil résultat. Qu'il établisse donc des pénitenciers pour les cas où l'amendement est possible, c'est son devoir; c'est notre droit.

Est-il nécessaire d'épouvanter les hommes toutes les fois qu'il se commet un crime, par la terreur qu'inspire le supplice du coupable? C'est la seconde question. Non sans doute : la peine de mort dépasserait dans une infinité de cas, et elle dépasse encore aujourd'hui dans certains cas où on l'applique, le besoin de répression, le besoin d'*intimidation*. Il y a plus; toutes les fois qu'elle dépasse le besoin de répression, elle s'éloigne de son but. Le législateur doit donc se garder de l'employer là où elle n'est pas strictement nécessaire. L'abus produit l'impunité. Or elle n'est nécessaire que quand cesse la possibilité d'amendement, et par conséquent la possibilité d'empêcher les récidives autrement que par la mort du coupable; cas qui sont précisément ceux qui dénotent la plus grande immoralité possible. Mais comme nous cherchons maintenant les limites du droit de punir et non les points où il doit s'exercer de telle manière, on sent que ce n'est pas ici le lieu de chercher à savoir quand les récidives du coupable ne peuvent raisonnablement être empêchées que par sa mort, et quand le besoin de répression exige ce sacrifice.

La peine de mort, avons-nous dit, dépasse dans bien des cas le besoin l'*intimidation*, mais le dépasse-t-elle dans tous? C'est à présent la seule question. Eh bien! rien ne le prouve, cette preuve n'a pas été fournie (*). Cela nous suffit pour le moment.

---

* Voyez, plus loin, chap. 11. Voyez aussi M. Urtis,

Puisque rien ne prouve que *l'intimidation* nécessaire et suffisante au maintien de l'ordre social ait été produite par tout autre moyen; que rien en un mot ne prouve d'une manière irrécusable que cet effet de l'*intimidation* soit dépassé par la peine de mort dans tous les cas; puisqu'au contraire l'expérience a prouvé que ce terrible moyen produit cet effet, atteint ce but; le législateur, en faisant abstraction pour le moment de la légitimité du moyen, peut s'en servir.

Si l'on ne cherche donc que l'utilité sociale, le législateur a un champ bien vaste pour la pénalité. Depuis les peines les plus légères, dont personne n'a eu idée de contester l'usage, jusqu'à la peine de mort dont l'effet est si puissant, si terrible.

Mais en supposant la question de l'utilité résolue; en supposant qu'il soit convenable et utile de donner la mort au coupable dans certains cas, sous certaines conditions, le législateur a-t-il sur les membres de la société

---

chap. 21, *des divers Essais de l'abolition de la peine de Mort.* Voyez M. de Broglie, *Revue française*, n° 5, p. 3.

un droit aussi illimité? D'où lui vient ce droit de mort, puisque ne l'ayant pas sur soi, chacun a dû se trouver dans l'impossibilité de le lui accorder légitimement? C'est là la fin de non-recevoir qu'on a opposée à l'utilité de la peine de mort, que nous ne considérons encore ici que comme la limite de la pénalité. Il faut l'avouer, cette fin de non-recevoir n'a jamais été, du moins à notre connaissance, repoussée par personne. Quand on l'a opposée, on a cherché à l'éluder; on a cherché à prouver la légitimité de la peine de mort par d'autres voies, mais on n'a point relevé ce qu'il y a de vraiment faux, de sophistique dans cet argument.

Pour nous, non seulement nous chercherons à repousser face à face cette objection, mais encore c'est dans cet argument même, dans cette fin de non-recevoir, ramenée à sa juste valeur, que nous prétendons trouver la légitimité de la peine de mort. Cette question n'est pas maintenant celle qui nous occupe.

Jusqu'ici nous avons vu que l'état social était l'état nécessaire; que pour son existence il faut indispensablement reconnaître que les membres de cet état social observent les uns à l'égard des autres sinon tous les devoirs de morale, au moins les plus importans *;

Que le législateur avait droit de déclarer quels étaient les devoirs dont l'observation est indispensable à la conservation de l'état social ;

Qu'après cette déclaration, il lui appartenait de faire observer les devoirs indispensables au moyen de la force dont il est investi;

Que ce droit à l'obéissance entraîne celui de punition;

Que la punition s'exerce dans le double but d'empêcher les récidives du coupable et les premières fautes des membres purs ;

Que, pourvu que ce but soit atteint, le législateur peut, dans l'intérêt social, parcourir l'échelle des peines depuis la plus légère jusqu'à la peine de mort, dont l'inefficacité

---

* Cela n'empêche pas de considérer, s'il y a lieu, l'homme avant son entrée en société ; car tout en reconnaissant l'état de société comme nécessaire, on ne doit pas oublier que nous naissons hommes, et que nous devenons ensuite citoyens ou associés.

n'a pas été démontrée et dont la légitimité le sera.

Punir étant l'acte de distribuer, d'infliger *des peines*, nous n'avons plus, pour terminer ces rapides préliminaires, qu'à bien définir ce qu'on entend par *peine*.

Et d'abord, quand nous disons *peine*, qu'il soit bien entendu que nous ne voulons parler que de la peine civile, de la punition des hommes, non de l'expiation de la faute devant Dieu.

Toute la peine d'une mauvaise action est dans son expiation; la peine civile n'en est qu'une partie. La peine civile, comme on l'a dit, n'est nullement chargée de régler le compte de l'homme avec la loi morale; elle ne va jamais au delà du besoin du maintien, de la conservation de l'état social.

Cela posé, cherchons à bien définir la peine; cherchons à bien connaître sa nature et à analyser ses effets.

C'est là une difficulté que les génies supérieurs, les grands criminalistes ont négligé de vaincre, en ce sens qu'après avoir fait des remarques éminemment utiles sur les *peines*, après avoir souvent trouvé leurs vrais attributs, et le vrai but qu'elles doivent se proposer, ils ont négligé de coordonner leurs propres observations, de les présenter en tableau, de formuler enfin la définition de la peine; et ils se sont ainsi privés des avantages que toute bonne définition procure. Un résultat général une fois trouvé, renfermant une infinité de cas, il n'y a plus ensuite qu'à y substituer les données particulières à chaque cas, ce qui est tout autrement facile que de composer la formule chaque fois qu'on en a besoin.

Sans doute il n'est pas facile de bien définir; cela est même presque impossible en commençant. Aussi ne voulons-nous pas dire que les criminalistes qui ont fait des traités de législation criminelle, ou qui ont seulement écrit sur certaines lois pénales, aient eu tort de ne pas commencer par définir; nous osons dire seulement qu'ils ne l'ont fait qu'imparfaitement pour la plupart, et que souvent ils ne l'ont pas fait du tout. Nous en avons d'autant plus de regret qu'ils nous ont mis ainsi dans la nécessité d'y suppléer, et, par conséquent, ils nous ont forcés, pour ainsi dire, d'échouer peut-être dès les premiers pas. Une seule considération nous enhardit; c'est que tous les matériaux pour la définition nous ont été fournis comme nous venons de le dire. La difficulté se trouve ainsi diminuée, et le mérite réduit à peu de chose ou à rien. Il n'en serait peut-être pas de même pour les conséquences qu'on en peut déduire, si nous avions été assez heureux pour en tirer de telles qu'elles fussent capables d'aider à la résolution de quelques-uns des problèmes importans qui font aujourd'hui l'objet de tant de recherches.

Le délit n'est pas, comme on l'a défini, une offense faite volontairement contre l'intérêt public ou contre l'intérêt particulier.

Le délit n'est pas non plus pour nous « une action défendue par une loi. »

Le délit, « c'est la privation d'un ou de plusieurs droits d'autrui, obtenue avec intention de nuire, ou non obtenue, mais intentée et toujours précédée de la même intention. »

De même la peine n'est pas pour nous « le châtiment qu'on fait souffrir à ceux qui ont commis quelque crime ou quelque délit. » Toute punition, tout châtiment que l'on fait souffrir au coupable, est loin d'être pour nous une peine s'il ne renferme pas d'autres conditions.

« Pour éviter ces usurpations, dit Beccaria, il fallait des motifs sensibles assez forts pour contenir l'esprit despotique de chaque homme quand il cherche à replonger la société dans son antique chaos. *Ces motifs sensibles* sont les peines établies contre les infracteurs des lois. »

Sans doute c'est bien là un des effets de la peine, de contenir l'homme dans le devoir social ; c'est même le plus puissant motif pour lequel elles ont été établies ; mais est-ce là une définition bien complète de la peine ? Il ne suffit pas même qu'une définition soit exacte sous certains rapports ; il faut aussi qu'elle soit féconde en applications.

La peine proprement dite, suivant Rossi, est « la souffrance que le pouvoir social inflige à l'auteur d'un délit légal. »

Rien de faux sans doute encore dans cette définition. Il n'était pas possible qu'un jurisconsulte aussi justement estimé, à qui l'on doit un excellent traité de droit pénal, se fût trompé sur un point aussi capital; mais est-ce bien là, on le demande encore, toute la définition de la peine? Et croit-on que quand une définition est insuffisante, elle ne soit pas par cela seul et à certains égards une fort mauvaise définition? Nous ne poursuivrons pas plus long-temps nos citations.

Pour nous, la peine, « c'est la suspension ou la privation d'un ou de plusieurs ou de tous nos droits par suite d'un délit, pourvu toutefois que cette suspension ou cette privation soit ordonnée par le pouvoir social après un jugement impartial dans le but d'un exemple préventif et salutaire pour la société, d'une juste réparation de la lésion commise, et d'un convenable amendement pour le coupable, toutes les fois que ces trois conditions peuvent être remplies. »

Par cela seul que la peine a été définie jusqu'à ce moment autrement que nous venons de le faire, il devient indispensable d'ajouter quelques développemens à l'appui de cette définition, ou, si l'on veut, de cette formule générale.

Nous disons que c'est la suspension d'un ou de plusieurs de nos droits, parce qu'en effet la faute commise peut être tellement légère, que pour la réparer, pour faire concevoir du repentir au coupable, et surtout pour donner le salutaire exemple de répression, il suffit de priver le coupable de l'exercice de certains droits sans qu'il soit besoin de les lui ôter pour toujours.

Nous disons que c'est la perte d'un ou de plusieurs de nos droits *par suite d'un délit*, parce qu'en effet, par le délit même s'opère la perte de certains de nos droits plus ou moins considérables suivant la nature du délit. Le législateur, en nous privant *de fait* de l'exercice ou de la jouissance de quelques-uns de nos droits, ne fait que rendre sensible, ne fait que constater d'une manière irrévocable la perte que nous avons déjà faite. Qu'un homme vole, il perd les droits à la confiance avant même qu'il soit puni comme voleur ; qu'il trahisse son pays, il est infâme avant d'être déclaré tel, et il cesse de porter un nom honorable avant que le jugement l'ait déshonoré.

D'ailleurs on ne conçoit pas comment on parviendrait à rendre la peine réparatoire si l'on n'attaquait pas nos droits qui représentent nos propriétés, y compris celle de notre vie, la plus précieuse de toutes ; si l'on ne les confisquait pas enfin au profit du lésé ou de la société lésée. Nos droits étant de deux espèces (car les droits naturels ont dû tous être reconnus par la loi civile), on voit, par la définition, que les peines doivent porter sur nos droits civils et sur nos droits politiques suivant l'espèce et la gravité du délit. Elles peuvent même entraîner la perte ou totale ou partielle des deux espèces de droits, puisqu'on peut se rendre coupable au point de les perdre *tous*.

La privation est, de plus, ordonnée par le pouvoir social, car sans cela elle ne serait pas une peine : nous sommes quelquefois privés par cas fortuits de l'exercice de quelques-uns de nos droits.

Il faut de plus indispensablement que la peine soit précédée d'un jugement impartial; sans cela, et si l'accusé n'a pas eu dans sa défense la plus grande latitude possible de temps et de moyens, ce n'est plus une peine qu'on inflige. Que, plus tard, le délit de celui qu'on a gêné dans sa défense soit confirmé par des preuves irrécusables; que son châtiment ait été reconnu proportionnel au délit, n'importe; il n'y a pas eu de peine. Il a été gêné, opprimé; par ce seul fait, c'est une injustice qu'on a commise à son égard. Lorsque l'imposition d'une peine n'est pas un acte de raison, elle est toujours un acte de la force brutale, une violence.

Le premier but de la peine, celui que le pouvoir social doit avoir en vue d'atteindre avant tout, comme on le voit par la définition, c'est de prévenir les délits par l'exemple du châtiment. Si le pouvoir social, par la protection qu'il doit à chacun, doit au membre lésé la réparation, et au coupable tous les moyens d'obtenir son amendement, protecteur avant tout de la société entière, son premier but doit être la cessation de l'alarme, le rétablissement de la tranquillité, la répression ou la prévention des délits. Ce qu'il doit à tous, il l'obtient lorsqu'il fait de la punition du crime un exemple préventif et salutaire.

La société n'inflige pas la peine par esprit de vengeance; c'est, comme le dit la définition, par besoin de *réparation :* cette condition d'une *juste* réparation indique bien que la peine doit être proportionnelle au délit, au mal qu'on a causé à la société par l'inquiétude et l'alarme donnée, et à l'individu par la lésion matérielle dans sa personne ou dans ses biens. La réparation donnée à l'individu, ce sont les dommages-intérêts auxquels le coupable est condamné, quand le mal est de nature à pouvoir être allégé ou réparé. C'est ce qu'on appelle la *réparation civile*. La réparation donnée à la société, c'est l'action exercée sur le coupable pour arriver à rétablir la tranquillité, la confiance perdue, sans quoi l'État social ne saurait exister.

Comme on le voit par la définition, la société, en punissant, ne porte pas seulement ses vues sur elle-même et sur l'individu lésé, elle jette aussi un regard sur le coupable. Elle sait qu'il y va de son intérêt de le corriger, d'en faire un membre utile, et elle ne saurait négliger ce devoir toutes les fois que c'en est un, toutes les fois que la correction n'est pas impossible. Elle doit donc chercher à déraciner dans l'âme du coupable les germes du vice, précisément parce qu'elle y doit voir le plus puissant moyen d'empêcher les récidives. La plus forte garantie, en effet, que le coupable puisse donner à la société, c'est d'avoir changé sa volonté de faire le mal, par l'habitude et le goût de faire le bien. Mais malheureusement, malgré tous les efforts de la société, malgré l'emploi du système pénitentiaire le mieux calculé, le plus sagement appliqué, elle ne pourra se flatter de guérir tous les ulcères du cœur humain; non : pas plus que la médecine ne peut se flatter de guérir toutes nos affections physiques ; il en est qui lui sont restées rebelles. Mais au moins, dira-t-on, dans l'intérêt de l'humanité, bien que la société ne puisse se flatter de guérir les cas extrêmes, les cas désespérés, elle doit au moins le tenter : nouvelle erreur. Elle ne doit pas plus le tenter que la médecine ne le fait. A-t-on jamais vu administrer des médicamens au malade qui a déjà le râle de la mort, ou à celui dont le cœur est dévoré par la gangrène ?.. A-t-on jamais eu la folie de prétendre transformer des êtres réduits déjà à cet état, par quelque cause que ce soit (la cause ne fait rien ici), de les transformer, disons nous, en des êtres vigoureux et utiles au pays? Si la médecine n'avait pas craint de blesser, sous quelques rapports, les lois, la morale, loin de tenter la guérison, elle ordonnerait, dans certains cas, les poisons les plus prompts, les plus actifs pour épargner des souffrances.

Le but de la société est bien, après la répression et la réparation, celui de la correction; mais c'est seulement lorsqu'*elle est jugée possible*, lorsqu'il y a des motifs suffisans pour concevoir l'espoir de l'amendement du coupable ; quand cet espoir s'est évanoui et pour toujours (et il doit toujours s'évanouir quand on n'a pas sur quoi l'appuyer), la société n'est pas obligée d'agir contre la raison en tentant l'impossible. L'impossible moral est tout ce qui est déraisonnable. La loterie est dans ce sens un impossible quoique l'on puisse avoir le quaterne. Aussi la loterie est-elle immorale.

Prévenir, réparer, corriger, voilà les trois élémens de l'idée de la peine. Mais doit-on en conclure que toute punition qui ne peut atteindre ce triple but, remplir ces trois conditions, ait cessé d'être juste, ait cessé d'être une peine ? Nous ne le pensons pas. Prévenir, réparer, corriger, c'est la formule générale qui peut se modifier pour les cas particuliers, suivant qu'un ou deux de ces derniers termes (le premier étant toujours essentiel, nécessaire) se réduise à zéro ou exprime une valeur possible. En géométrie analytique, l'expression algébrique d'une courbe est sa définition. L'expression ou la formule de la courbe renferme tous les cas possibles, sans que cependant, pour exprimer un cas particulier de la courbe, on soit obligé de faire paraître, dans l'expression de ce cas, tous les termes composant la formule générale : il en est qui disparaissent précisément parce qu'il s'agit d'un cas particulier. Les définitions, ou, si l'on veut, les descriptions les plus parfaites, seraient celles qui pourraient se rédiger de manière qu'il n'y eût point de cas qui ne se trouvât renfermé dans la formule avec toutes ses individualités. Si les sciences exactes peuvent plus facilement aspirer à des définitions plus parfaites, les sciences morales doivent tâcher d'approcher de cette perfection dans les définitions, autant du moins que la nature des objets sur lesquels elles s'exercent peut le permettre.

La peine serait sans doute injuste qui ne satisferait à aucune de ces trois conditions, ou plutôt elle n'en serait pas une. Toute peine qui ne sert d'exemple salutaire à rien, qui ne répare rien, qui ne corrige rien, n'est même pas une peine. C'est une voie de fait sur l'homme, comme on l'a dit; le droit n'y est pour rien.

Mais quand la réparation est impossible, par exemple pour le cas de meurtre ; dans l'impossibilité de trouver une peine qui satisfasse à cette réparation, le crime doit-il rester impuni ?...

Si la correction est impossible, comme il arrive, suivant nous, dans certain cas, la peine qui répare jusqu'à un certain point, et qui prévient surtout d'autres crimes par un salutaire exemple, doit-elle être écartée sous prétexte qu'elle ne corrige pas ?...

Il est donc bien évident, au moins pour nous, que plus une peine remplira de conditions, plus elle sera utile, mais qu'il n'est pas absolument nécessaire qu'elle les remplisse toutes pour être juste : elle le sera si elle remplit celles qui sont à sa portée, dans le cercle de sa possibilité. C'est précisément pour cela que, dans la définition, il a fallu s'exprimer d'une manière conditionnelle : « *Si ces trois conditions peuvent être remplies.* »

Outre les trois conditions indispensables de la peine, toutes les fois qu'elles sont possibles, et au moyen desquelles elle est réparatoire, moralement réformatrice et utilement exemplaire, les criminalistes lui cherchent d'autres qualités accidentelles, soit par égard à la faiblesse des jugemens humains, soit pour s'approcher le plus près possible de la justice; d'autres fois ils les ont regardées comme nécessaires. Ces qualités varient selon les criminalistes qui en ont parlé. La peine devrait être toujours *égale à elle-même*, *appréciable*, *commensurable*, *analogue*, *économique*, *rémissible*, *réductible*, *remédiable ou réparable*, *morale ou capable d'améliorer les mœurs*, etc.

Pressés d'arriver à la définition de la peine de mort, et n'ayant établi ces idées préliminaires qu'à cette seule fin, nous ne nous arrêterons pas à considérer jusqu'à quel point chacune de ces conditions pourrait entrer dans la définition générale de la peine. Nous réservons l'examen de quelques-unes pour un autre moment, lorsqu'il sera nécessaire de combattre ou de modifier les objections qu'on a faites contre une peine qui nous a toujours paru un droit incontestable de la société.

Quant à la classification des peines, chaque criminaliste a sa division à lui. Pour nous, puisque, suivant la définition que nous avons adoptée, la peine est la perte d'un droit, la division des peines doit naturellement découler de la classification de nos droits.

Les droits que nous avons à exercer sont nos droits civils dans toute l'étendue du mot, et les droits politiques. Ainsi les peines seront suspensives ou privatives des droits civils, et suspensives ou privatives des droits politiques. A cette division nous devons ajouter celle de peines *mixtes*. On appelle mixtes celles qui nous privent à la fois de deux espèces de droits. Il y a cependant une observation à faire pour bien entendre ce mot de peines mixtes; c'est que cette manière de s'exprimer n'est pas rigoureusement exacte dans le sens où elle a été admise. Ce qui fait que la peine est une, ce n'est point l'unité d'action suivant laquelle on l'applique; c'est le fait de ne priver que d'un seul de nos droits. Si elle nous prive de plusieurs de nos droits à la fois, elle est multiple; elle est en un mot le résultat de plusieurs peines imposées du même coup. Condamnez à l'emprisonnement un électeur; si vous le privez en même temps du droit de déposer son vote dans l'urne, vous lui aurez imposé deux peines: la privation d'un droit politique et la privation de sa liberté personnelle. Ces deux peines, bien que produites par une seule et même action, l'emprisonnement, sont cependant deux peines aussi différentes que le sont les droits dont elles représentent les privations. L'emprisonnement, dans ce cas, n'est donc pas une peine simple, mais bien une peine mixte. La peine n'est donc pas unique parce qu'elle peut être infligée par une action unique, par un seul acte, mais parce qu'elle ne prive que d'un seul de nos droits. Cette remarque servira d'abord à établir et à compléter la véritable division des peines ; puis, considérée comme explication d'une expression inexacte, elle peut servir aussi à prévenir quelques-unes des erreurs et des illusions dans lesquelles un signe mal analysé, un langage vicieux entraîne quelquefois le législateur et plus souvent le juge ; il en résultera aussi enfin que la peine de mort n'est pas une seule peine, quoiqu'elle ne soit le résultat que d'un seul acte, mais bien au contraire l'application de toutes les peines ensemble puisqu'elle nous prive à la fois de tous nos droits.

Les divisions que les criminalistes ont faites des peines en *corporelles, infamantes, restrictives de la liberté, pécuniaires*, etc., etc., ne font pour nous qu'exprimer les moyens, les voies d'exécution par lesquelles nous sommes privés pour toujours ou temporairement de tels ou tels droits qui ne peuvent manquer d'appartenir à une des deux espèces de droits dont nous venons de parler. Il y en a qu'on nomme aussi *indélébiles*, *chroniques*, *caractéristiques*, etc., etc. Il serait superflu de s'arrêter ici à expliquer *ex professo* toutes les parties de cette nomenclature. Nous ne faisons point un cours de législation pénale approfondi, méthodique *. Nous n'en aurons probablement jamais la prétention. La plupart

---

* Nous saisissons cette occasion d'exprimer notre étonnement de ce que la Faculté de Droit de Paris soit privée, ainsi que toutes les Facultés de France, d'une chaire spéciale de législation pénale. Cette branche de la législation est trop importante pour qu'elle ne fasse pas l'objet d'un cours spécial. C'est évident pour tout le monde; la nécessité est généralement sentie; le moyen d'y satisfaire est facile. On ne prétendra pas, sans doute, que la création d'une nouvelle chaire soit une affaire d'État. M. Guernon-Ranville avait fait cette création en faveur, dit-on, d'un de ses amis politiques; la révolution de juillet emporta le protecteur et le protégé, et depuis, les choses

cependant de ces qualifications seront jugées, suivant notre manière de voir, dans le courant de cet écrit, mais seulement à mesure qu'il nous deviendra nécessaire de les examiner.

Maintenant, puisque la peine suppose la perte d'un droit par suite d'un délit, et qu'elle est destinée à rendre sensible, à constater cette perte, quelle sera la plus grande des peines ? Ce ne peut être d'abord qu'une peine mixte. Que par son délit un citoyen se soit rendu indigne d'exercer les droits politiques, la peine qui lui est infligée en conséquence viendra le dépouiller de la qualité de citoyen privilégié*, pour le ré-

---

en sont restées là. Croirait-on, par hasard, qu'une chose est essentiellement mauvaise par cela seul qu'elle est du fait de M. Guernon-Ranville ?

Mais pourquoi n'y a-t-il pas aussi dans chaque Faculté un cours de droit public interne, ou droit constitutionnel ? Le jeune et savant professeur titulaire de la chaire de droit des gens à la Faculté de Paris doit en sentir plus que tout autre la nécessité.

* Nous ne préjugeons pas la question de savoir s'il est utile ou non que certains individus du corps social exer-

duire à celle de prolétaire*. Il ne jouira plus que de ses droits civils, c'est-à-dire des droits qui se rapportent à la *liberté individuelle*, à la *propriété réelle*, et à la *sûreté personnelle*. Que par un nouveau délit ce même citoyen mérite encore d'être privé de ses droits civils, il ne lui restera plus que les droits d'être animé**, les droits du mort civilement quand il a prescrit sa peine. Mais ces faibles droits, il peut encore les perdre par un nouveau forfait!... Des droits non reconnus, ou plutôt justement révoqués par la société, sont ce qu'on appelle des droits perdus. La société ne saurait continuer à reconnaître des droits dont on mésuse, de quelque nature qu'ils soient.

---

cent des droits qu'on refuse à d'autres. Nous raisonnons dans l'hypothèse de ce qui se passe sous nos yeux. Au surplus, voyez la note à la page 97.

* Ce mot n'est point pris en mauvaise part, mais dans le sens étymologique *proles*, *gens*.

** Les droits d'être animé ! Et l'inviolabilité de l'homme ? Nous allons à l'instant même apprécier cette objection à sa juste valeur. Nous ajouterons, en outre, que très souvent dans ce chapitre nous n'avons fait qu'affirmer ce que nous nous proposons de prouver plus loin.

La plus grande, la plus forte des peines que nous puissions concevoir, ce sera donc celle qui nous privera à la fois et irrévocablement de nos droits de citoyen privilégié, de nos droits de simple citoyen et de nos droits d'être animé, de tous nos droits enfin. Et quelle est cette peine, grand Dieu !... C'est celle qui nous semble aussi la plus terrible de toutes, à n'en juger que par l'instinct. *C'est la peine de mort.*

S'appuyant sur des faits isolés, formant des règles générales avec des élémens propres à des cas particuliers, l'esprit de paradoxe a essayé de prouver qu'elle n'est pas celle que les hommes craignent le plus; on a été jusqu'à dire qu'ils ne la craignent pas du tout. Pour toute réponse, on a sondé le cœur humain ; on a interrogé les individus et les masses ; on a ouvert le livre de l'histoire de tous les âges et de tous les peuples, et on y a trouvé écrite la fausseté de cet argument, qui n'était pas un de ceux sur lesquels une honorable philanthropie comptait le moins.

CHAPITRE II.

De la légitimité de la peine de mort.

Il est ici question de savoir si l'acte par lequel la société est délivrée d'un monstre, qui déshonore l'espèce humaine, est, comme on l'a prétendu, une voie de fait sur lui, un acte de pur égoïsme de la part du pouvoir social, un acte d'utilité plutôt que de justice : ou bien, au contraire, si ce n'est pas là l'expression de ce principe de morale qui, reconnaissant le besoin absolu, impératif de l'ordre social, veut qu'il soit protégé, maintenu, dût la vie du coupable être sacrifiée à l'intérêt commun.

Il est question enfin de savoir si la mort de l'un de ses membres est un droit de la société; si le législateur en l'imposant ne dépasse pas ses pouvoirs, de quelque part qu'ils lui viennent.

A entendre les partisans de l'abolition de la peine de mort, la question n'en est pas une; ou bien elle est résolue en leur faveur.

On ne les a pas crus sur parole ; on en est venu aux preuves, et c'est là qu'ils ont complétement échoué.

Des différens systèmes par lesquels on a voulu établir l'illégitimité de la peine de mort, celui qui, dans les derniers temps, a obtenu le plus de partisans, c'est celui de M. Lucas. Son assertion de l'inviolabilité absolue de l'existence dans l'homme semblait à quelques esprits renfermer toutes les conditions d'une véritable preuve. Mais par malheur pour lui et pour ses partisans son système a trouvé de nombreux et puissans contradicteurs.

Éloges, approbations, critiques, avertissemens, tout a été dit sur le livre de M. Lucas.

Tout le monde a applaudi aux efforts de sa persévérance, à sa sagacité dans ses recherches; tout le monde a rendu justice aux nobles inspirations qui ont guidé sa plume, au beau talent dont il a fait preuve en déroulant son système. Son mérite éminent était à la portée de tous.

La partie faible ou plutôt erronée de son argumentation pouvait bien échapper au vulgaire ; mais elle n'a pu se cacher aux yeux de la partie éclairée du public.

Aussi le système de M. Lucas a-t-il été réfuté plus d'une fois de manière à ne plus permettre de douter de sa fausseté. On n'a pas répondu, du moins à notre connaissance, à ces réfutations; et cependant elles en valaient bien la peine; car ce ne sont pas de ces critiques légères ou malignes qu'un auteur fait très bien de mépriser. Les réfutations dont nous parlons viennent de la part d'hommes dont M. Lucas ne peut qu'apprécier le caractère et respecter le savoir. Le ton grave et mesuré de ces réponses à M. Lucas, leur franchise, leur loyauté, tout jusqu'au langage, qui est celui de l'amitié, est fait pour leur donner du poids. Il semble que ce n'est qu'à regret qu'on combat ce système que l'on embrasserait par sentiment, si la raison ne venait s'y opposer en montrant qu'il est impossible, imaginaire.

Il eût été peut-être au-dessus de nos forces d'entreprendre les premiers la réfutation de ce système qui s'appuie sur l'inviolabilité de l'homme; il est devenu superflu de le faire aujourd'hui après les autres. Nous devons donc nous borner, pour le moment, à l'office de rapporteur, ou plutôt à la citation textuelle de ce qui a été dit de plus concluant à ce sujet.

C'est cette tâche facile que nous allons remplir le plus succinctement possible, et qui, en répandant de l'intérêt sur notre travail, le rendra aussi plus complet.

« Une fin de non-recevoir, dit M. de Broglie[*], est encore plus courte ; la peine de mort, dit-on, est illégitime, attendu que la vie de l'homme est inviolable et sacrée. »

« La vie de l'homme est inviolable et sacrée ! Veut-on dire par-là qu'elle le soit dans tous les cas indistinctement ? Dès lors plus de droit de défense, plus de droit de guerre : aucun philosophe n'a été jusque-là. »

« Veut-on dire que la vie de l'homme est inviolable et sacrée, mais pour le législateur seulement ? Pour lors cela se résume à annoncer que la peine de mort est illégitime, attendu qu'elle n'est pas légitime. »

« C'est manifestement trancher la question par la question. »

« Dans la première partie de son livre,

---

[*] *Revue française*, n° 5.

M. Lucas lutte péniblement contre cette pétition de principes; mais il a beau faire, il ne peut que la déplacer et la reculer.»

« L'homme, selon lui, apporte en naissant des biens qui sont les dons de son Créateur, à savoir, la vie, la liberté, l'activité, l'intelligence : il y a droit; ce sont là les droits naturels. Il acquiert d'autres biens sous la tutelle et avec l'assistance de la société : il y a droit aussi; ce sont là les droits acquis. »

« Les droits naturels sont inviolables; la société ne peut intervenir légitimement que pour les garantir et les conserver. Les droits acquis sont à sa disposition; là elle peut trancher et tailler dans le vif. Voilà le domaine de la pénalité. »

« Sans examiner si M. Lucas, dans la première partie de son livre, est bien d'accord avec lui-même, si son système répressif est légitime aux yeux de ses propres principes (qu'on me passe l'expression), car enfin la liberté est aussi, selon lui, un don de Dieu, et à ce titre, selon lui, inviolable; en nous prêtant pleinement aux subtilités à l'aide desquelles il élude l'objection, nous demandons pourquoi les dons de Dieu à l'homme, et entre autres la vie, sont inviolables dans l'homme?»

« Qu'ils soient tels, est-ce là une vérité d'intuition immédiate? est-ce un axiome?»

« Alors pourquoi y a-t-il doute? pourquoi y a-t-il contradiction entre M. Lucas et les législateurs de tous les pays? y a-t-il doute sur la question de savoir si la ligne droite est la plus courte entre deux points, ou si tout événement provient d'une cause?»

« Si ce n'est pas un axiome, si ce n'est pas une vérité évidente par elle-même, d'où la dérive-t-on? où sont les preuves?»

« L'existence, reprend M. Lucas, l'existence répandue dans toute la nature, l'existence qui circule dans la pierre, dans la plante, dans l'animal, et ne fait qu'y circuler, revêt dans l'homme le caractère éminent de la personnalité. Par l'intelligence, l'homme se comprend lui-même en tant qu'être; par la liberté, il prend possession de soi. Devenue personnelle, l'existence est sacrée. Vous pouvez détruire la pierre, la plante, la brute; en brisant le vase vous restituez l'eau à la mer; mais dans l'homme, l'existence, attendu la personnalité, a un sanctuaire inviolable. »

« Nous ignorons si M. Lucas, en argumentant ainsi, se rend exactement compte de ses propres idées. A dire vrai, nous en doutons ; mais loin d'en penser plus mal de lui pour cela, nous lui en savons plutôt gré ; etc. »

Et plus loin :

« Pourquoi l'existence, devenue personnelle dans le phénomène qu'on appelle voleur, assassin, incendiaire, serait-elle inviolable pour l'existence devenue personnelle qu'on appelle législateur, quelque intérêt apparent que puisse avoir à ce qu'il en soit autrement l'existence devenue personnelle dans les phénomènes qu'on appelle les autres hommes ? »

Voilà bien des questions adressées, il y a à peu près trois ans, à M. Lucas. A-t-on répondu d'une manière satisfaisante ? tant s'en faut.* Nous ne surchargerons pas d'explica-

---

* Il nous est impossible de voir une justification suffisante de son système dans les deux articles dont M. Lucas a enrichi la *Revue Encyclopédique* de 1829. Nous aurons occasion de parler du premier de ces articles. Quant au second, ce n'est là qu'un abrégé des doctrines qu'il fallait justifier et non exposer de nouveau. Ce n'est, en un mot, que le résumé de ce que nous croyons être ses anciennes erreurs.

tions ou de commentaires les lignes que nous avons citées; nous n'avons qu'à conclure.

Vous établissez un système; vous l'appuyez sur une proposition que vous ne démontrez pas : on vous en fait la remarque, on vous en demande l'explication. La démonstration qu'on vous demande n'est pas fournie, non que vous n'ayez pas toute la capacité d'un penseur éprouvé, tout le talent d'un homme supérieur, mais parce qu'elle est impossible à donner rigoureusement. Dès lors votre système est réfuté sans qu'on soit obligé de vous suivre pas à pas dans la route pénible que vous vous êtes frayée.

Écoutons encore un autre adversaire du système de M. Lucas.

Esprit facile et vif, M. Urtis approfondit plus qu'on ne pourrait le croire, d'après la manière excessivement hardie dont il aborde et dont il traite les questions. On prendrait, au premier abord, pour de la présomption ce qui n'est qu'un sentiment bien fort, qu'une expression vigoureuse de sa pensée.

« Il est pourtant des moralistes, dit-il, qui s'obstinent à l'attaquer (la peine de mort) sous le rapport de la justice et du droit. »

« La vie de l'homme, disent-ils, est inviolable, parce qu'elle est un don du Créateur. »

« Craignez alors d'écraser la vipère ; refusez la chair des animaux pour nourriture, car c'est aussi le Créateur qui leur a donné la vie ! »

« Quelle comparaison ! me dites-vous. Dans l'homme seul l'existence revêt un caractère de *personnalité*. Elle n'est sacrée que chez lui. »

« Et qui vous autorise à faire cette distinction ? comment savez-vous que Dieu n'est jaloux que de son plus parfait ouvrage, et qu'il livre tous les autres à vos caprices destructeurs ? »

« J'entre dans une manufacture. J'y vois des objets d'art de toute espèce ; les uns sont d'un fini précieux, les autres plus grossièrement travaillés. Je brise ces derniers ; et quand l'ouvrier témoigne son mécontentement, je lui dis : De quoi vous plaignez-vous ? je n'ai pas touché à vos chefs-d'œuvre ! »

« Que penseriez-vous d'une pareille réponse ? »

« Si vous faites état du droit du Créateur, n'attentez à rien de ce qu'il a fait, à peine de tomber dans l'arbitraire et l'injuste. »

« Prenez garde qu'il ne s'agit pas de donner à la société droit de vie et de mort sur tous ses membres indistinctement, mais uniquement sur les scélérats endurcis aux forfaits. »

« J'ai regret à vous entendre dire qu'il faut respecter en eux l'image de la Divinité. Je m'en faisais une plus noble idée. »

Voilà encore une question qu'on vous adresse : « Qui vous autorise à faire cette distinction ? » Mais elle est aussi restée sans réponse.

Dans le reste de son chapitre, M. Urtis continue de réfuter M. Lucas d'une manière irrécusable. Nous adoptons ses moyens, qui sont, du reste, ceux qu'on avait employés avant lui.

Nous approuvons tout ce qu'il dit à ce sujet, à deux exceptions près. La première, c'est son erreur sur le suicide; la seconde, c'est sa sortie contre ce qu'il appelle les *subtilités de l'idéologie*.

On verra bientôt que, suivant notre manière d'expliquer le devoir de notre conservation, l'homme a le droit d'engager sa vie et de la perdre au besoin, sans que pour cela il ait celui d'attenter à ses jours.

Sur la seconde nous avons un mot à dire.

Quand l'observation d'un fait est juste; quand les déductions de ce fait positif sont rigoureuses, quelque subtiles qu'elles puissent paraître, nous ne les apprécions pas moins. Il y a peu de découvertes dans le domaine de la philosophie qui n'aient pas été dues à des raisonnemens assez déliés, assez difficiles à suivre, assez nouveaux pour paraître subtiles. D'autres fois aussi c'est à l'observation des faits les plus simples, que par leur simplicité même on a long-temps dédaigné d'étudier, que nous sommes redevables de quelques vérités utiles.

Examinez attentivement, jugez sévèrement si vous voulez; mais sachez aussi rendre justice.

Sont-ce des pensées quintessenciées, des raisonnemens vraiment sophistiques ? rejetez-les sans pitié.

Sont-ce au contraire des raisonnemens étroitement enchaînés et fondés en principe sur un axiome incontestable ? quelques conséquences rigoureuses et directes qu'on en déduise, il faut les admettre; et quand même elles sembleraient subtiles au dernier point.

C'est là pour nous la règle. Loin donc de repousser ce qu'on a nommé les subtilités de l'idéologie, nous appelons de tous nos vœux le jour qu'elle seule peut jeter sur les connaissances humaines, et les progrès qu'elle seule est capable de favoriser. Sans aucun doute, les sciences morales, comme les sciences physiques, doivent s'appuyer sur *des faits*, mais aussi après cela tout le reste est du domaine de l'idéologie.

Mais revenons à notre sujet. Voyons encore comment M. Rossi combat l'illégitimité prétendue de la peine de mort *.

...... « Qu'y a-t-il dans la peine de mort qui la rende intrinsèquement illégitime, immorale ?

« La justice sociale est un devoir ; la peine en est un élément, un moyen nécessaire, et par conséquent légitime. La peine est une souffrance, la privation d'un bien. Tout bien peut donc offrir matière à pénalité, à moins qu'une raison spéciale ne s'y oppose. Le bien qu'enlève la peine capitale est la vie corpo-

---

* *Traité du Droit pénal.*

relle. Y a-t-il là un motif particulier qui rende illégitime en soi ce moyen de punition? »

« L'existence est strictement personnelle; c'est la personne elle-même. L'homme la reçoit, il ne la donne pas. »

« Si l'on conclut de là que le suicide est illicite, que le meurtre est un crime très grave, nous n'en disconvenons point. Si l'on veut en outre en conclure que l'existence est absolument inviolable, ce n'est qu'une affirmation; où en est la preuve? »

C'est pour la troisième fois que semblable demande est inutilement adressée à M. Lucas.

« Un père pour protéger la vie de son fils, un mari pour sauver l'honneur de sa femme, peuvent, dans certain cas, ôter la vie à un homme; non seulement ils le peuvent, le devoir le leur commande. »

« Le devoir impose à la société la charge de protéger le droit, de maintenir l'ordre; la justice en est le moyen principal. La peine est le moyen d'exercer la justice. En supposant que la peine capitale soit nécessaire à l'accomplissement de ce devoir, comment affirmer qu'elle est illégitime? En supposant que la mort d'un homme coupable d'assassinat soit la seule et unique peine capable d'arrêter le bras de l'assassin, de produire les effets qu'on attend de la peine, surtout comme exemple, le seul moyen d'atteindre le but que le devoir impose à la justice sociale; comment affirmer que le bien de l'existence ne pourra être enlevé à l'assassin ? A-t-il mérité la punition? Il s'est rendu coupable d'un grand crime. A-t-il mérité une peine de cette gravité? La conscience humaine, nous le croyons, répond affirmativement. Supposons l'existence d'un autre lot pénal exactement semblable à celui de la peine de mort. Peut-on dire, de bonne foi, que ce lot serait trop lourd pour l'assassin ? Il y a donc démérite, démérite proportionné à la peine ; reste pour point unique de contestation la qualité de la peine, l'atteinte à la *personnalité.*»

...... « La personnalité du coupable ! Mais sous ce rapport il n'est pas mieux placé que l'agresseur qu'on tue; l'un et l'autre ont rendu leur existence incompatible avec le droit; l'un avec le droit de la personne attaquée, l'autre avec le droit de la société ; droits également légitimes et sacrés , car ils prennent leur source l'un et l'autre dans le devoir ; l'un dans le devoir de conserver sa vie, l'autre dans le devoir d'administrer la justice et de protéger l'ordre. »

« Si l'on était forcé d'opter entre ces deux droits, ce serait le droit de la justice sociale qui devrait l'emporter sur celui de la défense individuelle ; car le second est non moins rationnel dans son existence que le premier ; et l'ordre serait moins troublé par quelques agressions imparfaitement repoussées, que par l'impuissance où se trouverait réduite, dans l'hypothèse, la justice sociale. »

Ainsi MM. de Broglie, Rossi et Urtis, s'accordent à dire à M. Lucas : « Où sont vos preuves ? Vous n'en avez pas ; vous ne prouvez donc pas l'illégitimité de la peine de mort*. »

---

* M. Lucas a encore essayé de répondre dans une note à la page 55 de son *Recueil des débats des Assemblées législatives en France, sur la question de la peine de mort*. Le contenu de cette note n'infirme en rien la force des objections qui ont été faites contre sa prétendue preuve de l'illégitimité de la peine capitale.

Mais non seulement ces trois auteurs parlent ainsi ; M. le comte Siméon * et bien d'autres écrivains ont raisonné dans le même sens. Aujourd'hui c'est une affaire jugée que ces vaines distinctions de personnalité et d'impersonnalité appliquées à la question qui nous occupe. Sur ce point on peut passer condamnation.

Malheureusement la plupart des auteurs qui ont si victorieusement réfuté M. Lucas, quand à leur tour ils ont voulu fournir la preuve contraire, au lieu de prouver directement la justice, la légitimité de la peine de mort, ils se sont réfugiés dans la question de l'utilité commune, de la nécessité.

Nous disons malheureusement, non qu'ils aient eu tort de chercher d'abord l'utilité commune ou sociale, la nécessité, puis d'en conclure la légitimité de cette peine ; car ce qui est nécessaire à l'homme, vraiment indispensable, est à jamais légitime. Nous ne leur reprochons que d'avoir désespéré de

---

* *Annales de Législation française.*

constater en lui-même le principe de la légitimité de la peine de mort, de n'avoir pas prouvé la légitimité de cette peine par l'utilité individuelle.

Ce point de la justice intrinsèque, de la légitimité propre de la peine de mort, a été aussi abandonné et presque rangé parmi les questions oiseuses dans deux rapports célèbres faits à des assemblées législatives en France.

« Dans la discussion de cette haute et redoutable théorie, disait Lepelletier Saint-Fargeau*, nous ne nous arrêterons pas sur la première partie de la question: savoir si la société peut légitimement ou non exercer ce droit. Ce n'est pas là que nous apercevons la difficulté. Le droit nous *paraît* incontestable; mais la société doit-elle en faire usage? »

En 1830, M. Béranger, rapporteur de la commission nommée pour examiner une pé-

---

* Rapport à l'Assemblée constituante sur le projet du Code pénal, au nom des comités de constitution et de législation criminelle.

tition sur l'abolition de la peine de mort, s'exprimait en ces termes :

« La liberté est un bien tout comme la vie; et si l'on accorde que la société a le droit de priver de l'une, il ne serait pas conséquent de lui contester celui de priver de l'autre. »

« Votre commission avoue, messieurs, qu'il n'est guère possible de sortir de cette difficulté : aussi les bons esprits sentent-ils la nécessité d'abandonner la question philosophique pour se livrer exclusivement à celle des faits [*]. »

Il est pénible, dans le dix-neuvième siècle, de voir ainsi abandonner la question du *juste*, la question du droit. M. Lucas est bien fondé

---

[*] Le 11 novembre 1830, M. Dumon, rapporteur de la commission chargée d'examiner le projet de loi présenté par M. le ministre de la justice, et tendant à la réforme de plusieurs articles du Code pénal, s'exprimait ainsi :

...... « La commission approuve que le projet conserve la peine de mort. Elle n'a point soulevé la question de la légitimité de cette peine; question redoutable, qui trouble la conscience et embarrasse la raison, mais que résout contre les doutes de la philosophie et les scrupules de l'humanité, la pratique de tant de peuples et de tant de siècles, etc. »

quand il dit « que la peine de mort ne survivrait point de nos jours à la démonstration de son illégitimité. » De même, disons-nous, et nous osons l'affirmer, la question de la peine de mort ne sera vraiment résolue, les doutes qui s'élèvent dans quelques esprits ne seront dissipés, les alarmes des cœurs scrupuleux ne seront calmées, que lorsqu'on aura mis en évidence le principe de la légitimité de la peine de mort; que lorsqu'on aura prouvé que ce droit est bien un de ceux conférés au législateur.

Que les auteurs dont nous parlions nous pardonnent le reproche que nous leur avons adressé; que ces illustres assemblées, qui rejettent avec tant de dédain la question philosophique, la légitimité primitive de la peine de mort, nous pardonnent de ne point partager leur opinion. Si le respect que des noms aussi justement honorés nous imposent n'était pas si profond et si vrai, nous ne craindrions pas de dire que quand on a écarté la question de la légitimité ou de la justice primitive, on a fait comme Alexandre, on a tranché le nœud gordien. C'est un bien triste moyen, en fait de raison, que la supercherie du héros de Macédoine.

La question cependant est inévitable. Là gît la difficulté : il doit être possible de s'en tirer autrement.

L'utilité commune, voilà la justice du législateur: nous l'avons dit en définissant la peine, et l'on ne trouvera pas de contradiction entre nos paroles et les principes que nous avons déja posés. Mais ce principe de l'utilité, comme tant d'autres, se trouve vrai ou faux, suivant qu'on l'a bien ou mal interprété.

Le principe est certain, d'une vérité absolue, si l'on se contente d'énoncer d'une manière générale que l'utilité est la limite de la justice du législateur, en sorte qu'il ne peut ériger en loi tout ce qui est juste, mais qu'il doit se renfermer dans ce qui est juste et utile à la fois. Mais pour que ce principe de l'utilité du plus grand nombre soit certain dans tous les cas possibles, il faut que le législateur soit déja regardé comme une autorité constituée; il faut que l'homme primitivement constituant l'ait investi du droit d'aller jusqu'à l'utile, jusqu'à l'utilité commune. Alors, mais alors seulement, point de différence entre le juste et l'utile.

Avant cet acte, nous avons à considérer l'homme qui pèse, qui réfléchit et qui découvre dans les lois seules de son organisation, les seules nécessaires, ses droits et ses devoirs, et auxquelles le législateur ne saurait faire subir la moindre modification. Ces lois de l'organisation de l'homme sont antérieures à l'existence même d'un pouvoir social; indépendantes de sa volonté, il ne peut que les reconnaître : elles n'ont rien à démêler avec sa règle de conduite, *l'utilité commune*.

Ainsi, dans la question qui nous occupe, par exemple, qu'importe que le législateur déclare, par la bouche du juge, que la mort de tel ou tel individu est utile au plus grand nombre? La victime choisie aurait le droit de lui dire : « Législateur, ma mission n'est point celle d'être offerte en holocauste à l'utilité du plus grand nombre ni de tous. Je ne suis point venu au monde comme le Christ, pour la rédemption du genre humain; je n'ai reçu de la nature d'autres devoirs que celui de ma conservation. Ce n'est point dans l'utilité des autres, c'est dans mon utilité à moi qu'il faut venir chercher l'origine de mes devoirs. Si j'ai le devoir de contribuer à la conservation des autres, ce devoir n'est pas direct, primitif; loin que cette obligation existe en moi comme but de mon existence, elle n'existe que comme moyen de me conserver. Législateur de moi-même avant d'être sujet d'aucun législateur, homme avant d'être citoyen, c'est dans les lois de mon organisation, lois qui sont pour moi les lois suprêmes, les seules pour moi irrécusables, incontestables; c'est là, dis-je, qu'il faut trouver la justice de ma destruction. C'est par ces lois qu'il me doit être prouvé que j'ai perdu le droit à la vie, et que ce droit, par conséquent, n'est ni inviolable ni imprescriptible. Avant que cette démonstration ne me soit faite, j'ai le droit de croire et de dire que le législateur qui me fait tuer purement parce que ma mort est utile au plus grand nombre, ce législateur, dis-je, m'assassine; tout comme j'affirme que le bandit me vole, qu'il me dépouille du fruit de mon travail, quand même il ferait de mon bien le meilleur usage possible, quand même il distribuerait d'une main, en pieuses aumônes, ce qu'il me prend de l'autre. »

Avec quelle inconcevable légèreté n'a-t-on pas passé sur de telles difficultés, sur des réclamations aussi fondées!...

Il n'y a qu'un moyen de répondre à une pareille argumentation : c'est de fournir à ce même individu qui parlait tout à l'heure la preuve qu'il réclame; c'est de lui prouver, d'une manière directe et primitive, que dans les lois même de son organisation nous trouvons la légitimité de la peine qui le condamne à mort.

Le sacrifice de la vie sur l'échafaud se justifie de la même manière que le sacrifice de la vie sur le champ de bataille. De quel droit dirait-on à l'homme : « Allez vous faire tuer ! » C'est la même théorie, c'est le même principe : l'utilité de chacun, l'utilité individuelle si intimement liée à l'utilité commune.

Oui, avouons-le, si le législateur n'avait reçu des droits incontestables sur la vie du criminel ; s'il n'avait pas de titre pour exercer celui dont nous parlons, il faudrait se résigner à croire injuste tout ce qu'il ferait en vertu d'un mandat que nul ne lui aurait conféré.

Mais, par bonheur, il n'en est rien. Les

pouvoirs conférés au législateur sont aussi étendus qu'ils peuvent l'être ; ils renferment jusqu'au droit terrible de *mort*. On jugera si nous nous sommes trompés en avançant cette proposition.

La société, dit Beccaria, avec le plus grand nombre de ceux qui ne reconnaissent pas comme légitime la peine de mort, la société n'a d'autre autorité, d'autres droits que ceux dont chaque individu lui a fait cession en y entrant : or, comme les individus se sont précisément réunis pour pourvoir à leur conservation, à leur salut, on ne conçoit pas comment chacun aurait pu céder le droit qu'il n'a pas lui-même, le droit de se détruire.

C'est le fond de tous les argumens qu'on a crus irrésistibles.

Et d'abord, le système qui suppose la société comme étant le résultat du sacrifice que chaque membre fait d'une partie de sa liberté, d'une partie de ses droits pour conserver tous les autres, bien qu'il ait été tant de fois prôné par des publicistes célèbres, est aussi faux que ridicule. Il est faux, parce que l'homme ne perd ni ne gagne de droits en entrant en société, si du moins nous le regardons comme un être moral qui ne *peut* faire que ce qu'il *doit faire*, et qui ne doit que ce qu'il *peut*. La société ne crée et n'anéantit aucun droit, et, de son côté, l'homme ne peut se dépouiller de ceux qu'il a, puisque chacun d'eux n'est que le moyen de satisfaire à un besoin, à un devoir dont il ne peut méconnaître ni fuir la responsabilité. La société n'est qu'un moyen efficace et convenable d'exécution. C'est un système calculé tacitement ou expressément entre tous ses membres, comme le meilleur moyen qu'on ait trouvé d'user de tous ses droits, sans en excepter un seul ; et cela pour satisfaire à tous nos devoirs, qui n'admettent pas non plus d'exception.

Nous avons dit que le système qui considère la société comme le résultat du sacrifice d'une partie de nos droits est en quelque sorte ridicule ; car ceux qui l'ont inventé semblent considérer nos droits comme un avoir que nous donne la nature, et la société comme un entrepôt où les douaniers prennent à l'entrée une partie de cet avoir pour permettre l'importation du reste. L'idée de la société présentée sous cette image, fait naître nécessairement des questions d'administration de la plus haute importance.

Quelle est la quotité de l'impôt ? Consiste-t-il en un droit fixe ou en un droit proportionnel ? Qui, dans la société, a le droit de fixer cette quotité ? etc., etc., etc. Et qu'on ne croie pas que c'est ici une pure plaisanterie à laquelle il soit possible de répondre par une autre plaisanterie. Ces questions sont le résultat nécessaire de l'hypothèse qu'on a choisie ; et s'il y a quelque chose de plaisant ou de ridicule, ce n'est point certainement dans les questions elles-mêmes, mais bien au contraire dans l'hypothèse qui les fait naître. Et, en effet, celui qui suppose que nous cédons à la société une partie de nos droits pourrait-il se refuser à nous dire quelle est la portion qu'on cède, quelle est celle qu'on garde, quels sont, en un mot, les droits cédés et les droits conservés ? Mais il y a plus : dans ce comptoir tout nouveau, la cession du même droit faite par tous les membres ne produirait pas en faveur de la société un fonds de *droits* capable de satisfaire à toutes les exigences, de la même manière que la répétition d'une même monnaie produit la richesse de l'État. Il faudrait, ou que chaque individu cédât à la société un droit différent, ou que tous les individus cédassent un seul droit qui les renfermât tous, c'est-à-dire, qu'ils cédassent tous leurs droits ; qu'ils en fissent une aliénation, laquelle, si elle était possible une fois, conduirait non seulement au despotisme le plus absolu, mais à un despotisme éternel, impérissable. La tyrannie avec la loi Regia et les fictions du droit divin n'avait rien inventé de plus commode.

Il n'y a donc pas de telles *cessions de droits*, ni pour le tout, ni pour partie.

La vérité est que la société n'est, comme on vient de le dire, qu'un moyen d'exécution par lequel nous satisfaisons tous plus facilement et plus avantageusement nos besoins ; satisfaction qui forme l'objet de nos devoirs, et qui est en même temps l'origine de nos droits.

Mais, puisque nous ne concevons pas comment la société peut acquérir, par la cession d'un seul ou de quelques-uns de nos droits, celui qui les comprend tous, il faudrait convenir aussi qu'elle n'a pas non plus le droit de vie et de mort, soit qu'on la suppose comme n'étant qu'un moyen d'exécution, soit que son droit lui vienne de la cession que lui ont faite les individus de tous les leurs, si nous ne parvenons pas à trouver ce droit terrible dans les élémens qui composent cette société. Il s'y trouve, cependant, suivant nous, et pour l'y découvrir, reprenons l'objection même de Beccaria; qu'on nous pardonne cette répétition. Instituée pour le salut et la conservation de ses membres, on ne conçoit pas, dit-il, comment la société a pu recevoir, des membres qui l'ont formée, la cession du droit de les détruire; une semblable cession eût été une évidente contradiction.

Habitués que nous sommes à travailler sur nos signes, il nous arrive malheureusement trop souvent de perdre de vue la nature des choses et les faits tels qu'ils existent réellement, pour ne considérer que des abstractions ou de vagues généralités. C'est là précisément le cas de Beccaria.

Et, en effet, se *conserver* et se *détruire*, considérés comme des signes abstraits, sont deux images d'une opposition absolue ; mais se *conserver* et se *détruire*, considérés comme des faits tels qu'ils existent dans tous les êtres organisés chez les hommes, comme chez les animaux, ne sont ni exclusifs l'un de l'autre, ni d'une opposition absolue, puisqu'au contraire ces êtres ne se conservent que par les mêmes moyens qu'ils se détruisent.

L'être vivant, par exemple, se conserve par la nutrition; mais la nutrition est le résultat d'une digestion, de l'effort d'un organe qui, tout en décomposant d'autres substances pour l'assimilation, s'affaiblit par son action et finit par se détruire à force de s'affaiblir. Loin donc que ces idées *conservation*, *destruction*, s'excluent dans la nature, elles sont toujours inséparables; elles coïncident à tout instant. Nos organes se développent et se conservent par l'usage; et c'est en même temps par l'usage qu'ils se détruisent, d'une manière aussi matérielle que nos habits se détruisent par le frottement. Ainsi donc, puisque les idées de destruction et de conservation, appliquées à nos droits et à nos devoirs (ou à nos besoins et à nos moyens) ne sont pas ce qu'elles paraissent être dans nos abstractions, mais qu'elles ne peuvent jamais cesser d'être ce qu'elles sont réellement dans la nature, on conviendra sans peine qu'elles n'expriment pas une opposition absolue, mais seulement une opposition relative. Si cette opposition était en effet absolue, il ne nous serait pas permis d'user d'aucun des moyens qui nous détruisent, vu qu'il ne nous est pas permis de renoncer à la vie; mais alors comment satisfaire à la loi de sa conservation puisqu'il ne nous est possible de nous conserver que par l'usage des moyens qui nous détruisent ?

Il résulte de cette analyse, qu'il n'y a qu'une opposition relative entre ces idées telles qu'elles existent dans la nature, ou, ce qui revient au même, dans l'usage pratique de nos besoins et de nos moyens. Si elle était possible, cette opposition absolue, il faudrait l'exprimer par ces deux principes:

Il ne nous est pas permis de faire moralement rien de ce qui peut nous détruire de quelque manière que ce soit.

Nous ne pouvons faire moralement que ce qui nous conserve.

Mais comme la nature n'a pas voulu nous conserver d'une manière absolue, et qu'au contraire elle a voulu nous détruire après un certain temps d'existence; conséquente dans ses vues, elle nous force à nous conserver par les mêmes moyens qu'elle nous détruit, et les deux principes sus-énoncés deviennent impossibles parce qu'ils sont incompatibles.

L'opposition relative de ces deux idées *destruction* et *conservation* pourrait être exprimée dans le vrai principe suivant.

Il ne nous est moralement permis d'employer à notre destruction que les moyens qui atteignent le mieux le but de notre conservation *.

C'est de cette maxime que nous allons tirer des conséquences qu'il eût été impossible d'obtenir des deux autres principes, et c'est

---

* Remarquez que nous limitons les idées de conservation et de destruction à cette vie terrestre. Notre théorie s'applique ainsi à tous les systèmes et à toutes les croyances religieuses. Si nous avions été sûrs de ne trouver que des platoniciens parmi nos lecteurs, c'est dans ces termes que nous eussions exprimé le principe. Il nous est moralement permis, et même nous devons employer à notre conservation relative tous les moyens convenables à notre conservation absolue. Nous serions très fâchés de ne pouvoir, en effet, assigner un motif raisonnable à l'héroïsme des Mucius, des Décius et des d'Assas, et d'être obligés de les regarder comme des échappés des petites maisons.

sans doute ces mêmes idées que le philosophe de Genève cherchait à indiquer, et qu'il ne crut point développer lorsqu'il disait* que la question de savoir comment le souverain acquiert le droit de disposer de la vie des citoyens, par la cession que chaque citoyen lui fait d'un droit qu'il n'a pas lui-même, n'est difficile à résoudre que parce qu'elle a été mal posée, et que toute difficulté disparaît lorsqu'on la présente telle qu'elle est, sous son véritable point de vue. « Tout homme, dit-il, a droit de risquer sa propre vie pour la conserver. A-t-on jamais dit que celui qui se jette par une fenêtre, pour échapper à un incendie, soit coupable de suicide? a-t-on même jamais imputé ce crime à celui qui périt dans une tempête dont, en s'embarquant, il n'ignorait pas le danger? »

Eh bien! la société, la réunion sociale, n'est-elle pas un moyen de conservation bien

---

* Chapitre V, du *Contrat social*. Il est surprenant de voir Jean-Jacques faire plus tard (dans la *Nouvelle Héloïse*) l'apologie du suicide, après avoir touché de si près à des principes dont l'analyse conduit à le condamner.

autrement utile à l'homme que les métaux du Nouveau-Monde, bien autrement nécessaire que les productions des Indes? est-il possible de refuser à l'homme, pour se conserver, le droit que nous lui reconnaissons sans difficulté lorsqu'il cherche seulement à étendre le cercle de ses jouissances au delà de ses besoins? L'homme peut légitimement faire, avec sa possibilité physique de se détruire tout d'un coup, ce qu'il a le droit de faire avec toutes ses possibilités ou puissances physiques; ce qu'il fait à tout instant avec la faculté lente de se détruire, lorsqu'il use ses muscles à de rudes travaux, ou qu'il affaiblit ses organes intellectuels par de longues et pénibles veilles : sa vertu, son mérite, tient à savoir *bien user de la vie*. Considéré comme un être moral, l'homme ne peut user de ses facultés physiques, quoiqu'il ait la possibilité d'en user dans toute leur étendue : il en est qu'il ne convient pas à l'être moral d'employer. Considéré comme être raisonnable, il ne peut rien faire bénévolement et sans cause ou sans motif. Mais lorsque son motif d'agir est *juste, conforme à la raison*, tout lui est permis, même de se détruire, c'est-à-dire de consentir à perdre la vie. Eh! que pourrait-il donc s'il ne pouvait cela, puisque, pour lui, vivre n'est autre chose qu'user ses forces vitales et les perdre par l'usage? Vivre n'est point acquérir ou conserver; vivre, c'est dépenser, user, et dans ce genre de dépense, comme dans tous les autres, nous ne devons être ni avares ni prodigues. La sobriété dans l'usage des plaisirs n'est une vertu que parce que c'est par elle que nous faisons de la vie le meilleur et le plus long usage possible.

Il semble donc, d'après cela, qu'un pacte, bien qu'il puisse renfermer la condition de notre destruction lente ou instantanée, est non seulement un droit pour nous de le faire, mais même il devient un devoir de le contracter toutes les fois que cette condition *du juste motif* se trouve suffisamment établie ; c'est-à-dire, si, en exposant ainsi notre vie par les chances de cette condition, nous ne le faisons que pour mieux conserver notre existence. Donc ces droits de nous conserver et de nous détruire, que nos abstractions divisent et que la nature identifie, ne sont qu'un seul et même droit, qui devient incomplet quand il est divisé.

Renfermé dans les lois de la moralité et de la raison, qui ne sont que les lois nécessaires de notre organisation, ce droit peut enfin se traduire ainsi : « *Il nous est permis de nous conserver par les moyens qui nous détruisent le moins, et de la manière la plus convenable.*

« *Il nous est permis de nous détruire par les moyens qui nous conservent le mieux et le plus long-temps.* »

Si ce n'est pas ainsi qu'on doit entendre le droit de nous conserver et de nous détruire, nous ne pouvons concevoir ce *droit-devoir** comme possible dans son exercice et son accomplissement, tandis qu'au contraire ce double droit ainsi compris, ainsi renfermé dans les lois de la raison humaine, nous donne la solution la plus satisfaisante d'une foule de questions de morale qui sont encore assez mal posées et plus mal résolues.

---

* Expression nouvelle qui signifie cependant une idée depuis long-temps connue, puisque personne n'ignore que nos devoirs et nos droits sont corrélatifs. Qu'on me pardonne cet assemblage de mots qui, s'il pèche contre la langue, exprime cependant très bien ma pensée.

On voit par là que s'il ne nous est pas permis d'attenter à nos jours par le suicide, parce que ce moyen de nous détruire ne nous conserve pas, ne tend en rien à nous conserver, parce qu'il ne nous est pas permis d'être volontairement stupides ou furieux, rien cependant ne peut être plus licite, plus raisonnable, plus moral et plus juste qu'un pacte par lequel nous acquérons une certitude presque matérielle et physique de conserver notre vie le plus long-temps possible, et de la manière la plus douce et la plus commode, sous une condition qu'il ne tient qu'à nous d'accomplir; qui ne nous impose pas la plus légère obligation de faire, mais l'obligation de nous abstenir, c'est-à-dire de *respecter la vie des autres :* condition telle que, loin de nous être à charge, elle nous devient réciproquement utile, puisque c'est de la conservation et de la coopération des autres membres qui composent la société que dépend notre bonheur aussi bien que le leur. Est-il possible de réunir des termes plus raisonnables et plus avantageux pour justifier un tel pacte? Il est, nous osons le dire, si raisonnable et si juste qu'il n'a même pas besoin d'être explicite; il est le résultat d'une nécessité universellement sentie, d'un calcul si exact, d'un raisonnement si vrai, que Pyrrhon lui-même n'aurait pu le révoquer en doute. En supposant même que notre existence ne fût qu'illusion, nous aurions toujours le devoir de raisonner cette situation et de la rendre agréable, et de la prolonger. Par ce pacte nous acquérons non seulement la presque certitude que quinze, vingt ou trente millions d'hommes avec lesquels nous vivons respecteront notre existence, chose qu'ils n'eussent point faite dans une autre supposition, ou du moins dont nous ne pouvions pas avoir la moindre assurance; nous acquérons encore la certitude qu'ils la défendront contre d'autres hommes, s'ils venaient l'attaquer ; qu'ils formeront autour de nous un rempart vivant, et sacrifieront leur existence pour sauver la nôtre lorsque l'enfance, l'âge ou les infirmités nous empêchent de partager leur gloire et leurs dangers. Par ce pacte, ceux qui, dans tout autre cas, n'eussent voulu rien faire pour nous, se trouvent tellement liés à nous qu'ils ne peuvent rien faire pour eux qui ne tourne aussi au profit de leurs cosociétaires.

Si maintenant l'on compare les immenses

avantages de ce pacte avec ses inconvéniens, et avec la possibilité de perdre la vie lorsque nous manquons à une condition qu'il ne tient qu'à nous d'accomplir, quel serait le chiffre capable de représenter la différence des deux sommes ? Il y aurait à peine des termes pour l'exprimer.

Ce pacte enfin, qui se réduit à ce peu de mots : *Vous respecterez mon existence, vous la défendrez ; de mon côté j'agirai de même envers vous. Consentons réciproquement à être détruits, si nous privons injustement de la vie un de nos semblables.*

Ce pacte n'est pas une vieille utopie ; il existe implicitement. Ce pacte n'est point dans l'intention des parties une déception, un artifice trompeur, mais bien une convention franchement acceptée, utile, raisonnable et morale ; et puisque ce pacte est tel au moment de le contracter, il ne saurait changer de nature quelles qu'en soient les suites légitimes, et quand même il viendrait à se résoudre par l'accomplissement de la clause qui amène notre destruction.

S'il nous était possible d'éluder l'effet de la condition lors de son accomplissement, nous n'aurions pas donné à nos co-sociétaires la garantie qu'ils attendaient de nous et que nous attendions d'eux. En un mot, sans cette condition pénale, le pacte n'en serait plus un, et nous serions bientôt réduits aux conséquences mille fois plus funestes de sa non-existence. Et qu'on ne dise pas qu'il est possible de former ce pacte avec tous ses avantages et sans cette condition. La réponse est facile à cette observation beaucoup trop philanthropique. *Il me faut votre vie pour garantie de la mienne ;* tel est le cri de l'humanité. Jamais les hommes n'acceptant en garantie une valeur moindre que celle qu'ils exposent. Qu'ils se ravisent sur ce point; qu'ils deviennent plus généreux, qu'ils portent la générosité jusqu'à l'héroïsme, qu'ils changent enfin de nature, et ce terrible dédit deviendrait inutile. En attendant il est indispensable.

Qu'il se commette un seul assassinat, ou qu'on l'intente même, et le législateur qui abolirait la peine de mort devrait s'attendre à ce reproche : Vous ne m'avez point protégé ; vous avez négligé le seul moyen peut-être de me sauver des mains de l'assassin. Vous manquez à vos devoirs, vous violez le pacte social ! Cette menace de mort était ma garantie, c'était mon droit ; il m'appartenait comme tous mes autres droits que vous n'avez pas la faculté d'anéantir.

Reconnaissons donc comme juste tout ce qui est nécessaire, et concluons de tout ce qui vient d'être dit, que nous avons, mais seulement d'une manière conforme à la raison, le droit de nous détruire; et que, s'il nous est permis, pour augmenter nos plaisirs de risquer notre existence sur les flots, ou ce qui revient au même, de consentir aux dangers produits par des causes que nous ne pouvons ni maîtriser ni diriger, à plus forte raison avons-nous le droit d'engager notre existence à la société, où la sûreté de notre vie, comparée à la possibilité de la perdre, se trouve peut-être dans le rapport de l'infini à l'unité. Le danger de notre destruction est en effet si peu probable, qu'il ne dépend que de notre volonté de l'éloigner pour toujours, et dès lors on peut même douter si cette possibilité infiniment peu probable, que nous n'acceptons au reste que pour mieux conserver notre être, mérite le nom de danger.

Qu'on veuille bien y prendre garde ; ce qui

précède n'est point un jeu de mots ou de vaines subtilités. D'après cette théorie l'homme a le droit de se détruire; mais seulement d'une manière conforme à la raison. L'homme a le droit de s'exposer à perdre la vie, de l'engager pour mieux la conserver : c'est ce qu'il fait à tout instant. Les conséquences de son engagement envers les autres hommes (engagement où il est si loin de manquer à la loi de sa conservation, que c'est pour lui obéir qu'il le contracte) peuvent enfin, dans certain cas, donner à ses co-associés le droit de le détruire sans crainte d'enfreindre en lui des droits qu'il a perdus. Que si l'on prétendait que l'homme, après avoir violé au préjudice d'un de ses semblables ce pacte de respect mutuel, pouvait repousser légitimement les conséquences de sa violation, c'est alors qu'il y aurait dans sa conduite injustice, immoralité, déception révoltantes. Si l'engagement est légitime, s'il est légitimé par la nécessité, les conséquences ne sauraient cesser d'être telles.

Il nous semble donc démontré que la loi sociale lorsqu'elle inflige la peine de mort dans les cas où toutes les conditions de l'existence et de la gravité du crime se trouvent réunies, est si loin de faire usage d'un droit exorbitant, qu'elle ne fait qu'user de celui que nous avons chacun en particulier, en l'exerçant au nom de la société tout entière. La loi sociale accomplit envers un individu le cas le plus défavorable d'un engagement destiné à produire d'autres effets auxquels il a volontairement renoncé puisqu'il s'est rendu volontairement coupable.

Mais non seulement les individus peuvent donner en garantie leur vie, qui est leur véritable, leur seule propriété, et à laquelle se rapportent toutes les autres, la société le peut aussi en tant que société. Elle a le droit de faire de sa vie un usage aussi illimité que celui que peuvent en faire les individus; c'est-à-dire qu'elle peut l'engager, l'exposer pour la conserver. Ainsi nul doute qu'elle ne puisse soutenir une guerre et consentir à toutes les horreurs de sa destruction pour conserver son existence, et qu'elle ne puisse même l'entreprendre dans le même but. Mais aussi de même que l'individu n'a pas le droit de compromettre follement sa vie, de même la société n'a pas le droit d'exposer son existence en entreprenant des guerres ou des conquêtes qui n'auraient pas pour but direct et nécessaire sa conservation sagement entendue. Que ces principes n'aient été ni connus ni consultés dans le droit des gens ancien et moderne, cela se conçoit. Il s'agissait des droits des peuples, et les gouvernemens n'ont pas été jusqu'ici les mandataires respectifs des peuples; ils n'agissaient pas dans leurs intérêts. C'était alors tout naturel. Mais que les peuples se gouvernent, qu'ils aient des mandataires voués à leurs intérêts, il s'établira entre les nations les mêmes rapports qu'entre les hommes. Que dans cet état de choses une nation en envahisse une autre sans y être contrainte par la nécessité de sa conservation; que cette nécessité ne soit douteuse ni à ses propres yeux ni à ceux des autres peuples, elle aura abusé de sa force, elle aura commis un véritable *assassinat*, et les autres peuples se réuniraient, n'en doutons pas, pour la forcer à la réparation, comme les hommes se réunissent contre l'assassin.

Mais si la peine de mort n'était pas un droit de la société; si le législateur, comme on le prétend, ne pouvait s'attaquer à la vie de l'homme, voyons quelles seraient les conséquences d'une semblable supposition; voyons si elle ne viendrait pas saper, jusque dans ses fondemens les plus solides, tout système de peines, tout droit de punir. Les criminalistes, au lieu d'avoir toujours devant les yeux les abus révoltans qu'on a faits de la peine de mort; au lieu de renverser les échafauds parce qu'on y a immolé des innocens, auraient dû penser aux moyens de corriger ces abus. En elle-même, la peine de mort n'en est pas un. Ils auraient dû réfléchir, surtout, que les raisons sur lesquelles la plupart fondent leur opinion sur cette question particulière détruisant, comme nous l'avons dit et comme on va le voir, tout droit de punir, les menaient directement à l'absurde; car il est incontestable que, sans des peines, Platon lui-même, ne concevait pas sa république de justes.

C'est la contre-épreuve de notre système, de notre manière de considérer le devoir de notre conservation que nous allons offrir.

La peine, quelle qu'elle soit, est la privation d'un droit; tout droit est un moyen de conservation, donc toute peine est un moyen de destruction. *Punir* et *détruire* sont donc deux idées qui ne se distinguent pas spécifiquement ou par l'espèce ; elles ne se distinguent que par le *plus* ou le *moins* sur une même échelle métrique; mais leur nature est la même. Dans l'ordre physique et matériel la continuation d'une peine produit la destruction; et toute peine, à quelque degré de l'échelle qu'elle soit placée, détruit du moins en partie, puisqu'elle diminue les moyens de notre conservation. Rendons sensible, au moyen d'un exemple, la force de ce raisonnement.

Supposons qu'un criminel ait été condamné à l'emprisonnement. Sans tenir compte des maux physiques, le chagrin seul de se voir privé de la liberté, séparé des objets de son affection, déconsidéré dans l'opinion publique, ou plutôt déclaré infâme, tous ces sentimens pénibles affectent douloureusement son âme; ils influent sur les principes physiques de sa vitalité, ou, ce qui revient au même, usent les organes de sa vie, en augmentant l'intensité de l'action qui les détruit. Et quel doit être l'effet produit nécessairement par cette augmentation d'intensité dans l'action destructive, qui n'est elle-même que l'effet de la peine ? L'homme qui sans cet aiguillon destructeur avait une force vitale de 60 ans, par exemple, ne vivra plus que 59 ans. Et n'est-ce pas la même chose que si la société lui eût infligé la peine capitale un an avant le terme naturel de son existence ? Si l'on convient que la société a le droit d'abréger la vie de l'homme d'une année, d'une minute, pourquoi n'aurait-elle pas celui de l'abréger de deux, de trois années, et même de vingt années ? Quelles données a-t-on, pour déterminer dans l'exercice de ce droit, un point quelconque de la durée de la vie de l'homme où l'on doive s'arrêter ? Quel est l'homme capable de trouver ce point d'arrêt ?.......

Il n'y a pas à en douter : ou ce droit s'étend à tous les points de l'échelle, ou il ne s'étend à aucun, puisque toute peine se résout en une destruction ou partielle ou totale. Refuser à la société le droit de nous détruire, c'est lui refuser le droit de nous punir. Aussi, comme on l'a dit, M. Lucas, pour être conséquent à ses principes, devrait repousser comme illégitime le droit de priver l'homme de sa liberté, le droit de gêner en rien ses facultés naturelles; en un mot, il faudrait renoncer à tout droit de punir. Dès lors plus de vie sociale ; sans une force de coercition, de répression, les lois ne sont plus que des maximes stériles de morale, des principes dépourvus de sanction; et l'association politique, l'ordre public, qui en est le soutien, ne sont que des stipulations sans garantie et sans exécution possible.

Mais continuons, poussons plus loin les conséquences du système contraire au nôtre; il n'y a pas lieu de s'arrêter aux seules obligations qui naissent d'un délit. Faisons voir que, si la société ne possède par le droit de punir dans toute son étendue, ou ce qui revient au même, si les individus qui la composent n'ont pas le droit d'engager leur vie pour mieux la conserver, comme nous l'avons déjà dit, ils ne sauraient avoir non plus le droit de contracter aucune obligation par un lien civil. Ces conséquences paraîtront exagérées, nous n'en doutons pas; pour nous, elles nous semblent découler naturellement de principes posés.

Et en effet, appuyé sur son inviolabilité absolue, l'individu lésé dans ses intérêts demanderait par une espèce de *restitutio in integrum* la nullité de son contrat. Il ferait un raisonnement semblable à celui que **nous avons** déjà fait : tout dommage, dirait-il, résultant de mon contrat se résout en une diminution de mes moyens d'existence, en un principe de destruction partielle, quelque minime qu'il soit : or, comme je ne puis nullement consentir à ma destruction, je ne puis consentir non plus à accomplir l'obligation qui me devient à charge d'après la manière dont le contrat s'est résolu. Eh bien ! conçoit-on maintenant des contrats possibles parmi les hommes ? Dans cette supposition, il n'y en aurait même pas de gratuits. Leur conservation étant une espèce de bien érigé en majorat dont ils ne peuvent disposer pas plus par voie de donation et à titre gratuit que par contrats onéreux, les hommes auraient brisé tous les liens qui doivent les unir, la justice et la bienfaisance seraient bannies de la terre. Et cependant ces résultats, quelque nouveaux, quelque étranges même qu'ils puissent nous paraître au premier abord, ne sont que des déductions rigoureusement logiques du principe que nous n'adoptons pas. Qu'il est étroit l'enchaînement des vérités entre elles ! et que les erreurs se suivent aussi de

6.

près! Méconnaître l'existence d'une seule vérité, c'est, quelquefois, remettre en question l'existence des plus évidentes. Admettre dans nos calculs une seule erreur, c'est nous placer dans la nécessité de soutenir les conséquences les plus absurdes qui en découlent. C'est là le résultat malheureux où nous sommes souvent entraînés par la manie des perfections, laquelle cependant, et nous nous plaisons à le reconnaître, est en même temps la source de tout l'éclat dont brille le dix-neuvième siècle. Si par perfectionner on entend *améliorer*, rendre moins imparfait, le but alors est à la portée de l'homme. Voulons-nous perfectionner la législation pénale? Portons dans l'examen des lois criminelles les lumières de la raison, l'impartialité de la justice et les inspirations de l'amour le plus passionné pour l'humanité ; corrigeons, adoucissons, tempérons, faisons disparaître ce qui est vraiment défectueux ; effaçons de nos codes les lois atroces qui les souillent en prodiguant injustement la mort. C'est là un digne but de nos efforts ; mais n'arrachons pas à la société un droit qui lui est indispensable, un droit qui lui revient, qu'elle peut exercer à juste titre, et qui est en même temps la sauve-garde, la garantie de tous les autres droits. Abolissons sans doute la peine de mort pour les cas auxquels elle est encore aujourd'hui barbarement appliquée ; mais ne l'abolissons pas *parfaitement*, ne l'abolissons pas tout-à-fait et d'une manière absolue.

Mais supposons encore, afin d'examiner cette grave question sous toutes les faces possibles, supposons que nous n'avons pas la faculté d'engager notre existence, comme une garantie, comme un moyen de nous mieux conserver ; supposons pour un moment que ce droit n'en soit pas un : dans cette hypothèse même osera-t-on nier que nous n'ayons le droit de priver de la vie un de nos semblables, toutes les fois que son existence sera devenue incompatible avec le droit, ou plutôt avec le devoir de notre conservation ? Si un homme est injustement attaqué, comment peut-il satisfaire au devoir de sa conservation, s'il ne lui est pas permis d'employer le seul et unique moyen que la nécessité mette dans ses mains ? A-t-on jamais accusé de meurtre l'homme qui, repoussant une injuste agression, devient l'homicide de l'assaillant ? Et comment l'homme injustement attaqué aurait-il acquis le droit de tuer l'assaillant, s[i] celui-ci n'eût perdu le droit à sa propre existence ? Impossible de concevoir, en morale comme en raison, deux droits opposés existant simultanément. *Par le fait de l'agression l'assaillant a perdu indubitablement le droi[t] à la vie, et voilà pourquoi on peut la lui ôte[r] sans crime.*

Et maintenant si l'assaillant perd le droi[t] à la vie par le fait d'une injuste agression[,] pense-t-on qu'il puisse le recouvrer par l'ac[-]complissement de son crime ? Il menace, i[l] brandit son arme meurtrière, et perd le droi[t] de vivre ; il l'enfonce vingt fois dans le sei[n] de la victime, et il rentrerait dans l'intégrit[é] de ses droits !..... Il ne suffit pas de dire qu[e] nous avons le droit de tuer l'assassin, il fau[t] affirmer *qu'il a perdu le droit à la vie.*

Après s'être souillé du fratricide, Caïn d[i-]sait avec raison : *Omnis qui inveniet me, occid[et] me* *. La justice de ce vieux temps recon[-]naissait déjà, par sa bouche, le droit que tou[t] individu a de tuer l'assassin dans l'état d[e] nature.

---

* La Genèse.

Les lois naturelles, dit Locke[*], ont leur action comme les lois civiles, et elles cesseraient d'en avoir une si personne n'avait le droit de les faire respecter, en punissant l'infracteur. Ce droit de punir le coupable n'est pas en effet tout simplement le droit d'une défense personnelle; il ne se borne point à la personne de l'homme attaqué; il s'étend à tous les hommes. S'il en était autrement, l'assaillant ne ferait qu'un acte de calcul et de raison en achevant sa victime, puisque ce serait un moyen d'éteindre tout droit contraire à sa conservation, sa vie devenant inviolable par l'assassinat accompli, consommé! Ce droit n'est pas non plus une espèce de droit de patience, qui attend l'attaque pour la repousser; c'est au contraire un droit actif, un droit qui prend l'initiative, qui s'étend jusqu'à prévenir l'attaque. C'est ainsi que nous le possédons, chacun en particulier, et c'est ainsi que la société l'exerce en notre nom. La société poursuit le criminel, et si elle trouve dans son crime tous les caractères d'une perversité noire, toutes

---

[*] *Traité du gouvernement.*

les données capables d'établir la présomption la plus fondée, qu'il y a incompatibilité entre l'existence de l'assaillant et la vie de tous les autres citoyens, la société a le droit d'agir envers celui qui, comme nous venons de le voir, a perdu tout droit à la vie, de la même manière que nous agirions nous-mêmes.

Certes, il eût été trop ridicule de prétendre que chaque individu n'acquiert le droit, dans l'état de nature, de tuer l'assassin qu'à mesure qu'il est attaqué personnellement. Le droit que nous avons à notre conservation deviendrait illusoire si l'on pouvait le borner à la conservation de notre individu; s'il ne s'étendait pas à conserver avec nous tous ceux qui contribuent ou peuvent contribuer à notre conservation. Eh! que lui resterait-il à faire à l'assassin pour nous détruire, s'il lui était permis de tuer impunément autour de nous, dans le cas où ils ne pourraient se défendre, tous ceux qui contribuent à notre conservation? La nature, bien qu'elle nous ait condamnés à rapporter tout à nous-mêmes, ne nous a point créés égoïstes; en nous rendant dépendans des autres hommes pour ce qui regarde notre conservation, c'est-à-dire notre existence commode et sûre, elle nous impose en même temps le devoir de contribuer à l'existence des autres, et voilà pourquoi elle met dans nos âmes cette soif de justice, cet élan généreux qui nous porte à secourir le faible contre l'oppresseur, et cette horreur du crime qui nous rend odieux le criminel, au moins dans le moment de la perpétration; sentimens qui eussent tous été autant d'impressions trompeuses, autant de moyens d'action inutiles, qui eussent placé la nature en opposition avec elle-même, qui l'eussent montrée non seulement imparfaite, mais malfaisante, si elle n'avait pas placé le moyen ou le droit à côté du besoin, le droit de satisfaction à côté du désir qu'elle nous inspire. Le besoin de conserver avec nous les êtres qui nous entourent existe; le droit de le satisfaire ne saurait nous manquer: ils ne se trouvent jamais l'un sans l'autre.

Que dans l'état de nature où les hommes, sans avoir encore fait aucun contrat politique, entretiennent seulement entre eux ces rapports de paix et de bienveillance que commande leur intérêt du moment; que dans cet état, dis-je, un individu enlève à un autre individu une chose que ce dernier avait acquise par son travail, le propriétaire de l'objet volé venant à le réclamer, tous les autres propriétaires et tous ceux qui pourraient le devenir ont sans doute le droit de se joindre à lui pour dépouiller le voleur de son larcin, et surtout pour le soumettre à tous les moyens les plus capables de rétablir la confiance perdue ; c'est-à-dire qu'ils auraient à employer envers lui des procédés tels qu'ils le missent dans l'impossibilité de venir les troubler dans la jouissance des objets qui forment la propriété de chacun. Le plus sûr moyen d'empêcher le voleur de faire le mal étant celui de chercher à le corriger, à l'instruire, à étouffer dans son âme ce penchant à s'emparer du bien d'autrui, dans cette hypothèse, les hommes eussent acquis, on pourrait le prétendre, avec le droit de répression le devoir de correction, le devoir de changer un instrument du mal en un moyen d'opérer le bien, le devoir de changer, en un mot, le perturbateur en un coopérateur de plus.

Mais que dans ce même état imaginaire un individu assassine un autre individu, les devoirs des autres hommes seront-ils les mêmes envers l'assassin qu'envers le voleur? n'auront-ils qu'à le corriger seulement? ne devront-ils pas plutôt le fuir, le craindre, et se méfier de lui? D'abord, quant au rétablissement de la confiance entre le coupable et le reste des hommes, il est impossible : la confiance n'est point un acte de générosité; c'est un acte de raison et de sympathie; elle ne peut s'établir que sur des motifs raisonnables, et il n'en existe pas le plus léger pour l'accorder à celui qui, non pas par un mouvement impétueux de colère, mais par préméditation et de sang-froid, donne perfidement la mort à un de ses semblables. Il a violé par le plus grand des crimes le plus sacré des devoirs, le seul qui, respecté, puisse maintenir la confiance; et cependant cette confiance mutuelle, il la faut rétablir à tout prix, quelles qu'en soient les suites pour le criminel. Sans cela on aurait fait supporter uniquement les conséquences du crime à ceux qui en étaient innocens. Réduits à cette position de guerre et de méfiance, les hommes ne peuvent se soustraire aux inquiétudes, aux terreurs qui assiégent à tout instant l'homme qui n'a pour conserver sa vie, que la force matérielle à opposer à celle d'un assassin ou d'un traître; son existence cesse d'être douce et commode, et se change en une angoisse continuelle, en un état insupportable pour lequel l'homme n'a pas été créé, et qui doit nécessairement le faire succomber. Le châtiment du criminel, comme sûr moyen de rétablir la confiance perdue, mais indispensable, est donc un droit des hommes, à quelque état qu'on les considère.

La confiance, la sûreté, la conservation exigent des moyens préventifs; et tout homme a le droit de détruire d'avance tout ce qui excite une juste méfiance de sa part et trouble sa sûreté. Qu'il ait affaire à des tigres ou à des hommes-tigres, n'importe, ses droits sont toujours les mêmes. Esclave du devoir de sa conservation, dès qu'un être vivant s'est rendu incompatible avec son existence, il a le droit de le priver de la vie. Il a le droit de tuer le tigre, parce que, par son approche, il trouble sa sécurité, et par cela seul, rend impossible sa conservation. Sa méfiance envers cet animal est on ne peut plus fondée, parce que son instinct est féroce et sanguinaire; elle l'est aussi envers l'homme-tigre. Le crime commis par l'assassin prouve que sa raison est nulle contre l'impulsion de sa rage féroce ou de sa perversité. La position de l'homme envers ces deux êtres n'est pas seulement semblable, elle est identique; celui qui enfreint la loi la plus sainte de la justice, de l'humanité, de l'intérêt individuel et commun, justifie la méfiance la plus absolue. L'homme est enfin autorisé, par précaution, à mettre hors d'état de lui nuire celui qui a perdu tous ses droits à la vie.

Ce droit enfin que nous avons tous, hors de la société, de tuer l'assassin, et qui serait comme tous nos autres droits d'un exercice difficile et dangereux, la société l'exerce au nom de tous, et par des moyens qui rendent cet exercice moins exposé aux abus de la force, aux erreurs de l'intelligence humaine, et moins accessible à la violence et à la précipitation des passions. « Un citoyen mérite la mort, dit Montesquieu *, lorsqu'il a violé la sûreté, au point qu'il a ôté la vie ou qu'il

---

* *Esprit des lois*, livre XV, chap. 4.

a entrepris de l'ôter. Cette peine de mort est comme le remède de la société malade. »

Et qu'on ne dise pas que, pour mettre hors d'état de lui nuire, la société peut se contenter de séquestrer le criminel. D'abord, puisque son droit s'étend plus loin, puisque le criminel a perdu ses droits à la vie, on ne saurait reprocher à la société qu'elle la lui ôte ; puis, il est faux de dire que la société soit aussi tranquille, aussi à l'abri des atteintes d'un monstre quand elle l'a privé de sa liberté que quand elle s'en défait pour toujours. Nous aurons à revenir sur ce point.

Pour combattre la peine de mort on s'est servi de toute espèce d'armes ; on a souvent répété aussi, avec quelques publicistes, que l'imposition d'une peine est un acte d'autorité ; que l'autorité suppose une supériorité, et que parmi les hommes dans l'état de nature, il n'en existe aucune, parce qu'ils ont tous les mêmes droits. La chimère de l'égalité s'est soutenue, a même été prônée bien haut pendant les temps de transition du despotisme à la liberté. Elle pouvait, alors devenir utile contre les abus du pouvoir, contre le vice essentiel de l'organisation sociale ; mais elle doit être aujourd'hui ramenée à sa juste valeur, et elle l'a été en effet. Il est aujourd'hui aussi absurde de dire que nous sommes égaux en droits, comme il le serait de dire que nous avons tous la même taille, ou la même grosseur, la même force intellectuelle ou physique.

Nos droits ne sont que le résultat de nos besoins comparés à nos moyens; et puisque nous n'avons pas tous les mêmes besoins ni les mêmes moyens, il est évident que le dogme de l'égalité de nos droits est de tout point insoutenable. Elle n'existe pas plus dans l'état de nature que dans la société. Lorsque dans une horde de sauvages on choisit pour chef le plus fort, le plus courageux, le plus habile d'entre eux, ces sauvages font preuve certainement de plus de bon sens, en reconnaissant une supériorité qui existe de fait, que les auteurs de ces déclamations frénétiques de la prétendue égalité.

L'inégalité est le fait de la nature. Mais les plus forts abusèrent les premiers de ce fait, en prenant leurs *devoirs de protection* pour un *droit d'oppression* *. C'est une erreur de

---

* Les Grands, disait un digne magistrat dans une

tous les temps, parce que de tout temps elle a merveilleusement flatté l'amour-propre des puissans, et que les plus faibles, habitués par un sentiment naturel à reconnaître la supériorité du plus fort dans certains cas, ont cru, pendant une longue suite de siècles, qu'ils leur devaient la même obéissance quand ils abusaient de leur force, quand ils agissaient en dehors de leurs droits. De là, dans les temps de barbarie les plus voisins de nous, la féodalité, de là l'aristocratie corrompue, inepte, orgueilleuse et insolente de nos monarchies européennes; de là la tyrannie des princes, et de là aussi enfin, car les extrêmes se touchent, le dogme de l'égalité absolue, soutenue par les Cromwell et les Robespierre, au moyen de leurs *levellers* (niveleurs), et de leurs septembriseurs. Dans l'ordre social, la question n'est pas de faire que nous soyons tous égaux, car ce principe absurde rigoureusement inter-

---

occasion solennelle, les Grands n'ont d'autres avantages sur les faibles que le devoir de les protéger; de même que l'homme éclairé n'a d'autre supériorité à prétendre que celle de se montrer plus vertueux que l'ignorant.

prêté en même temps qu'il repousse l'oppression du tyran, repousse aussi l'autorité du législateur, du magistrat, du père de famille, détruit essentiellement tout état social et tout état de famille. La question de l'égalité se réduit à être chacun aussi libre qu'un autre dans les limites des inégalités mêmes qui nous distinguent, que ces inégalités viennent de la nature ou de l'usage que nous faisons de nos moyens naturels, ou même de la nécessité de laisser subsister dans la société tout ce qui n'est pas l'œuvre d'un injuste privilége *.

---

* Car, si le privilége est légitime, il faut le laisser subsister, quand même il établirait des inégalités de droits, parce que ces inégalités mêmes tournent au profit du plus grand nombre. Il y a deux sortes de priviléges : le privilége tout personnel, qui élève un individu aux dépens de la société sans la moindre utilité pour elle ; voilà le privilége injuste qu'on doit se hâter de détruire. Mais le privilége institué dans l'intérêt général, dans un but d'ordre et de conservation, le privilége tout politique, qui rapporte plus qu'il ne coûte, celui là doit être respecté. Tel est aux yeux de ceux qui regardent la monarchie constitutionnelle comme le gouvernement le plus en rapport avec nos mœurs et nos besoins, le privilége de l'hérédité de la couronne. Si, d'un côté, il flatte l'amour-propre de celui

La société ne peut créer l'égalité, pas plus qu'elle ne peut anéantir les inégalités. Elle prend les droits tels que les hommes les auraient eus dans l'état de nature ; elle ne fait que les corriger et empêcher les abus. Simple moyen d'exécution, comme nous l'avons déjà dit, l'état social n'est destiné qu'à empêcher la faiblesse d'être exposée à l'oppression et au désespoir, et la force, de devenir un instrument d'usurpation.

Mais admettons l'égalité de nos droits comme existante, lorsque deux individus ont suivi ensemble les voies de l'honnête ; la supposerons-nous, cette égalité de droits, entre

---

en faveur duquel il est institué, et lui accorde des droits que d'autres n'ont pas, d'un autre côté aussi il contribue puissamment à la stabilité du gouvernement, à la tranquillité de tous, premiers élémens du bonheur social et particulier. Tel est aussi le privilége de la transmission des biens par droit d'hérédité, dont l'utilité générale n'est contestée que par ceux qui ignorent ou veulent bien ignorer que, sans lui, il n'y a presque plus rien qui excite l'activité du père de famille ; et que sans lui, enfin, les efforts de travail, cette ambition si utile à la société, cette immense activité de l'industrie, restent presque sans but, puisqu'ils restent sans récompense.

l'honnête homme et le criminel? A nos yeux, d'abord, l'inégalité dans l'ordre moral est plus grande chez les hommes que dans l'ordre physique. La différence du plus faible au plus fort, quelque petite que soit l'unité choisie, se réduirait à quelques centaines de degrés du dynamomètre : nous ne voyons pas de terme assez grand pour exprimer celle qui existe entre l'honnête homme et l'assassin; la distance entre ces deux êtres est infinie. Le premier conserve tous ses droits; le second les a tous perdus, d'après ce que nous avons vu précédemment. Il y a donc supériorité réelle et morale de l'un sur l'autre, puisque l'on veut qu'il y ait supériorité pour qu'il y ait droit d'infliger une peine méritée.

A la vérité, notre conclusion s'appuie sur la théorie que nous avons établie, et qui fait suivre le crime de la perte de plus ou moins de nos droits, selon qu'on a été plus ou moins coupable. Qu'on nous permette de la croire fondée; car, pour la démontrer fausse, il faudrait nous prouver que nos droits nous ont été donnés irrévocablement; que nous les possédons sans condition, d'une manière absolue, sans pouvoir jamais les perdre ou les aliéner; mais alors à quels tristes résultats ne serait-on pas conduit? On aurait démontré qu'il n'y a pour nous d'autre justice que celle qui s'obtient par la force matérielle; que la possibilité morale ne reconnaît d'autres limites que celles de la possibilité physique; et, par suite, que l'assassin fait un acte de calcul raisonnable en se débarrassant de celui qui portait obstacle à ses volontés, si ses mesures étaient tellement bien prises qu'il n'eût pas de danger à courir au moment de commettre son crime. Mais il y a plus : si par le crime l'assassin n'a pas perdu ses droits, s'il est inattaquable, inviolable pour les autres hommes, nous ne voyons pas pourquoi, lorsqu'il a privé un individu de la vie, qui était sa principale propriété, il ne pourrait le dépouiller ensuite du reste de ses biens, et convertir ainsi l'assassinat en un moyen de succession !... Si nous ne voulons pas nous perdre dans un dédale de conséquences absurdes, de maximes horribles, reconnaissons franchement que si l'homme a des droits inviolables, imprescriptibles, c'est quand il fait de sa liberté un usage conforme à la raison, et de ses moyens un usage moral. Mais convenons aussi que, lorsqu'il en abuse d'une manière brutale et féroce, il perd les priviléges de l'espèce ; il perd autant de droits qu'il est nécessaire pour réparer le mal causé, pour être réduit à l'impossibilité d'abuser de ses moyens; il peut même perdre tous ses droits, puisque par son crime il a privé un autre de tous les siens. Reconnaissons que par son délit il cesse d'être l'égal de ses semblables, et ceux-ci acquièrent sur lui toute la supériorité et toute l'autorité nécessaires, soit pour l'obliger à la réparation, si elle est possible, soit pour le corriger, s'il y a présomption de pouvoir le faire, soit enfin pour le détruire, s'il a rendu son existence incompatible avec celle des autres hommes.

Nous ne laisserons pas sans réponse une objection d'anciens criminalistes, malgré sa faiblesse, puisqu'elle a été reproduite de nos jours et qu'elle doit encore nous fournir l'occasion de quelques observations utiles. Elle se trouve d'ailleurs implicitement détruite par ce que nous avons déja dit. Tout en reconnaissant que l'assaillant perd le droit à la vie, puisque, dans le moment, la personne injustement attaquée peut la lui ôter sans crime, on a prétendu qu'une fois pris, désarmé, l'homme ne menaçant plus ni la société, ni l'individu, il recouvre tous ses droits, et ne peut plus être mis à mort par acte de justice.

La justice pénale exercée par l'homme dans le cas de défense personnelle, ou exercée par le magistrat lorsqu'il protége les membres de la société, doit être à la fois, dans les deux cas, un acte de prévision et un acte de raison; de prévision, parce qu'avant que l'assassin nous porte un second coup, il faut le mettre dans l'impossibilité de le faire ; de raison, parce que, s'il suffit de lui couper le bras pour l'empêcher de consommer son crime, on ne doit pas lui trancher la tête. Sous le premier rapport, c'est un moyen de conservation; et pour assurer cette conservation tout moyen doit devancer la destruction. Si donc la défense de la société ou de l'individu exige la mort du coupable, qu'il soit armé ou non, sa mort est la justice même. Considérée sous le second rapport, comme acte de raison, la justice pénale doit strictement se renfermer dans les limites de la nécessité.

Maintenant la question de savoir si le coupable menace ou non l'individu ou la société, ne peut se résoudre *par l'impossibilité où il est, un moment désarmé, de nuire à cet individu, à cette société.* Si notre défense doit être préventive, le devoir de conserver la vie au coupable désarmé ne peut se baser que sur cette certitude morale : *Le coupable ne fera plus le mal quand même il en aura l'occasion ou la possibilité;* et cette certitude morale elle-même ne peut être le résultat que des motifs capables de la produire.

Un homme est attaqué, par exemple; il tire son épée, et du premier coup il désarme l'assaillant : désarmé, cet assaillant se jette à ses pieds, il lui demande grâce ; le droit que le vainqueur aurait de le tuer est périmé. Mais, qu'au contraire, quoiqu'il soit désarmé, il cherche à ressaisir son arme; qu'étouffant de rage et de colère, l'assassin se jette sur l'homme, par ces faits il détruit la présomption qu'on aurait pu établir en sa faveur; il donne par cela même la certitude morale qu'il n'attend que l'occasion, la possibilité de faire le mal, et dès lors il se met hors la loi, et donne à l'homme qui se défend le droit de se défaire de lui. Il en est de même dans la société : que l'individu une fois pris, une fois désarmé, démontre par les circonstances atténuantes qu'un moment de passion et d'aveuglement a étouffé en lui la voix qui conduit habituellement ses pas ; qu'il ait commis le crime lorsque son imagination, échauffée par une cause passagère, était dans un état d'exaltation : ces circonstances prouvent à la société que le coupable est susceptible de correction, et qu'une fois corrigé *il ne fera plus le mal quand même il en aurait la faculté.* Alors la société n'a point le droit de le détruire. Mais qu'au contraire il ait commis le crime dans l'usage de tous ses sens, lorsqu'aucune provocation n'excitait son irascibilité ; qu'il l'ait fait par guet-apens, avec préméditation ; que son ame féroce ait joui des souffrances de la victime, qu'il les ait prolongées à dessein ; qu'il ait mutilé, après la mort, les membres du malheureux....la société conclut qu'une ame si noire ne fait pas le mal actuellement, parce qu'elle se trouve dans l'impossibilité de le faire ; impossibilité qui peut cesser d'un moment à l'autre. Et sur quoi fonderait-elle la présomption contraire? Quelle vertu supposera-t-on pour garantie à celui qui vient de parcourir tous les degrés du crime, et qui a foulé aux pieds tous les devoirs de morale? quelle idée d'honneur supposera-t-on à celui qui s'est conduit avec tant de bassesse? quelle idée de crainte à celui qui, défiant Dieu et les hommes, ne trouve pas un remords dans sa conscience? Il est un fait à jamais prouvé pour lui : c'est l'extinction absolue de tous les sentimens honnêtes. La confiance qui lui serait accordée, l'espoir qu'on aurait conçu d'un retour à la vertu, seraient des actes de déraison, de folie et de faiblesse. Le système pénitentiaire reste ici sans base et sans fondement : éminemment utile, comme nous le verrons plus tard, dans une infinité de cas, il ne saurait s'appliquer à celui que nous venons de présenter.

Le principe, qu'on doit s'abstenir de tuer l'assassin désarmé, doit donc être renfermé dans les justes limites que nous lui avons tracées. Il faut suspendre l'exécution de la mort lorsqu'il vient de céder à une force matérielle supérieure à la sienne, jusqu'à ce qu'on puisse établir, par l'examen des motifs qui le décidèrent au crime, par les circonstances enfin, toutes les garanties morales qui doivent concourir au jugement qui le détruit ou lui conserve la vie. L'accusé doit être entendu : voilà son droit ; la société doit juger avec justice, avec indulgence même : c'est son devoir.

On a enfin porté l'exagération des théories philanthropiques jusqu'à l'absurde, en voulant mettre en parallèle non seulement la position, mais les droits d'un criminel réprimé et d'un guerrier vaincu sur le champ de bataille. Quelle inconcevable injustice, que celle de vouloir couvrir de la même égide la tête de l'infame assassin et la noble poitrine du guerrier ! Qui ne voit l'immense différence qui sépare ces deux hommes?

Le guerrier, une fois désarmé, offre non seulement les garanties d'un homme quelconque, mais celles d'un homme sur qui la vertu exerce le plus sublime empire, d'un homme auquel la voix de la patrie et de l'honneur se fait entendre cent fois plus fort que l'amour de la vie. Qui pourrait offrir plus de garantie morale? qui peut donner un témoignage plus irrécusable de l'inviolabilité de ses promesses? Tant qu'on se bat, c'est le soldat qui est à craindre, ce n'est pas l'homme : dès que, vaincu par le nombre, il cède à une force qu'il ne peut maîtriser, il cesse d'être l'ennemi de notre patrie, de notre repos; il peut devenir notre ami, notre frère. L'humanité le protége, et sa mort ne serait qu'une barbarie atroce, puisque rien ne vient la justifier. En est-il de même de l'assassin?

Si donc nous résumons tous les principes que nous avons développés sur cette question importante, nous trouverons :

1º Que le principe de l'inviolabilité absolue de la vie de l'homme, sa personnalité, sont de simples assertions dépourvues de preuves, et que par conséquent la prétendue preuve de l'illégitimité de la peine de mort n'en est pas une.

2º Que tout au contraire, l'homme a effectivement le droit d'engager sa vie... pour mieux la conserver, et que les deux cas extrêmes de cet engagement tout moral doivent être également respectés, sans quoi le pacte est impossible, et sa non-existence est plus fatale encore à nos destinées que la chance défavorable qu'il entraîne.

3º Que les principes par lesquels on a voulu combattre la peine de mort sous le rapport de la justice et sous le point de vue philosophique, nous ont conduits à des conséquences absurdes, puisque nous avons vu que dire que l'homme n'a pas de droits à la vie, c'est dire qu'il n'en a aucun.

4° Que par la même raison, dire que la société n'a pas le droit de disposer de la vie de l'homme, c'est le déclarer invulnérable, inaccessible à la justice humaine; c'est priver de sanction toutes les lois sur la sûreté publique, par conséquent sur l'ordre civil lui-même, puisque toute peine, quelque légère qu'elle soit, est une destruction partielle.

5° Nous avons aussi vu que les lois de la défense contre une injuste agression, considérées tant dans la société que dans l'individu isolé, n'ont d'autres limites que là où finit la nécessité de la défense.

6° Que cette nécessité de notre défense ne peut se borner à repousser l'attaque actuelle, mais qu'elle s'étend même à prévenir celles dont nous menace toujours le méchant, ou, ce qui revient au même, que le droit de conservation entraîne nécessairement le droit de préservation.

7° Que le droit de notre défense étant par sa nature préservatif et offensif, puisque sans cela il serait nul, il ne peut être basé que sur des prévisions; les prévisions étant la seule action que notre intelligence puisse exercer sur les événemens à venir.

8° Que l'examen de ces présomptions et prévisions, qui est un acte de raison, et ne saurait jamais être le fait de la férocité ou de la vengeance, est le seul moyen que nous puissions invoquer pour baser le jugement qui décide du sort de l'agresseur, quand bien même ce jugement interviendrait dans l'acte de l'agression, ou qu'il interviendrait après, lorsque le coupable est livré à la justice.

9° Que la mort de celui qui a perdu tous ses droits à la vie en violant le devoir de respecter celle des autres, n'est cependant justifiée que lorsque l'on trouve dans le criminel, après un examen impartial et consciencieux, l'extinction de tout motif de garantie morale, de tout principe de retour à la vertu, lorsqu'il n'y a plus lieu d'espérer de correction, et que la méfiance la plus absolue des hommes est suffisamment fondée; lorsque enfin il est humainememt démontré que la vie du criminel est devenue incompatible avec la conservation sûre et tranquille du reste des hommes.

Nous ajouterons, en terminant, que toutes

ces circonstances du crime ne pouvant être réunies que dans un très petit nombre de cas, dont nous déterminerons positivement plus tard quelques uns, ce n'est que dans ces cas, heureusement très rares, que la société doit faire usage de la peine capitale.

CHAPITRE III.

Observations générales sur les objections qu'on a faites contre la peine de mort.

Nous croyons avoir prouvé, dans ce qui précède, que la peine de mort est un droit incontestable de la société : nous en avions la conviction. Il nous semble donc avoir victorieusement répondu déjà à la plus forte de toutes les objections qu'on a faites contre cette peine, celle d'être injuste et illégitime.

Mais si sous ce rapport philosophique, suivant le langage adopté, la peine de mort est un droit incontestable de la société ; si telle est la décision de la philosophie, de la raison, appuyées de l'histoire de tous les peuples et de tous les siècles, quelle doit être la décision de cette même raison humaine dans la question qu'on nomme politique? La société, dans son intérêt, doit-elle faire ou non usage du droit que nous venons de lui reconnaître?

Il nous est impossible de voir dans la question qui nous occupe deux questions différentes : faire deux questions de ce qui n'en est qu'une, c'est obscurcir la vérité au lieu d'analyser pour la trouver. Aussi réduisons-nous à deux mots la question de l'utile. Est-ce que la société a jamais le droit de faire ce qui, une fois fait, lui doit être nuisible ? La société, pas plus que l'individu, n'a le droit d'agir contre son intérêt. Quand la société a le droit de faire quelque chose, il n'est pas possible de supposer qu'elle puisse se nuire en le faisant ; il n'est pas possible de croire qu'elle se nuise en exerçant ses droits. Lors donc que nous avons cru prouver que la société avait le droit de mort, nous avons par-là prouvé l'utilité de l'exercice de ce droit.

L'utilité et la justice ne peuvent être jamais séparées en morale, malgré le vieux dire du juste d'Athènes, et en dépit des malignes erreurs du publiciste de Florence : c'est aujourd'hui chose triviale. Par malheur, chacun se dit sectateur fidèle de cette doctrine, sauf à s'en écarter à tout moment.

Que l'on réfléchisse aux motifs sur lesquels nous avons fondé notre première décision, et l'on se convaincra qu'il n'est pas besoin d'autre démonstration directe pour la question politique, pour la question d'utilité.

Au surplus, c'est en traitant des objections qu'on a faites contre la peine de mort qu'il sera possible de faire ressortir de quel côté se trouve l'utilité. Si ces objections restent debout, la peine de mort sera pour le moins inutile dans son application; que si, au contraire, ces objections sont réfutées, si elles ne subsistent plus, la peine de mort reprendra alors toute l'utilité qu'on lui avait contestée.

Qu'on ne croie pas cependant que nous prenons dès à présent l'engagement de nous inscrire en faux contre toute espèce d'objections: il en est de très fondées, en ce qu'elles montrent les inconvéniens et les maux graves, soit de l'abus de la peine de mort, soit de son application; mais ces inconvéniens, que nous sommes les premiers à reconnaître, ne sont-ils pas rachetés par les avantages de la plus haute importance que la société retire de ce moyen terrible? Nous n'hésitons pas à l'affirmer, et nous ne sommes pas les seuls... « L'application de la peine de mort, dit M. Rossi, surtout à certains crimes, est un fait qui se distingue de ceux auxquels nous venons de faire allusion, par sa généralité, par l'assentiment presque unanime de tous les hommes, même de ceux dont le développement intellectuel et moral était le plus avancé. Ce fait a résisté aux plus grandes crises que la civilisation ait subies ; migration de peuples, changemens de religion, révolutions politiques, rien n'a pu jusqu'ici le détruire. La peine de mort n'a jamais été abolie d'une manière complète, absolue, permanente. »

Mais non seulement certaines objections sont très fondées dans le sens que nous venons de voir, elles sont toutes, sans exception, au plus haut degré respectables. L'amour de l'équité, le respect pour la vie de l'homme, qui ne peut jamais être outré quand il s'agit de l'honnête homme, du citoyen vertueux; l'indignation, qui n'est jamais trop violente, puisqu'elle est produite par les abus horribles qu'on a fait de la peine de mort : telles sont les nobles inspirations qui ont presque toujours dicté ces reproches, ces graves observations, ces plaintes de tous les hommes sensibles.

Déjà ces objections ou ces reproches ont produit un immense bienfait. Les législations draconiennes, qui régissent encore la plupart des pays de l'Europe, ont été flétries et signalées à la justice des hommes d'état. L'opinion publique est partout préparée à des réformes; mais malheureusement pour les auteurs de ces objections, malheureusement pour nous, pour l'humanité entière, ces objections n'ont prouvé que cela, la nécessité des réformes, la nécessité de restreindre la peine de mort à certains cas, et non la nécessité de l'abolir d'une manière absolue.

Voici maintenant ces objections :

1° La peine de mort est *inutile*, parce qu'elle ne produit pas la crainte et le salutaire exemple qu'on se proposait d'en tirer;

2° Elle est *irréparable*. S'il y a eu erreur, il n'est plus possible de revenir sur l'effet qu'elle a irrévocablement produit;

3° Elle est *injuste* par cela seul qu'elle est indivisible et inappréciable. Elle frappe des crimes différens de la même peine; elle frappe au déclin de l'âge comme à la fleur de la vie; elle est, par conséquent, plus forte envers l'un des deux individus complices du même crime;

4° Elle est *nuisible* quand elle est publique, parce qu'elle démoralise les masses en leur inspirant le goût des massacres;

Pour soutenir ces quatre principaux chefs d'accusation, les défenseurs de l'abolition de la peine capitale ont fait valoir :

1° Les nombreuses erreurs des tribunaux dans tous les temps et dans tous les pays;

2° Les abus que tous les partis ont fait en tout temps de la peine de mort pour les crimes politiques et de religion.

Ils ont de plus affirmé :

3° Que la réclusion débarrasse la société d'un criminel tout aussi bien que la mort;

4° Que la peine de mort prive la société d'un de ses membres;

5° Qu'elle détruit et ne répare rien;

6° Qu'elle engendre l'impunité;

7° Que la suppression de la peine de mort ne mettrait pas la tranquillité de la société en danger. Ils ont, en outre, appelé à leur secours une foule d'autres argumens que nous rencontrerons sur notre chemin et qu'il est inutile de rapporter ici.

Ils ont enfin insisté, et c'est là la cinquième et dernière objection, sur les avantages de remplacer la peine de mort par la réclusion dans des maisons pénitentiaires où le délinquant, par un travail assidu, par une conduite morale et religieuse, pourra réparer devant Dieu, si ce n'est devant les hommes, le crime qu'il a commis, et pourra paraître avec moins d'effroi devant le tribunal auguste qui doit juger tous les hommes.

On ne nous accusera pas, du moins, d'éluder les difficultés en ne considérant que quelques unes des objections. Nous croyons, au contraire, les avoir toutes présentées ici.

CHAPITRE IV.

PREMIÈRE OBJECTION.

La peine de mort est *inutile*, parce qu'elle est inefficace, parce qu'elle ne produit pas la crainte et le salutaire exemple qu'on se propose d'en tirer.

Voilà l'assertion dans toute sa force. Mais suffit-il de dire que la peine de mort n'a nulle énergie de répression, qu'au contraire, comme on a osé l'avancer, elle fait naître les crimes ? Comment le prouve-t-on ? Voici comment.

On cherche à établir par des données plus ou moins inexactes, quelquefois par des ouï-dire, que, dans certains pays, plus on a prodigué la mort, plus il y a eu de crimes; et qu'au contraire, moins la législation pénale a été dure et sévère, moins il y a eu de crimes : et de là la conclusion que la peine de mort non seulement est inefficace, mais même qu'elle est nuisible, qu'elle produit les crimes.

C'est surtout les *faits* présentés ou rappelés

par M. Lucas qui ont donné le plus d'autorité à l'opinion que nous réfutons; les conséquences qu'il en tire ont été adoptées par tous ceux qui l'ont suivi depuis.

Mais quand même ces faits seraient incontestables, qu'y a-t-il de vrai dans cette conclusion? Au lieu de dire que plus on a prodigué la mort, plus il y a eu de crimes, ne pourrait-on pas dire, avec bien plus de vérité, que plus il y a eu de crimes, plus on a prodigué la mort, croyant par là les faire disparaître? Faut-il supposer d'abord les législateurs punissant follement, cruellement de mort, des fautes légères, et les crimes s'engendrant ensuite de ces punitions mêmes; ou bien doit-on plus raisonnablement supposer que d'autres causes de dépravation sont venues produire les crimes avant qu'on les ait trop cruellement punis, trop fortement réprimés? Quelle étrange assertion, grand Dieu! que de dire que c'est précisément la punition qui engendre le crime!

La peine de mort, dites-vous, est inefficace et nuisible, parce que là où vous la voyez prodiguée vous voyez aussi plus de crimes. Hé! ne voyez-vous pas d'autres causes que l'extrême sévérité de la punition; ne voyez-vous pas, de bonne foi, dans les pays qui vous servent d'exemple, de l'irréligion ou du fanatisme, de la misère, de l'ignorance, et la dépravation des mœurs? ne voyez-vous pas la rage des passions politiques? ne voyez-vous pas enfin, comme cause de tous les crimes, toutes les basses passions qu'engendrent les vices de l'organisation sociale? Sans doute, vous avez vu et remarqué ces différentes causes de crimes; elles sont à la portée de tout le monde : mais il ne convenait pas à votre cause, qui, selon vous, est exclusivement celle de l'humanité, d'en tenir compte. A Dieu ne plaise cependant que nous voulions jamais vous accuser de mauvaise foi! nous ne vous accusons que d'un excès de zèle, d'un excès d'amour du bien, qui ne vous permet peut-être pas de voir que d'autres cherchent aussi ce même bien, par d'autres voies que vous, et qui vous empêche de donner aux causes du mal, que vous n'attaquez pas, toute leur importance pour la réserver entièrement à celle que vous voulez détruire.

Parce que la peine de mort ne réprime pas les crimes que vous voyez commettre, et qui sont au nombre de huit ou dix par année, dans un pays, devez-vous conclure qu'elle n'en ait pas empêché d'autres? Savez-vous combien, sans elle, il en aurait été commis? combien elle en a en effet empêché de commettre? Pouvez-vous assurer que ce nombre ne soit pas plus grand que celui que vous présentez à l'appui de votre opinion? La peine de mort n'a pas empêché dix crimes de se commettre : donc elle n'en a pas empêché un seul : voilà votre argument; c'est à ces termes qu'il se réduit. Il faut avouer qu'il n'est pas fort concluant; et certes, si l'on n'en avait pas d'autres, il serait bien difficile d'établir la preuve du fait le moins important.

Dans la Louisiane, dit-on, suivant le rapport de M. Livingston *, les crimes qui sont maintenant punis par la simple prison ou par la déportation sont devenus plus rares que quand ils l'étaient par la peine de mort. Et parce que ces deux faits coïncident, vous supposez tout bonnement qu'ils sont le produit l'un de l'autre. Mais les époques coïncident-elles? Quand la peine de mort existait dans la Louisiane, y avait-il les mêmes moyens,

---

* Rapport de M. Livingston au sénat de la Louisiane.

les mêmes ressources, les mêmes causes de prospérité, de paix, de bonheur, qui influent si puissamment sur les mœurs? Non, sans doute : tout le monde connaît l'histoire de la Louisiane. Après avoir passé successivement sous la domination de l'Espagne et de la France, elle s'appartient aujourd'hui à elle-même ; elle est un des États de l'Union. Dans ces premières époques, sous le joug de la métropole, elle a été non pas gouvernée, mais exploitée, comme la plupart des colonies, par des hommes avides d'or et de domination. « On « ne lui trouva plus de colons, dit un auteur en « parlant de la Louisiane, que dans les prisons, « que dans les lieux de débauche. Ce fut un « cloaque où aboutirent toutes les immon- « dices du royaume *. » A ces deux époques, l'humiliation engendrait la bassesse; l'avarice du maître produisait l'indigence et le besoin de l'esclave : or, les besoins d'un homme sans dignité ne s'expliquent souvent que par des crimes.

Voyez aujourd'hui ce pays faisant partie du peuple le plus heureux du monde : agri-

---

* Histoire philosophique des deux Indes.

culture, commerce, industrie, tout fleurit avec une vigueur sans exemple dans l'histoire des peuples : où voulez-vous trouver les causes des crimes?

La France, dit-on encore, a un tiers de plus de population que l'Angleterre; elle est régie par un code pénal plus doux; les chiffres prouvent qu'il y a en France beaucoup moins de crimes : donc si la sévérité du code anglais ne les engendre pas, du moins elle ne les réprime pas ; sa sévérité reste inefficace. Même argument, même réponse. N'y a-t-il donc pas plus de causes de crimes en Angleterre qu'en France? L'Angleterre est sans doute la terre classique de la liberté en Europe ; les mœurs anglaises ne pèchent pas par la bassesse; mais la richesse est-elle aussi bien distribuée qu'en France? L'aisance du peuple est-elle la même? Les mœurs, les caractères ressemblent-ils aux nôtres ? On sait, au contraire, qu'en Angleterre la richesse est toute entre les mains d'un petit nombre; on sait qu'en général le peuple anglais souffre plus que le nôtre; que la population ouvrière est depuis la paix générale de 1815 très souvent exposée au manque d'ouvrage ; que là souvent l'honnête homme industrieux, actif, en demande en vain. Entièrement manufacturière et commerçante, on sent que cette nation ne peut offrir au malheureux les mêmes ressources que la nôtre, qui est de plus essentiellement agricole. On voit enfin ce caractère froid, sombre et soucieux des Anglais contraster avec notre douceur, notre gaieté, notre légèreté même. Considérez enfin ces luttes de coqs, ces combats de boxeurs, ces habitudes de gens de mer, accoutumés cent fois à affronter la mort et à la donner, jetés ensuite sur le rivage de la Tamise dès qu'ils ont acquis un cœur de fer. Tout, jusqu'au climat, peut influer d'une manière sensible sur la multiplicité des crimes : pourquoi faut-il tout attribuer aux vices, très graves sans doute, de sa législation pénale ?

On cite surtout la Toscane. Léopold abolit la torture et la peine de mort ; et pour prouver les heureux effets de cette abolition, M. Lucas invoque dans une note l'autorité de M. de Pastoret, alors vice-président de la chambre des pairs, et celle du commandeur Berlinghieri. Il résulte bien, en effet, du témoignage de ces deux hommes distingués, que les délits ou les crimes commis en Toscane ont été moindres qu'*avant* l'abolition de la peine capitale, et qu'*après* le rétablissement de cette peine, comme le dit l'un d'eux, c'est-à dire pendant le règne de Léopold. Ces deux époques de la diminution des crimes et de l'abolition de la peine de mort ont donc coïncidé : mais est-ce là, comme le dit M. Lucas, de *nouveaux élémens de conviction pour vaincre le scepticisme le plus rebelle* [*] ? A cette époque, il se commettait peu de crimes en Toscane : voilà tout ce qu'on peut raisonnablement déduire de cette coïncidence, à laquelle on attache tout simplement la solution du problème. A cette époque de paix générale en Europe, sous le règne d'un prince philosophe, du père d'une grande famille, dans un petit État où tout concourait à rendre douce et agréable la condition des hommes ; dans un pays, à une époque où il y avait des mœurs à la cour, de l'aisance chez l'homme du peuple, de la religion, de la morale partout ; là enfin où

---

[*] Page 358. Du système pénal et du système répressif en général et de la peine de mort en particulier.

la plupart des causes de crimes n'existaient pas, il n'est pas étonnant que les moyens de répression ne fussent pas nécessaires *. Que si l'on nous disait que les crimes ont reparu avec la peine de mort, nous répondrions que toutes ces causes de l'absence des crimes que nous venons de signaler avaient déjà disparu à cette époque. Les horreurs de la révolution française, dont chaque État voulait se garantir, le brigandage des armées, la dévastation des guerres, la démoralisation qui est la suite nécessaire de ces mouvemens convulsifs des sociétés, voilà des faits aussi qui précédèrent ou vinrent coïncider avec le rétablissement de la peine de mort, et qui produisirent les crimes dont on veut la rendre responsable presque exclusivement. Tel est, en effet, le sens de certains passages de la lettre de l'auteur du Concours ouvert à Genève, et notamment lorsqu'il dit, en se rapportant à cet endroit de l'ouvrage de M. Lucas que nous venons de citer : « Il me paraît que ce témoi-

---

* « Le grand-duc voit passer, pour ainsi dire, une pensée mécontente au fond de l'âme, et l'arrête tout court par un seul mot. » Dupaty, *Lettres sur l'Italie.*

gnage prouve que l'abolition de la peine de mort est, sinon la *seule*, mais au moins la *principale* cause de l'absence des crimes qui a été remarquée par tous les historiens qui se sont occupés de la Toscane sous le règne de Léopold*. » Ce n'est qu'à regret, comme on voit, que l'auteur de ces lignes quitte la supposition qu'elle soit la *seule* cause des crimes. Mais parle-t-on sérieusement, ou bien n'est-ce pas par trop compter sur l'ignorance des lecteurs? Quoi! la nature humaine a tellement changé ses lois, que l'épée de Damoclès serait une cause véritable de plaisir, que le voleur augmente l'énergie de notre courage quand il nous met le couteau sur la gorge! Est-ce bien la nature qui est tellement changée, ou bien n'est-ce pas ici le cas dire avec Molière : « Nous avons changé tout cela? » La nature ne change pas ses lois au gré de quelques hommes. De tels faits pourraient coïncider, non pas une fois, mais mille, que ce serait toujours un contre-sens de dire que la menace

---

* Note page 73. Lettre de l'auteur du Concours ouvert à Genève en 1826.

de la mort doit exciter l'homme au crime.

Nous sommes aussi de ceux qui reconnaissent, comme un des plus importans principes, que toutes les sciences sont expérimentales, et que les vérités de la morale, comme celles de la chimie, doivent se déduire de faits bien observés. Aussi, d'après les principes d'une observation exacte et d'une saine critique, la coïncidence de deux faits ne prouve autre chose que leur existence simultanée, et non l'influence de l'un sur l'autre, et encore moins que l'un soit la cause de l'autre. Dans la théorie de la causalité, il ne suffit pas de voir que deux phénomènes existent à la fois pour affirmer qu'ils ont entre eux des rapports; il faut découvrir l'action que l'un exerce sur l'autre. Cette action est ce qu'on appelle la raison suffisante, la force qui établit entre eux les rapports de cause et d'effet. Or, la simple coïncidence ou la juxta-position ne prouve pas cette action. Que dirions-nous de celui qui aurait déduit la coïncidence, la causalité entre deux phénomènes dont la raison suffisante est directement opposée? Qui oserait dire, par exemple, que l'humidité d'un corps lui vient de la flamme, parce que la flamme passe auprès de lui? Et comment a-t-on osé attribuer le crime de l'assassin à la loi qui menace de la peine capitale? Ce serait, dans le premier cas, soutenir que le feu mouille les corps; et dans le second, c'est annoncer que l'amour de la conservation nous excite à nous détruire; ces conséquences sont ce qu'on appelle en morale comme en physique, des conséquences absurdes, contradictoires, impossibles et révoltantes. Que la passion qui aveugle notre jugement soit louable, généreuse autant qu'on voudra, mais l'inflexible logique ne changera pas pour cela ses décisions.

Ah! qu'il serait embarrassé, l'auteur du passage cité, si on le prenait au mot; si on lui donnait la faculté d'abolir partout la peine de mort pour faire disparaître les crimes de la terre!

Qu'on cesse donc de nous prêcher l'absurde. Si la peine de mort est un droit légitime de la société; si elle est appliquée au parricide, à l'assassinat prémédité avec des circonstances aggravantes de la plus grande immoralité, on ne saurait supposer qu'elle enfante les

9

crimes. La publicité de son application peut contribuer sans doute à endurcir le cœur; mais le mode d'application n'est pas la peine même. On verra bientôt que nous nous élevons avec force contre la publicité des exécutions que nous regardons comme dangereuse sous ce rapport. A part cela, nous le répétons, il est souverainement absurde de soutenir que, comme punition du crime, la peine capitale vienne elle-même le produire; qu'elle soit une espèce de prime d'encouragement au lieu d'être un puissant moyen de répression.

Qu'ils sont incompréhensibles les hommes qui professent les opinions extrêmes! Leur but est opposé et leurs moyens sont les mêmes: le dernier arrivé tombe toujours dans les mêmes fautes qu'il a cent fois reprochées à ses adversaires. Les argumentations des anciens criminalistes, qui attribuaient toujours l'inefficacité des peines à leur douceur, ont été justement qualifiées d'erreurs grossières. Hommes cruels et barbares, leur a-t-on dit, ne voyez-vous pas que la cause des crimes n'est point là: remontez aux sources, et vous trouverez la plus féconde dans l'ignorance du peuple, dans le malaise qui le tourmente, dans les vices de votre administration, dans les erreurs de votre législation. Tant que vous laisserez subsister ces causes, votre férocité ne faisant pas disparaître la cause du mal, ne l'arrêtera pas; en les laissant subsister, vous êtes, plutôt que les législateurs, les complices et les bourreaux de vos victimes!... Tout à coup on oublie ce qu'on vient de dire, et l'on soutient formellement que ce sont les peines qui produisent les délits; que leur absence les diminue, et que leur présence les multiplie! Hommes inconséquens, soyez d'accord avec vous-mêmes! Le vaisseau battu par la tempête se fend de tous côtés; les voies d'eau s'élargissent à chaque instant, et vous prétendez que c'est la pompe qui produit la submersion, et vous criez : brisons-la!

On a osé citer la Russie!... La peine capitale y fut en effet abolie par Élisabeth; mais elle y a été rétablie depuis. Et comment n'existerait-elle pas en Russie? Dans un pays où l'on a si peu de respect pour la vie des peuples, y respecterait-on la vie des individus? Les exécutions, dit-on, sur les places publiques, y sont rares. Que nous importe le genre de mort?

N'est-ce pas des condamnations à mort que ces envois dans les climats qui doivent inévitablement la causer, la produire à travers mille horribles souffrances? Par une subtilité cruellement puérile, les Romains auraient pu prétendre qu'ils n'infligeaient pas la mort quand ils condamnaient un citoyen à être précipité du haut de la roche Tarpéïenne : c'étaient, en effet, les précipices, les pointes des rochers, qui causaient immédiatement la mort. Les frimas, les glaces de la Sibérie, le knout, telle est la douceur des peines en Russie.

Nous venons d'expliquer d'une manière différente, et pourtant raisonnable, ce qu'on appelait des faits irrécusables en faveur de l'inefficacité de la peine de mort. Nous avons fait voir que, de ce qu'elle ne réprime pas tous les crimes, puisque malheureusement il s'en commet toujours, on ne doit pas conclure qu'elle n'en réprime *aucun* ; tandis qu'au contraire il est plus naturel de supposer qu'elle réprime ceux qui se seraient commis sans elle. Nous avons repoussé comme absurde l'opinion qui suppose la peine de mort ou comme la seule ou comme la principale cause des crimes, et en cela nous sommes certains d'avoir l'assentiment de tout le monde. Nous avons vu aussi que si, dans certains pays, à certaines époques, l'abolition de la peine de mort a coïncidé avec la diminution des crimes, c'est que d'autres causes étaient venues produire cette diminution. Nous ajouterons enfin que lorsque ces causes ont disparu, on s'est empressé partout de rétablir la peine capitale. Elle a été rétablie en Toscane pour les crimes d'état et pour les assassinats prémédités; en Angleterre, où elle avait été abolie par Alfred; en Russie, en Allemagne, en Portugal, dans le royaume de Hanovre, dans les états de Bade. La peine de mort existe encore dans les cantons de la Suisse, aux états de l'Union, partout enfin on l'a plus ou moins restreinte; mais on a senti la nécessité de la laisser subsister pour certains crimes.

Si maintenant nous quittons le domaine des faits historiques qu'on nous présentait pour prouver que la peine de mort était inefficace dans tel ou tel pays, comment prouvera-t-on qu'elle est généralement inefficace partout, que nulle part elle ne réprime ou n'empêche les crimes? C'est sans doute en nous prouvant que les hommes *ne craignent pas la mort*. Et, en effet, c'est bien ce qu'on a osé avancer encore comme un *fait*. Mais ce prétendu fait n'en est pas un ; nous ne nous arrêterons pas à le prouver. Dire que les hommes ne craignent point la mort, est une assertion fausse s'il en fut jamais : c'est s'insurger contre la nature ; c'est le comble de la déraison.

Demandez à qui que ce soit au monde s'il craint la mort jointe à l'ignominie. Qu'il ose vous dire *non*, l'espèce humaine tout entière lui donne le démenti le plus formel.

« Entrez hardiment, dit M. de Broglie, dans la première prison qui se rencontrera sur votre chemin ; proposez aux condamnés à mort d'échanger le supplice qui les attend contre toute autre peine quelconque ; proposez aux condamnés à toute autre peine quelconque d'échanger cette peine, tant rude soit elle, contre l'échafaud, vous verrez de part et d'autre comment vous serez accueilli.

« Essayez, sous couleur d'humanité et de compassion, d'envoyer au supplice un homme condamné aux travaux forcés à perpétuité, l'indignation publique se soulèvera contre cette affreuse ironie.

« L'ardeur même avec laquelle les adversaires de la peine de mort en poursuivent l'abolition, dépose de l'horreur qu'elle inspire. Et si cette horreur est grande dans ceux qui n'en sont point menacés, réellement c'est *se moquer*, de prétendre qu'elle soit petite dans ceux qui le sont. »

M. Lucas, dans la *Revue Encyclopédique*, a essayé de réfuter le sens des paroles que nous venons de citer du noble pair; mais il a beau faire, jamais M. de Broglie ne s'est montré plus ferme pour écarter les sophismes et pour considérer le cœur humain tel qu'il est.

M. Lucas examine d'abord l'efficacité préventive de la peine de mort dans la loi, c'est-à-dire la *menace* de mort. Et, comme il a posé préalablement pour principes d'efficacité du système répressif la *certitude* et la *proximité*, et non la grandeur du mal dont on est menacé, il est à l'aise pour prouver l'inefficacité de la menace de mort en démontrant que la peine capitale est la plus incertaine de toutes les peines. Mais il y a ici une erreur inconcevable de la part d'un esprit aussi éclairé que M. Lucas. Évidemment il entre trois élémens dans l'efficacité de la menace : la *certitude*, la *proximité* et la *grandeur* du mal ; or, certes, ce n'est pas ce dernier élément que l'on doit considérer le moins. Les chiffres, dont on fait tant d'étalage, ne prouvent plus rien quand on a omis, dans l'effet préventif de la menace, un élément nécessaire : certes, il peut y avoir telle menace qui soit prochaine et certaine dans un sens mathématique, et qui, cependant, ait peu de vertu répressive, parce que le mal dont le coupable peut être atteint n'est que la privation d'un bien auquel il attache peu de prix; tandis qu'au contraire telle autre menace peut devenir très efficace par la *grandeur du mal* qui doit en résulter pour le coupable, si le cas, quoique peu probable de la menace, vient à se réaliser. On ne saurait douter que cette considération de la *grandeur du mal* ne soit très propre à rétablir, et même à dépasser, l'effet de répression que l'incertitude tend à détruire.

Arrivant ensuite à la menace relevée par son terrible accomplissement, M. Lucas, pour prouver l'inefficacité de la peine de mort comme exemple, se contente d'avancer que la plupart des condamnés ne donnent *aucun signe* de crainte quand ils vont vers l'échafaud, et renvoie M. de Broglie à la *Gazette des Tribunaux* ou à la place de Grève pour s'assurer du fait. Mais, que M. Lucas nous pardonne, la *Gazette des Tribunaux* à la main, nous nions positivement le fait. Dire que « sur dix condamnés, neuf au moins ne donnent *aucun* signe de crainte » est une assertion matériellement fausse. Que si, en prenant les termes du rapport *neuf* et *dix*, on n'a fait que choisir deux nombres quelconques auxquels on ne tient pas ; que si par le mot *aucun* on n'a pas entendu exprimer l'idée que ce mot exprime l'exclusion absolue, alors il y a moyen de s'entendre. Ce n'est point ici, qu'on y prenne garde, une question de mots. En s'exprimant comme M. Lucas l'a fait, on est plus éloquent, mais on s'éloigne du vrai, seul but qu'on doit se proposer dans des recherches aussi graves. *Quelques* condamnés seulement affichent le mépris de la mort; tous les autres témoignent plus ou moins de l'effroi que leur cause ce terrible moment : voilà le fait tel qu'il existe. Eh quoi! parce que vous voyez quelques condamnés marcher à l'échafaud avec une impudente indifférence, vous concluez que les hommes ne craignent pas ce genre de mort? Quoi! parce que dans ce moment de désespoir ou d'ivresse quelques condamnés aux travaux forcés ont demandé la mort comme un moyen de délivrance, vous concluez qu'elle n'inspire pas d'effroi? De ces faits, si peu nombreux, vous allez établir une règle qui s'étend à tant de millions d'hommes?

« Maintenant, ajoute M. Lucas, ces dehors sont-ils trompeurs? Y a-t-il dans cette conduite plus de calcul que de vérité? Mais comment voulez-vous, je vous le demande, exiger de ce peuple qui assiége la place de Grève et les Assises, qu'il aille sonder jusque dans les replis de la conscience humaine pour y démêler ce sentiment de crainte que le coupable dérobe à ses regards. » Eh bien! ce peuple que vous croyez si facile à tromper sur la place de Grève, ce peuple va puiser ailleurs que dans les vains efforts du malheureux condamné son jugement sur la mort: il rentre en lui-même, il s'interroge; chacun frissonne à l'idée de se trouver à la place du coupable dans cette sanglante tragédie. Il y a dans les exécutions publiques plus d'horreur que de terreur ; voilà le mal. Mais dire que le supplice n'inspire pas de terreur, nier ce retour des spectateurs sur eux-mêmes, nier en un mot l'*exemplarité* de l'échafaud, son effet préventif, c'est nier la lumière du jour, c'est mettre à découvert la prévention qui vous aveugle.

Si l'on n'avait jamais pu concevoir comme possibles les mauvaises actions, on aurait préféré établir des systèmes de récompenses pour conduire les hommes dans la voie de la vertu, qu'ils eussent parcourue dans plus ou moins de temps, suivant l'ardeur de chacun. Mais, vaine illusion ! tous les systèmes de législation ont toujours été basés sur la crainte qu'inspirent les punitions ; et lorsqu'on a désespéré partout de retenir certains hommes dans le devoir par d'autres moyens, on n'a fait malheureusement que bien étudier la nature humaine. Les hommes craignent les peines ; ils évitent certaines actions pour ne pas perdre certains biens : c'est chose universellement reconnue. Pourquoi faut-il supposer qu'ils méprisent la plus forte, la plus terrible de toutes, celle qui les prive à la fois et pour toujours de tous leurs droits, de tous leurs biens, et qui les lance couverts d'ignominie dans une éternité inconnue, redoutable?

Oui, les hommes craignent la mort sur l'échafaud! et cette menace terrible : « Si tu commets tel crime, tu seras retranché de l'humanité », quelque peu probable qu'on veuille la supposer, doit immanquablement produire son effet sur les méchans et sur les faibles; suivie de l'exécution, cette menace devient au plus haut degré imposante, et produit l'exemple salutaire demandé par la justice de conservation, par la nécessité.

Vainement ajoute-t-on encore: « Ce sont des âmes peu communes, des âmes fortes, que celles qui animent les grands scélérats. » Sans rechercher ce qui peut y avoir de réel dans cette assertion, raison de plus, disons-nous, pour s'efforcer de retenir des volontés que l'on croit aussi fermes, par les punitions les plus fortes, les plus vigoureuses, les plus terribles.

Mais, bien que nous reconnaissions la nécessité de l'emploi des punitions les plus énergiques, nous présumons trop bien de la nature humaine pour croire que la crainte soit le seul moyen de prévenir les désordres. Nous connaissons trop bien l'empire de la morale et de la religion, pour ignorer qu'en général le meilleur moyen d'empêcher les crimes, c'est d'éclairer les hommes, c'est de les rendre heureux; c'est, comme M. Lucas le prouve dans sa pétition aux Chambres, de répandre parmi les classes d'où se recrutent les prisons, l'*instruction* et l'*aisance**; c'est, en un mot, de mettre les hommes dans des situations telles, qu'ils n'aient pas d'intérêt même apparent à s'écarter de la ligne du devoir; qu'ils soient assez éclairés, assez vertueux pour avoir le crime en horreur, et c'est à quoi doivent travailler sans relâche tous les gouvernemens. Mais ces moyens suffiront-ils toujours? et cet état de choses, qui ferait de ce monde un paradis, est-il un état possible? serait-il un jour l'histoire du genre humain? Nous ne voudrions affliger personne; nous ne

---

* Voir à ce sujet la carte de M. Charles Dupin et les travaux de M. Lucas, qui établissent comparativement l'état moral de la France *éclairée* et de la France *obscure*.

voudrions pas ravir cette généreuse espérance à quelques hommes de bien ; nous voudrions, au contraire, qu'il nous fût possible de la partager avec eux ; mais notre raison s'y refuse. La loi de la mortalité est donnée : il faut qu'elle s'accomplisse, et par les maladies inhérentes à notre nature, et par l'intempérence de nos passions, et par les vices enfin de nos sociétés. Le crime vivra autant que l'homme, suivant nous ; la civilisation ne nous perfectionne pas d'une manière absolue. Si d'un côté elle épure nos âmes de quelques sentimens grossiers et féroces, elle entraîne après elle, ou du moins elle ne détruit pas, des vices non moins hideux. L'homme ne sera jamais Dieu : de tels rêves ne sont que des erreurs, et les erreurs portent partout leurs fruits.

L'état social s'améliore ; mais il ne sera jamais ce qu'on veut qu'il soit déjà.

En tous cas, et en attendant le règne de la vertu sur la terre, règne qui rendrait non seulement la peine de mort inutile, mais toutes les peines ensemble ; en attendant, disons-nous, ne commençons pas par les effacer de nos codes : ce ne sera pas le moyen de préparer cette heureuse époque.

A défaut de sentimens généreux, de sentimens honnêtes chez tous les hommes, l'amour de soi-même, l'amour de la vie, ou la crainte de la perdre, sont des sentimens qu'il nous est permis de regarder, vu le petit nombre d'exceptions, comme des sentimens universels, comme des ressorts du cœur humain que les législateurs ont bien fait d'employer, malgré leur imperfection, parce que souvent ils n'en ont pas d'autres à leur disposition.

Quel sentiment retient les nègres à la Havane, au Brésil, à Cayenne? qui les empêche de se livrer à toutes les horreurs que leur férocité et leur barbarie leur inspirerait? c'est la crainte de la mort. Demandez au créole, à l'habitant de ces pays, s'il consent à l'abolition de la peine de mort; s'il ne voit pas dans cette peine le seul moyen peut-être de produire la répression? Tant qu'ils ne seront pas plus instruits, plus éclairés, plus civilisés, moins féroces, qu'on se garde d'abolir dans ces pays la peine capitale, si l'on ne veut pas faire égorger en un jour tous les blancs par ce fanatisme de philanthropie. Mais, nous ne sommes point des nègres, nous dira-t-on ; nous n'entendons pas que le législateur agisse envers nous comme il agirait à l'égard des nègres ! c'est fort bien. Mais n'exagérons rien ; ce n'est point la couleur qui fait la différence, elle tient à d'autres causes. Malheureusement nous avons encore parmi nous des hommes qui ne se distinguent des nègres que par la peau : ils sont esclaves, sinon de l'homme, du moins de leurs passions violentes ; aussi bas, aussi barbares, aussi vindicatifs que les nègres; des hommes chez qui tout est dépravé, l'âme, le cœur, l'esprit ; des hommes enfin qu'il faut retenir par la crainte des grands maux : il n'y a pas de choix à faire en attendant qu'on les éclaire, qu'on les rende meilleurs, s'il est possible.

La peine de mort est légitime ; nous l'avons vu : si elle n'était qu'un abus, qu'un crime juridique, comme on l'a dit, nous conseillerions de l'abolir complétement : réduite à un petit nombre de cas, laissons-la donc subsister pour la terreur des méchans. Les hommes de bien, les hommes de conscience, d'honneur, de probité, sont les seuls qui ne craignent pas de la voir dans la loi : elle n'est pas là pour eux, pas plus que les autres peines.

Pour prouver enfin l'inefficacité de la peine de mort, on s'est appuyé de l'autorité d'un grand nom : on a cité Montesquieu*. Heureusement aujourd'hui il est permis, sans afficher trop d'orgueil, de s'écarter des doctrines des grands maîtres toutes les fois qu'on trouve des preuves suffisantes pour les combattre; mais ici il ne deviendra même pas nécessaire d'avoir recours à une bien vive polémique avec l'immortel auteur de l'*Esprit des lois*. Nous venons d'en relire le sixième livre avec une scrupuleuse attention, et nous avouons que nous n'y trouvons rien qui prouve positivement que les hommes ne craignent pas la

---

* Les concurrens, dit M. le comte de Sellon, ont souvent fait usage du sixième livre de l'*Esprit des Lois* de Montesquieu, pour prouver l'*inefficacité* de la peine de mort, parce que Montesquieu est une autorité qui se fait respecter par les hommes de tous les partis, et que lui-même s'est toujours appuyé sur l'histoire pour légitimer les principes qu'il pose.

mort; qu'elle soit inefficace contre les crimes.

« Dans les états modérés, dit-il, l'amour
« de la patrie, la honte et la crainte du blâme
« sont des motifs réprimans qui peuvent ar-
« rêter bien des crimes. La plus grande peine
« d'une mauvaise action sera d'en être con-
« vaincu. Les lois civiles y corrigeront plus
« aisément, et n'auront pas besoin de tant de
« force. Dans ces états, un bon législateur
« s'attachera moins à punir les crimes qu'à
« les prévenir ; il s'appliquera plus à donner
« des mœurs qu'à infliger des supplices. »

« C'est une remarque perpétuelle des au-
« teurs chinois, que plus dans leur empire on
« voyait augmenter les supplices, plus la ré-
« volution était prochaine. C'est qu'on aug-
« mentait les supplices à mesure qu'on man-
« quait de mœurs. »

Nous remarquons seulement, dans le premier de ces paragraphes, un peu d'exagération:
« *La plus grande peine d'une mauvaise action
sera d'en être convaincu.*» Cela est vrai, sans
contredit, pour l'honnête homme qui, dans
un moment de passion, a commis une faute ;
pour l'homme qui tient à sa réputation, qui
craint le déshonneur: mais cela ne l'est point

du tout par rapport au brigand de profession, à l'assassin, à l'empoisonneur par métier ou par férocité d'âme. Quant aux deux autres paragraphes, ce sont là aujourd'hui les idées de tout le monde ; c'est aussi ce que nous pensons. Nous n'avons jamais prétendu qu'on puisse s'abstenir de donner des mœurs, de rendre les hommes meilleurs, parce qu'on a là les supplices tout prêts : nous voulons les mœurs, l'instruction, l'aisance, la religion et la morale avant tout ; puis enfin la crainte, lorsque pour certains cas, pour certains hommes, l'on a la présomption la plus fondée en raison de croire que ces moyens ne les ont pas atteints, ou n'ont pas opéré en eux tout le changement qui rend le crime impossible.

« Il serait aisé de prouver, dit encore Mon-
« tesquieu, que dans tous ou presque tous
« les états de l'Europe, les peines ont dimi-
« nué ou augmenté à mesure qu'on s'est plus
« approché ou plus éloigné de la liberté. » Sans aucun doute, la tyrannie, sous tous les masques, emploie pour se soutenir des moyens atroces dont la liberté, la fille aînée de la civilisation, peut se passer. La tyrannie réussit ce-

pendant à se soutenir, au moins pour un certain temps, malheureusement trop long à cause de ses victimes : nouvelle preuve que les hommes craignent la mort; qu'elle est un frein, un moyen de répression.

Ceux qui s'appuient de l'autorité de ce grand homme viendraient-ils encore invoquer son chapitre XII du même livre ?

« L'expérience a fait remarquer que, dans les pays où les peines sont douces, l'esprit du citoyen en est frappé, comme il l'est ailleurs par les grandes. »

Mais ceci ne peut être vrai qu'autant qu'on suppose les citoyens de ces deux pays différemment policés, plus ou moins avancés dans la civilisation, plus ou moins moraux; car, si nous les supposons au même état, ou ce qui est la même chose, si nous supposons les mêmes hommes, est-il vraisemblable que, sur les mêmes êtres, des peines différentes frappent les esprits de la même manière et produisent les mêmes effets ? Sans doute, si le premier peuple est plus éclairé, plus moral que le second, des peines plus douces produiront chez lui les mêmes effets que des peines plus rigoureuses chez l'autre, qui l'est moins. Il faut donc rapporter les peines qu'on veut établir à l'état des lumières et des vertus des peuples : mais on ne doit pas poser en principe que les peines les plus douces produisent les mêmes effets que les peines rigoureuses ; car alors on serait bientôt conduit à n'en point imposer du tout. Après avoir établi une peine pour un délit, certain qu'une peine moindre produirait le même degré de répression, on préférerait cette dernière, et rien n'empêchant de faire la même remarque par rapport à la nouvelle peine, et en continuant de diminuer la peine, de la rendre plus douce, on acheverait de la rendre infiniment petite et nulle ; on arriverait enfin à l'absurde.

« Quelque inconvénient se fait-il sentir dans un état*, un gouvernement violent veut soudain le corriger ; et au lieu de songer à faire exécuter les anciennes lois, on établit une peine cruelle qui arrête le mal sans le changer. Mais on use le ressort du gouvernement, l'imagination se fait à cette grande peine,

---

* Montesquieu, *loc. cit.*

comme elle s'était faite à la moindre; et comme on diminue la crainte pour celle-ci, l'on est bientôt forcé d'établir l'autre dans tous les cas. Les vols sur les grands chemins étaient communs dans quelques états; on voulut les arrêter : on inventa le supplice de la roue, qui les suspendit pendant quelque temps : depuis ce temps on a volé comme auparavant sur les grands chemins. »

Rien de tout ceci ne s'applique bien positivement à notre objet; cependant nous l'avons vu et entendu citer comme une opinion bien décidée de Montesquieu sur l'inefficacité de la peine de mort. Montesquieu cherche à prouver ici que l'*excès de rigueur, la cruauté* des lois, n'arrêtent pas à elles seules et pour toujours les crimes; mais il dit bien que cette cruauté même arrête le mal *sur-le-champ* et pour un certain temps : donc, du moins pour ce temps, cette injuste cruauté est, d'après lui, efficace. Et quant à nous, nous ne voulons, pas plus que lui, de l'efficacité d'aucune peine, si, pour atteindre ce but, il faut la rendre cruelle. Une peine est cruelle, non pas lorsqu'elle inflige un châtiment qui peut être même terrible, redoutable, mais seulement lorsque, sur l'échelle des peines, elle ne se trouve pas vis-à-vis le délit commis dans l'échelle des délits, et qu'elle se trouve, au contraire, correspondre à un délit beaucoup plus grave. Il est évident qu'un système de pénalité qui ne connaît aucune règle, qui n'établit aucune gradation dans les peines, aucune différence dans les délits, doit tendre à pervertir les hommes plutôt qu'à les rendre meilleurs.

De tous les passages que nous avons cités du grand publiciste, on ne saurait tirer qu'une conséquence que nous sommes les premiers à proclamer : c'est que « Les peines ne sont qu'un moyen de répression ; et n'étant ni en bien ni en mal la cause des crimes, il est bien possible que les crimes se multiplient malgré leur excessive cruauté ; comme il est vrai aussi que, sans chercher les causes du mal, sans remonter aux sources, on s'est souvent contenté de faire un appel à la férocité pour réprimer les délits. »

« De nos jours, dit encore Montesquieu, la désertion fut très fréquente ; on établit la peine de mort contre les déserteurs, et la désertion n'*est pas diminuée.* »

Avant tout, nous commençons par avouer que nous ne sommes pas assez à même de juger jusqu'à quel point la rigueur des lois militaires est nécessaire au maintien de la discipline; nous avouons aussi que, bien que nous n'ayons pas encore eu le temps d'étudier les codes militaires de l'Europe pour en connaître les défauts et en apprécier le mérite, nous ne pouvons nous empêcher de croire qu'ils ne renferment tous, ou la plupart, une foule de dispositions barbares : mais ce n'est ici, nous le répétons, qu'une décision prise sans un examen approfondi, et qui ne mérite pas le nom de conviction.

Après cet aveu, nous ne chercherons pas à réfuter positivement l'assertion de Montesquieu, « Que la désertion n'est pas diminuée depuis qu'on a établi la peine de mort pour ce délit. » Nous avons cependant consulté quelques chefs militaires distingués qui connaissent l'histoire des armées, et qui nous ont assuré qu'au contraire la désertion était devenue beaucoup moindre à l'époque dont parle ici Montesquieu, et qu'elle serait aujourd'hui bien plus considérable presque partout, si cette peine n'existait pas pour a désertion à l'ennemi. Mais, quand bien même l'assertion de Montesquieu serait incontestablement vraie, pourrait-on en conclure d'une manière générale, que, parce que la peine de mort est inefficace contre la désertion, elle l'est aussi contre tous les autres crimes? Parce qu'un soldat, accoutumé tous les jours à exposer sa vie, méprise par cela même, ou se flatte de mépriser le danger, doit-on conclure qu'il en soit de même du lâche et vil assassin, de l'infâme empoisonneur? Il n'y a pas d'induction à en tirer. La peine de mort pourrait bien être inefficace pour le soldat, ce dont nous doutons fort, qu'elle ne le serait pas pour le reste des hommes, et moins encore pour les scélérats, que nous sommes très portés à croire, à quelques exceptions près, plus effrayés de l'idée de la mort que tous les autres. Certes, notre présomption n'est pas sans motifs. Il n'y a que le juste qui puisse envisager sans trembler l'idée de la mort; il n'y a qu'un Socrate, un Théophraste, qui puisse dire : « La porte du tombeau est ouverte, entrons-y pour nous reposer. »

Supposant l'inefficacité de la peine de mort

pour la désertion, Montesquieu cherche à la remplacer; et c'est ici que l'illustre publiciste, à qui on ne faisait que rendre justice en disant « Que les nations avaient perdu leurs droits, et qu'il les a retrouvés, » est tombé dans une erreur qu'on a peine à concevoir. « Il (le soldat) est tous les jours accoutumé à craindre la honte : il fallait donc laisser une peine qui faisait porter une flétrissure pendant la vie, etc., etc. » (On fendait le nez, on coupait les oreilles.) Que ce système de flétrissure et d'avilissement, qui démoralise pour toujours le coupable, est contraire à tous les principes! Lorsqu'il y a possibilité d'amendement, le législateur n'a pas le choix : la peine doit corriger; c'est une des conditions de notre définition de la peine. Pourquoi ne se hâte-t-on pas d'adopter, après l'avoir réduit à son rôle naturel de moyen auxiliaire de répression, ce système pénitentiaire qui s'appuie sur l'estime de soi-même, quelque faible qu'elle puisse être, qui exploite un reste de sentimens honnêtes, qui les fait fructifier, qui ne tend à rien moins qu'à la régénération du coupable! On rejette aujourd'hui, partout où la liberté règne, les peines infamantes. Par l'abolition du carcan et de la marque, on vient d'entrer franchement dans les voies des améliorations de la législation pénale : pourquoi n'a-t-on pas aussi aboli l'exposition ?*

Nous terminons ici ce que nous avions à dire sur la première objection, sans prendre de conclusion, pour éviter des longueurs et des répétitions : les lecteurs auront déjà jugé. Nous nous bornons à rappeler, en finissant, les paroles d'un criminaliste dont les opinions ont aussi un grand poids.

..... « On ne saurait nier, dit le savant Rossi, que la peine de mort ne soit propre, en général, à inspirer une grande terreur. L'homme redoute à la fois, dans la mort, la perte

---

* Le *Journal des Débats* (9 décembre 1831) tout en applaudissant à l'abolition du carcan et de la marque, ajoute : « Nous ne doutons pas que la peine de l'exposition elle-même, flétrissure presque aussi indélébile que la marque, ignoble spectacle qui contriste le public et consomme la dégradation morale du condamné, ne disparaisse totalement à son tour, et dans un avenir assez prochain, de nos lois pénales. »

d'un grand bien et l'approche de l'inconnu. Ce sont les mystères de la mort qui l'effraient, et l'incertitude de son avenir à lui. On se tromperait en prêtant à l'homme les opinions, le courage, ou le désespoir de quelques individus : ce ne sont là que des exceptions. »

CHAPITRE V.

DEUXIÈME OBJECTION.

La peine de mort est *irréparable* ; s'il y a une erreur, il n'est plus possible de revenir sur l'effet qu'elle a irrévocablement produit.

C'est là une vérité incontestable; aussi nous ne prétendons, bien entendu, ni la prouver ni la combattre : nous nous flattons seulement de démontrer que ce grave inconvénient, tout incontestable qu'il est, n'est pas assez puissant pour qu'il doive nous décider à abandonner une peine par cela seul qu'on peut lui faire ce reproche.

La peine doit être rémissible et révocable, suivant Bentham; elle doit être réparable et rémissible suivant Rossi. Si ce sont là des conditions indispensables, en sorte que toute peine qui ne les remplit pas, n'en soit pas une, la peine de mort, et bien d'autres peines encore, ne sont plus que des abus tyranniques. Que si, au contraire, ces qualités ne sont qu'accessoires à l'*essence* de la peine, utiles, nécessaires même, toutes les fois qu'elles sont possibles, nous pouvons bien concevoir des peines sans ces qualités, et la peine de mort sera de ce nombre. Qu'on veuille bien se rappeler la définition de la peine *, que nous avons précédemment donnée : on aura bientôt vu que l'élément de réparabilité à l'égard du coupable ne se trouve pas compris parmi ceux qu'elle renferme ; tandis que l'élément de force de *répression* est la première, la condition *sine quâ non* de toute peine.

S'il nous était permis de transporter à la législation pénale le langage qui se trouve déjà reçu dans la législation civile, nous dirions que la réparabilité est bien de la nature de la peine, mais non de son essence. C'est ainsi que nous disions que la garantie en cas d'éviction est de la nature et non de l'essence du contrat de vente. Que signifie cette formule de droit civil ? Que le contrat de vente, qui ne peut exister sans la chose et sans le prix,

---

* Page 20.

peut bien exister sans la garantie, en cas d'éviction, mais que si rien ne s'y oppose, le vendeur est soumis à la responsabilité de l'éviction, par la nature du contrat, par les clauses mêmes que les parties sous-entendent ordinairement dans ce contrat. De même, par analogie, nous disons que l'essence seule de la peine, pour le pouvoir social, est qu'elle soit protectrice de l'ordre, qu'elle soit à la fois *rassurante* et *répressive*. Par la première de ces deux qualités, elle ramène la confiance perdue, elle rétablit l'ordre ; par la seconde, elle ajoute à cette assurance du moment l'assurance de l'avenir en éloignant du crime ceux qui ne trouvent pas dans la vertu des motifs assez puissants pour ne point en commettre. Voilà pour l'essence de la peine. Quant à sa nature, elle doit être réparable, mais seulement, comme dans le contrat de vente, lorsque rien ne s'y oppose, lorsque le but essentiel est atteint. Or, toutes les peines par lesquelles on a voulu remplacer la peine de mort manquent l'effet de répression efficace.

Donnez ensuite à ces peines toutes les qualités que vous voudrez ; qu'elles soient non pas une fois, mais mille fois réparables, elles ont manqué leur but essentiel, elles ne sont plus utiles.

L'emprisonnement solitaire, par exemple, que quelques criminalistes voudraient substituer à la peine de mort, quels résultats a-t-il pour ceux qui le subissent? De deux choses l'une : ou il est continué sans interruption, et alors en peu de temps la santé du condamné est ruinée, s'il ne se laisse mourir de désespoir : les affections pulmonaires, scorbutiques, rhumastismales, les enflures, les engourdissemens douloureux, souvent même les convulsions, l'épuisement total, en sont les suites inévitables*; ces affreux accidens conduisent l'innocent ou le coupable à la plus terrible des morts, au milieu d'angoisses prolongées et de tourmens horribles. Que si, au contraire, rejetant la rigueur de la *réclusion*, c'est le système cellulaire avec travail et classification le jour, qu'on veuille employer, alors certainement nous ne craignons

---

* Rapport de MM. Allin, Hopkins et Tibbits, commissaires nommés par la législature de New-York en 1824, pour visiter la prison d'état, et rendre compte de sa discipline et de son efficacité comparative.

pas de l'affirmer, ce châtiment, quelque pénible qu'il soit en soi, ne le paraît pas assez, ne semble pas inspirer assez de terreur pour être exemplaire, pour être assez répressif des crimes abominables que la société a besoin d'empêcher par tous les moyens possibles, s'ils sont légitimes ou légitimés par la nécessité. Dans un pénitencier établi sous ce régime, on est suffisamment nourri ; on est respecté si l'on se conduit bien, on a du travail pour distraction, on a surtout l'espoir d'être gracié, de s'évader, de voir finir un jour l'état où l'on se trouve. Qu'il nous soit permis de dire ici, en attendant que nous le prouvions*, qu'une telle situation, un tel avenir n'inspirera pas à certains hommes toute la crainte, toute la terreur nécessaire pour les éloigner du crime. C'est en vain qu'on voudrait nous faire croire qu'une vie régulière, uniforme, silencieuse et active, inspire autant d'effroi que la mort.

---

* Au chapitre XI : Du système pénitentiaire considéré comme devant remplacer les effets répressifs de la peine de mort.

Ainsi, d'un côté, la peine de mort, par cela seul qu'elle est irréparable, ne renferme rien d'opposé à la définition, tandis qu'elle remplit mieux que toute autre le but essentiel des peines.

Elle remplit même le plus grand nombre de conditions possibles de la formule générale, *prévenir, réparer, corriger*, puisque, dans les cas pour lesquels nous voudrions qu'elle fût conservée, il ne reste plus qu'une seule condition à satisfaire. Nous limitons presque exclusivement l'application de la peine capitale au meurtre avec des circonstances de la plus grande immoralité. Or, puisque la personne lésée a été privée de la vie, quelle peine, parmi celles qu'on peut infliger au coupable, est capable de remplir la seconde condition? Quelle peine pourra produire la juste réparation due à la personne lésée? Aucune : et puisque aucune peine ne peut atteindre ce but, remplir cette condition, on ne doit pas s'étonner que la peine de mort ne la remplisse pas non plus. Quant à la troisième condition, celle de régénérer le coupable, nous nous sommes déjà prononcés sur ce point, et nous aurons occasion plus tard d'entrer dans de plus amples détails à ce sujet *. Nous avons déjà dit qu'il est des cas où le coupable montre tant d'immoralité, que tout espoir fondé d'amendement doit disparaître : il y a extinction absolue et complète des sentimens honnêtes; ils sont remplacés dans l'âme du coupable par tout l'excès de la dépravation, de la plus froide insensibilité, de la plus horrible barbarie. Par quelque moyen qu'elle soit tentée, la correction est impossible: dès lors n'est-ce pas un reproche immérité, commun à toutes les autres peines, que celui qu'on adresserait à la peine de mort, celui de ne point remplir la troisième condition de la formule générale ?

Sans doute moins les peines rempliront de conditions utiles, qu'elles soient ou non dans la définition, plus on doit s'efforcer de les écarter et de leur préférer celles qui, produisant les mêmes effets, ne sont point sujettes aux mêmes inconvéniens. Mais, que faire pour les cas où l'on ne trouve pas, parmi

---

* Voyez le chapitre IX : De quelques cas où la peine de mort est applicable.

les peines qui semblent au premier abord remplir toute autre condition, une seule qui produise les effets voulus de répression? N'ayant plus le choix, il faut bien se décider pour celles qui produisent le mieux les effets que la société se propose d'obtenir, l'objet essentiel des peines, la répression des délits. On n'arrête jamais mieux et plus justement le bras de l'assassin qu'en le menaçant d'un coup de feu au moment de l'agression; on n'arrête jamais mieux le bras de l'homme qui médite le crime qu'en le menaçant de l'échafaud.

Ainsi, sans aucun'doute, nous voudrions, en thèse générale, que les peines fussent non seulement rémissibles ou réparables, ou rémissibles et irrévocables; nous voudrions encore qu'elles fussent à la fois révocables, rémissibles ou réductibles et réparables: c'est-à-dire que nous exigerions, toujours en général, une condition de plus que les deux célèbres criminalistes que nous avons déjà cités. Ces trois qualités des peines expriment bien une idée commune: c'est que la peine doit être telle qu'elle puisse se prêter à tous les changemens que l'injustice de son application, une fois reconnue, peut rendre nécessaires; mais chacune de ces qualités exprime cette idée sous un rapport différent, et s'applique à différens cas. Suivant nous,

La peine doit être rémissible ou réductible pour les cas où l'injustice une fois reconnue n'est que relative ; c'est-à-dire lorsque la peine infligée a été plus forte que le délit, et que l'individu condamné a déjà payé tout son dû ; qu'il a compensé le mal physique en indemnisant la personne lésée, et le mal moral en détruisant l'alarme momentanée par lui donnée, et en servant d'exemple répressif et salutaire, ces deux actions de rassurer et de réprimer ne devant être considérées dans la peine que comme simultanées.

La peine doit être révocable pour les cas où l'on reconnaît l'injustice absolue de l'application de la peine à tel individu. La *révocabilité* est pour nous le plus haut degré de la *rémissibilité**.

La peine devrait être réparable dans les

---

* *Révocabilité, rémissibilité*, mots qui ne sont pas encore introduits dans la langue : nous avons bien rémission et révocation ; mais ces mots n'expriment pas une possibilité, une qualité ; ils n'expriment qu'un fait entièrement accompli.

deux cas dont nous venons de parler; c'est-à-dire que, son injustice absolue ou relative une fois reconnue, elle pût se prêter à une rétroactivité complète en remettant les choses en l'état où elles étaient avant le délit supposé, ou à une rétroactivité relative qui corrige la peine et la réduise à ce qu'elle aurait dû être d'abord si le jugement social avait été juste en premier lieu.

Voilà bien ce que nous voudrions, si c'était chose toujours possible. Mais, on l'a vu : nous sommes loin d'exiger impérieusement toutes ces qualités de toute peine; et certes nous n'avons pas tort de borner ainsi nos prétentions, puisque, rigoureusement parlant, les hommes ne pourront jamais se flatter de trouver des peines réparables dans le sens que nous venons de donner à ce mot. Est-ce qu'il leur sera jamais possible de replacer les choses en l'état où elles étaient avant l'erreur commise? Non malheureusement. Laissons parler Rossi; on verra bien que la qualité de mal irréparable * n'est pas un vice

---

* Pourquoi ne dirait-on pas l'*irréparabilité* d'une peine ?

seulement reprochable à la peine capitale.

« Il est sans doute important que les peines dont dispose la justice faillible des hommes soient réparables ou du moins rémissibles. »

«Toutefois, est-ce là un principe absolu, ou bien est-ce seulement un précepte de sagesse, une règle de prudence dont il est permis de s'écarter lorsqu'une nécessité impérieuse nous le commande ? »

« Si c'est un principe absolu, nulle peine ne serait légitime ; car, au fond, aucune peine n'est complétement réparable ou absolument rémissible. Nul ne peut faire que ce qui a été n'ait pas été. En remboursant l'amende et en accordant au condamné une indemnité en sus, fera-t-on que les souffrances morales ou physiques dont la peine aura été cause pour lui ou pour les siens n'aient pas existé? En faisant cesser l'emprisonnement, détruit-on le germe des maladies que le détenu peut avoir contractées, les impressions fâcheuses que sa condamnation peut avoir laissées dans l'esprit d'un grand nombre de personnes, les incapacités morales ou physiques qui peuvent résulter du non-usage prolongé de certaines facultés ? »

« La différence entre ces peines et celles qui ne sont en aucune manière réparables ou rémissibles, n'est donc au fond qu'une question de plus ou de moins. Si toute peine irréparable et irrémissible était illégitime en soi, la justice pénale serait impossible. »

« Elle est cependant un devoir, et la peine est un élément de la justice. »

« La qualité de mal réparable et rémissible n'est point une condition de la peine en soi. La peine en soi est un mal dû au coupable, mérité par lui. C'est le contre-poids inévitable du crime dans l'ordre moral; c'est une nécessité. »

Eh! maintenant, si l'amende et l'emprisonnement simple ne sont pas complétement réparables, absolument rémissibles, comme on vient de le voir, que ne pourrions-nous pas dire des autres peines, telles que la marque, la dégradation civique, le carcan, le fouet, la déportation, la réduction de nourriture au delà du nécessaire, les travaux forcés, les mutilations, etc.? Sont-ce là des peines réparables? Condamnez par erreur aux travaux forcés, par exemple, un innocent, un homme plein du sentiment de sa dignité, chez qui l'estime des autres hommes est un véritable besoin, et qui par conséquent n'a pas la force de supporter l'ignominie; qu'après avoir subi la peine pendant quelque temps, l'injustice qui l'a accablé vienne à être reconnue, pensez-vous par une réhabilitation effacer, sous le rapport physique et moral, les maux immenses que vous lui avez fait éprouver?

Ainsi, en résumé, 1° la qualité de *réparabilité* n'est point de l'essence de la peine; 2° toutes les peines sont irrémédiables ou irréparables, et il y en a qui le sont tellement, qu'elles approchent de l'impossibilité absolue de réparer le mal qu'elles causent; 3° la peine de mort est sans doute la plus irréparable de toutes, mais aussi elle est la plus exemplaire, la plus répressive de toutes, et celle qui protége le plus efficacement l'ordre social.

Mais poursuivons : nous ne bornerons pas à ce qui précède, quelque concluant que ce soit, notre réponse à la présente objection.

Si la justice humaine était infaillible, la peine ne devrait jamais être rémissible ou réductible; elle n'aurait jamais besoin d'être réparable. La justice humaine ne l'est pas, sans doute; mais la possibilité de faillir, certaine en thèse générale, cesse cependant de l'être dans tel ou tel cas, dans lequel la certitude du fait peut être portée à son plus haut degré. Or, c'est ce degré de certitude que nous voudrions voir constaté dans toute condamnation, et surtout dans celles qui emportent des peines difficilement ou nullement révocables.

Qu'est-ce que la certitude pour l'homme ? Sans parler de la certitude morale qui résulte du témoignage d'hommes dignes de foi, on compte généralement deux espèces de certitudes : la certitude *physique*, qui est fondée sur le rapport des sens, et la certitude *métaphysique*, qui est fondée sur le jugement que l'esprit porte nécessairement en combinant entre elles certaines idées. Nous ne saurions admettre de pareilles distinctions : pour nous la vérité n'est qu'une ; et la certitude, qui est la vérité de l'homme, ne saurait être multiple. Qu'est-ce que cette certitude physique fondée sur le rapport des sens ? et quelle différence réelle existe-t-il entre cette certitude et celle qu'on nomme métaphysique ? N'y a-t-il pas toujours un jugement, un rapport saisi entre nos sensations ? Il n'y a d'immédiat et d'absolu que ce jugement : *je suis*. Après celui-ci toutes les autres certitudes de l'homme lui viennent du rapport de ses sens, de la combinaison de ses idées ou sensations.

La certitude est l'état de l'homme qui a usé, pour s'enquérir d'un fait, de tous les moyens en son pouvoir, de tous les moyens que sa nature d'homme laisse à sa disposition.

Quand l'homme est arrivé à ce point, c'est là sa certitude, c'est là sa vérité.

Mais ses moyens pour arriver à ce point sont-ils parfaits ? Oui, sans doute, aussi parfaits que l'homme ; il y aurait de la folie à les vouloir plus parfaits. L'essentiel, c'est de les employer. Lors donc que la société a épuisé sur un fait tous les moyens possibles, imaginables, pour connaître la vérité, ce qu'elle connaît est la vérité, la vérité sociale, la vérité de tous. L'homme n'est plus admissible à dire à la société : « Tu t'es trompée, ou tu peux te tromper. » La société affirme l'existence de tel fait ; il n'y a qu'une ridicule présomption qui puisse se croire au dessus de la société entière.

Mais, dira-t-on, ne voyez-vous pas votre méprise ? Vous prenez douze jurés pour la société entière. Sans doute si la société a épuisé ses moyens, ce qu'elle reconnaît est la vérité : mais quand un petit nombre de ses membres reconnaît tel fait pour une vérité, cette vérité n'est point incontestable; elle n'est pas un fait pour le reste des hommes.

Si l'on nous faisait cette objection, c'est qu'on aurait oublié que nous avons répondu d'avance.

Est-ce que douze jurés sont le seul moyen d'acquérir la certitude d'un fait? Avons-nous jamais prétendu légitime tel ou tel moyen jusqu'ici employé? Est-ce que la société a épuisé tous ses moyens possibles d'investigation quand elle a nommé douze jurés?

Que la société emploie tous ses moyens possibles de connaître la vérité, et elle l'aura trouvée : voilà tout simplement ce que nous avons avancé et ce que nous affirmons.

Maintenant, quels sont ces moyens? C'est une question qui ne nous regarde plus. Renfermés dans les principes généraux de la science, nous ne nous sommes point engagés à nous étendre sur les applications, sur les dispositions positives qu'il convient d'adopter dans telle ou telle rencontre. Que s'il entrait dans notre plan de nous arrêter à ce travail si éminemment utile, nous aurions encore des moyens à proposer.

Pourquoi ne point nommer cent jurés s'il le faut, pour que la vérité reconnue soit la vérité sociale? Pourquoi n'en point nommer un plus grand nombre si on le croit nécessaire, pour avoir la vérité de tous? On réunit 60, 80 mille hommes dans une revue, quelquefois sans but politique: pourquoi s'en tenir à douze jurés dans les causes capitales?

Craint-on d'imposer trop de sacrifices aux membres de la société en les appelant trop souvent à juger? Vous avez bien imposé à tous les Français l'obligation de faire le service de la garde nationale. Quand un intérêt majeur, impératif, exige des sacrifices, vous ne craignez pas de les demander; vous êtes obéis: et n'est-ce pas ici le cas d'un intérêt majeur?

Craint-on la confusion? Les assemblées législatives de tous les pays répondent à cela.

Vous avez enfin choisi des hommes spéciaux pour certaines affaires; vous avez nommé les juges de commerce parmi les commerçans. Si vous n'êtes pas arrêté par l'embarras du nombre, si ce sont les connaissances spéciales de ceux qui doivent servir à composer vos jurys, que ne nommez-vous des hommes spéciaux pour chaque genre d'affaires ?

Ces considérations pourront paraître hardies ; nous ne les donnons pas non plus comme des préceptes : nous les présentons à la hâte, comme des exemples des ressources qu'on pourrait employer pour perfectionner nos moyens d'investigation.

Le but de la procédure civile est d'éclairer le juge dans l'espace de temps le plus court et avec le moins de frais possible. La procédure civile peut bien déroger en faveur de ces deux principes, *rapidité*, *économie*, à quelques uns des principes généraux du droit, et porter quelquefois même atteinte aux droits d'une des parties. La procédure criminelle, au contraire, ne saurait jamais faire le moindre sacrifice à l'économie ou à la rapidité, pas plus qu'à toute autre considération.

Au surplus, nous le répétons, ce n'est point là la tâche que nous nous sommes imposée. Pour nous, nous n'avons qu'à dire à nos adversaires :

Si vos moyens de procédure, c'est-à-dire

vos moyens de connaître la vérité dans les jugemens, ont atteint tout le degré de perfection que comporte l'état actuel des connaissances humaines, les juges sont infaillibles pour le reste des hommes.

Que si, au contraire, les moyens de procédure n'ont point atteint le degré de perfection que nos connaissances permettent, faites en sorte qu'ils atteignent ce degré : *Attaquez le mal où il est*. C'est un devoir sacré de faire que ce degré soit atteint aussi bien à l'égard de la peine capitale qu'à l'égard de toute autre peine.

Nous avons dit qu'il n'entrait pas dans notre plan de nous étendre sur les applications; qu'il nous suffisait de les croire et de les montrer possibles. Nous ne pouvons cependant nous dispenser de justifier l'emploi que l'on fait dans les débats judiciaires du témoignage des autres hommes, de défendre ce moyen contre des attaques aussi irréfléchies que violentes et trop souvent répétées; nous ne pouvons, en un mot, nous dispenser de légitimer ce qu'on appelle la certitude morale. Nous serons cependant en garde contre nous-mêmes pour ne pas nous engager dans une discussion qui approcherait d'un traité philosophique sur la théorie de la certitude et de la probabilité.

Nous commencerons par faire observer que s'il n'était pas juste et moral de se rapporter au témoignage des autres hommes, cette objection rendrait impossible, si elle était victorieuse, toute justice humaine. Mais, sans chercher à tirer parti de ce moyen, nous ajoutons que la certitude peut se produire en nous aussi bien par une foi raisonnée que par le tact ou par intuition, et que, peu importe le moyen, une fois produite, la certitude est comme la vérité, qu'elle suppose indivisible, infaillible, inaccessible à toute variation. Cette proposition est tellement incontestable, qu'une certitude d'abord morale peut devenir physique, sans rien ajouter à la force, à l'intensité de cette adhésion de l'esprit dans laquelle elle consiste. Nous disons, par exemple, que le plomb est fusible par l'action du feu, et dissoluble par les acides, parce que nous en avons fait cent fois l'expérience, et nous avons vu chaque fois que cela était. Nous disons qu'un homme qui n'a pas d'intérêt à nous tromper, et qui nous raconte ce qu'il a bien vu, dit la vérité, et nous prononçons que le fait dont il dépose est vrai. Ces deux jugemens sont pour nous également certains, parce que, bien que le sujet sur lequel notre intelligence s'est exercée soit différent, le procédé est le même : dans le premier cas, nous avons étudié un minéral, c'est-à-dire un être de la nature soumis à certaines lois ; dans le second cas, nous n'avons fait qu'étudier le cœur de l'homme ; l'homme, en un mot, qui n'est qu'un être soumis aussi à certaines lois : point de différence dans les procédés, pas plus que dans les résultats. Mais si cela n'était pas, il faudrait proscrire la certitude morale. Voudrait-on la ravaler au niveau de la probabilité, de la conjecture, la frapper d'anathème, la croire toujours entachée de doute, la déclarer enfin plutôt incertitude que certitude ? A-t-on pensé aux conséquences d'un tel système ?

Mais non seulement la certitude morale est tout autant certitude pour nous que la certitude physique ; il y a plus, la certitude physique n'ajoute rien à la certitude morale. Vous avez, par exemple, la certitude de l'existence de Constantinople : faites le voyage ; votre certitude est bien changée en certitude physique : mais êtes-vous plus certain de son existence après l'avoir vue? pas du tout. Votre certitude morale excluait toute espèce de doute; votre certitude physique n'y a pu rien ajouter. Nous allons même plus loin : nous disons que la certitude morale, cette certitude de tradition et de foi, ajoute à la certitude physique, puisqu'elle agrandit immensément son domaine; que, sans le surcroît de force que la seconde reçoit de la première, il n'y aurait plus pour nous ni progrès possibles, ni sciences, ni société, et que notre histoire serait, comme celle de tous les animaux, l'histoire de l'individu isolé. Reprenons notre premier exemple du plomb, fusible par le feu, et dissoluble par les acides. Nos cent expériences, à la rigueur, nous autoriseraient à dire que les cent morceaux de cette substance qui nous sont tombés entre les mains nous ont présenté ce phénomène. Mais serions-nous autorisés à ériger en principe, en proposition générale, en maxime de science, que le plomb est fusible par le feu, et dissoluble par les acides? Non, sans doute. Comment les hommes sont-ils parvenus à ériger ce phénomène en principe? Voici comment. Ils ont fortifié leur certitude physique, la certitude physique de chacun, par les témoignages des générations qui les ont précédés, par ceux de tous les hommes et de tous les pays; et lorsque, par ces témoignages, par cette foi si vous voulez, ils ont acquis la certitude morale de l'existence de ce phénomène au temps de César comme au temps de Charlemagne, à Adra comme à Poullaouen, à Peak comme à Hoffsground, alors oui; ils ont proclamé comme une vérité générale, comme un principe : *le plomb est fusible par le feu, et dissoluble par les acides.* C'est là l'histoire de toutes les vérités humaines: morale, chimie, législation, politique, minéralogie, tout est soumis à cette loi. Ébranlez parmi les hommes cette certitude morale; dites-leur qu'il n'y a de certain pour eux que leur expérience individuelle, et tout s'écroule, sciences, civilisation, société, et l'espèce humaine se trouve ainsi réduite au pyrrhonisme le plus ridicule, le plus absurde. Oui, cette certitude morale, cette foi dans le témoignage des hommes, est tout pour nous. Eh quoi! c'est par l'influence de ce principe que le monde se gouverne; c'est sur le témoignage d'une note diplomatique que vous concluez que les intérêts ou l'honneur national ont été blessés ; c'est sur l'assurance que vous donne votre consul d'avoir été frappé d'un coup d'éventail, que vous envoyez quarante ou cinquante mille honnêtes citoyens se faire tuer sur le champ de bataille si la mer ne les engloutit pas, et il n'y aura que l'infâme assassin qui voudra se faire un bouclier de notre faillibilité, qui viendra contester le témoignage des hommes, qui viendra protester, après le crime, contre un principe sous les auspices duquel il a été reconnu en naissant l'héritier de son père, le propriétaire de tout son bien! Et il serait admis à protester contre un principe qu'il a invoqué lui-même pendant toute sa vie, comme sacré, pour défendre ou réclamer ses droits! Non, encore une fois; il n'y a ni dialectique, ni philanthropie qui puisse nous extorquer un pareil aveu. Pour nous le crime qui se trouve affirmé par le concours du témoignage de plusieurs hommes désintéressés, qui ne se sont ni vus, ni concertés, que nulle passion n'agite, dont la probité n'est pas suspecte, dont les dépositions ont été débattues et passées au creuset de la contradiction du coupable et de ses témoins à décharge, s'il y en a ; lorsque les faits ont été appréciés, pesés par des hommes capables de juger, que nulle passion n'agite non plus, et dont le nombre est suffisant, le crime, disons-nous, est une vérité tout aussi incontestable que la fusibilité du plomb. Jurés, nous condamnons l'accusé; citoyens étrangers au débat, nous n'admettons pas comme possible la faillibilité de l'arrêt de condamnation. Notre foi n'est point aveugle, elle est raisonnée ; mais, une fois produite, elle est inébranlable.

Perfectionner les moyens d'investigation pour que la certitude morale soit la certitude de tous, voilà ce qui reste à faire, sans oublier qu'il y a déjà beaucoup de fait. Tant que les moyens de procédure n'ont point atteint ce degré de perfection possible, tous les faits que l'on s'efforcera d'accumuler ne prouveront qu'une chose, la paresse des législateurs, l'insouciance des hommes, et nullement la fausseté de notre thèse.

Mais l'on dira peut-être : «Puisque les moyens qui doivent assurer le résultat de l'investigation n'existent pas encore, puisqu'ils sont encore à créer d'après vos aveux, du moins en partie, abolissez la peine de mort en attendant le perfectionnement de ces moyens. Puisque ce sont ces moyens qui produisent la certitude morale, ils ne peuvent la devancer. Vous assassinez si vous n'êtes pas certain, et vous n'êtes pas certain puisque vous n'avez pas les moyens de certitude. »

C'est en généralisant ses idées que l'esprit humain se perfectionne, que nous sommes susceptibles de progrès; et c'est encore par l'habitude de généraliser nos idées que nous finissons par travailler sur des abstractions que nous prenons pour des faits, pour la réalité même, et que nous retombons dans l'erreur. Ce sont là, peut-être, les deux écueils entre lesquels la nature, qui nous refuse l'omniscience, nous a placés pour nous tenir flottants entre l'erreur et la vérité.

Avons-nous jamais dit, avons-nous jamais érigé en principe général, que la certitude morale ne pourrait s'obtenir dans tous les cas que par les derniers perfectionnemens de nos moyens d'investigation? C'est cependant ce qu'il faudrait prouver pour que l'objection subsistât. Loin de là, nous disons avec tout le monde, que, même par les moyens aujourd'hui en usage, la certitude est produite, sinon toujours, au moins dans la plupart des cas ; dans un rapport, par exemple, que nos adversaires eux-mêmes exprimeraient au plus par les chiffres 1 et 1,000.

Qu'au lieu de perfectionner nos moyens de connaître on les néglige, et la certitude individuelle se trouvera encore, mais dans un rapport différent, par hypothèse, dans le rapport de cinq à mille : il y aura eu néanmoins certitude, d'abord dans 999 cas, puis ensuite dans les 995 autres. Cela posé, nous disons : Puisqu'il y a eu des cas où l'injustice s'est glissée, et que c'est notre devoir de la rendre tout aussi impossible que nos moyens le comportent, ajoutons toujours des perfectionnemens; améliorons la proportion; mais, en attendant, ne sacrifions pas 999 certitudes morales : ne nous demandez pas l'impunité de 999 assassinats.

Qu'on y pense bien, la certitude ou la vérité, l'incertitude ou l'erreur, ne se trouvent pas dans les mille cas, comme les mille cas se trouvent dans notre esprit, c'est-à-dire d'une manière synthétique : c'est là l'abstraction, l'erreur. Chaque cas a eu sa certitude morale, individuelle, indépendante; et il ne doit, il ne peut perdre sa certitude par l'incertitude d'un autre cas. Qu'il se soit même commis cinquante injustices sur mille condamnations, les autres cas où la certitude morale ne s'est pas trouvée en défaut ont été des *justices*, et vous ne pouvez rien contre cette vérité, tant que vous ne prouverez pas, par d'autres voies que l'erreur, que la peine de mort est injuste, illégitime. Ainsi donc, quand on nous dit : Abolissez la peine de mort dans mille cas, parce qu'il s'en est trouvé un où l'on a condamné sur une fausse certitude, c'est comme si l'on disait : « L'incertitude est dans les mille cas, parce qu'elle est dans un seul. » Qu'on apprécie maintenant et la vérité de cette assertion et la force d'une telle argumentation.

On doit voir maintenant le cas que nous faisons d'un vieil adage qui ne manquait pas d'utilité pour le temps où il s'introduisit dans le langage : « Il vaut mieux épargner cent coupables que condamner un innocent. » S'il est indifférent pour l'ordre social de condamner ou d'absoudre, il n'y a pas à balancer; il faut absoudre les 99 coupables et l'innocent : mais s'il y va de l'existence de cet ordre social, et si, dans chaque cas individuel, nous avons employé tous les moyens possibles de connaître, de découvrir la vérité, et que ces moyens nous donnent chaque fois un coupable jusqu'au nombre cent, alors nous prononçons sans balancer cent condamnations; nos erreurs, nos injustices, s'il y en a par rapport à des intelligences supérieures à l'intelligence humaine, ne nous sont plus imputables.

Pour finir, nous disons à notre tour : « Si la critique judiciaire n'a pas atteint le degré nécessaire pour rendre l'erreur impossible dans tous les cas, faites-la arriver à ce point; épuisez vos moyens de recherche tout aussi bien pour qu'un seul crime ne reste pas impuni, que pour qu'une seule injustice ne puisse se glisser parmi les mille; mais respectez, en attendant, les 999 cas contre la certitude incontestable desquels votre cas unique ne prouve jamais rien, et moins encore par cela même qu'on n'a pas fait encore tout ce qu'on pouvait faire en faveur de la vérité.

L'abolition de la peine de mort est impossible, puisque le crime existe; et tant qu'il existera cette peine sera nécessaire. On serait, certes, bien plus fondé à dire : Faites que le crime n'existe pas en attendant qu'on perfectionne les moyens de l'avérer, que de venir demander l'abolition de la peine de mort jusqu'à ce qu'un seul jugement ne puisse être sujet à erreur.

La peine capitale, nous ne craignons pas de le répéter, est la plus forte garantie, non seulement de l'ensemble de la société, mais des droits de chacun de ses membres considéré isolément. Vous ne pouvez pas priver l'homme de cette garantie, de ce droit, pas plus que de tout autre droit, ou, pour mieux dire, vous pouvez encore moins le dépouiller de ce droit, lui en demander le sacrifice, que de tout autre. Si le pouvoir social voulait une fois s'en dessaisir, chacun aurait le droit de le reprendre et de le mettre à exécution pour son compte*. Cette garantie réciproque est indispensable : c'est la première condition de cette réunion que nous nommons société. En veut-on la preuve? la voici. Nous vivons dans cette société, sans défiance,

---

* Si l'on abolissait la peine de mort, nous disait un jour un homme d'un grand sens, je sortirais dès ce jour armé de pied en cap. Qu'on veuille croire que l'homme qui parlait ainsi, est loin d'être un misanthrope.

dépouillés de tous les moyens de nous défendre ; à chaque instant nous livrons notre vie à chacun des individus à qui nous ouvrons nos portes, ou que nous rencontrons dans la rue, sur une route quelconque. Et cette abnégation de nous-même serait-elle un acte d'équité si nous recevions en échange quelque chose de moins précieux que ce que nous offrons? Le législateur peut bien exécuter pour tous ce que nous exécuterions nous-même à la bonne heure, mais il ne peut renoncer à ce à quoi nous ne renonçons pas.

Il ne peut se dépouiller de ce droit terrible tant que la nature de l'homme ne changera pas entièrement, tant que le crime ne sera pas devenu impossible; car alors même qu'une société aurait traversé une longue période de 50, 60 ou 100 années sans un seul assassinat, les législateurs d'un tel pays ne seraient point autorisés à effacer de leur code la peine capitale, véritable bouclier contre l'assassin possible. Non : pas plus que le pouvoir exécutif d'une telle société ne serait en droit de faire démolir ou demanteler les places fortes, parce qu'il y aurait cent ans qu'on ne lui fait pas la guerre; s'il prenait ce dernier parti son raisonnement serait absurde; il ferait bien mieux de dire : « Conservons nos places fortes, réparons-les, parce que nous n'aurons pas la guerre tant que nous les aurons ; et c'est parce que nous les avons qu'on n'a pas osé nous la déclarer. » On l'a mille fois répété : la peine de mort, qui ne menace que l'assassin, est la sauvegarde, le bouclier de l'honnête homme ; n'allez pas le lui ôter tant que vous laissez un poignard dans les mains de son ennemi. Nos adversaires, oui ! le diraient comme nous, si, irrités par les abus monstrueux qu'on a fait de cette peine, ils n'étaient pas égarés par leur sensibilité, par un sentiment généreux, mais qui n'est pas moins une passion. Socrate, Sénèque, toutes les victimes de la tyrannie ou de la licence effrénée, sont devant leurs yeux, et c'est à travers ce prisme qu'ils jugent la peine de mort.

Les jugemens des hommes ne peuvent faillir que des quatre manières suivantes :

1° Par méprise ou erreur sur la personne à cause de la ressemblance ;

2° Par erreur sur le degré d'immoralité ou de culpabilité ;

3° Par erreur sur les personnes, parce que

des circonstances autres que la ressemblance accuseraient tel individu qui n'est pas le coupable ;

4° Par corruption de juges.

Commençons par écarter cette quatrième cause de la faillibilité des jugemens humains.

Dans l'absence de lois pénales, lorsque la procédure secrète n'était que le moyen de protéger les crimes juridiques, lors enfin que la sentence du juge n'était que le mot d'ordre du tyran, l'objection d'irréparabilité avait une force immense. Mais aujourd'hui que le législateur a parlé avant que le coupable ait agi; aujourd'hui que la justice est administrée publiquement avec toutes les formes propres à garantir à l'accusé ses droits; aujourd'hui que l'institution du jury, bien que très imparfaite, nous offre cependant déjà des garanties, de l'impartialité et de l'indépendance dans les jugemens, l'objection de la vénalité des juges est entièrement inadmissible. Les causes célèbres, qu'on ne manque pas de citer, appartiennent aux temps de barbarie et d'ignorance [*], et il

---

[*] Nous appelons siècles d'ignorance, non seulement ceux dans lesquels on ignorait les principes des sciences

n'y a pas d'induction à en tirer pour le siècle des lumières, de liberté, d'humanité.

D'éloquens adversaires de la peine de mort ont décrit avec un admirable talent l'horrible supplice de l'infortuné Calas, les souffrances du malheureux Lebrun qui périt dans les douleurs de la torture. Ils ont tous peint vivement le sentiment d'horreur qui s'empare de tous les cœurs quand on voit couler le sang et mutiler les membres d'une victime innocente, quand on voit prolonger ses souffrances par un raffinement de cruauté ! Des tableaux sanglans reviennent à toutes les pages !...

Mais, nous le demandons à ces écrivains eux-mêmes, ces faits horribles appartiennent-ils à notre époque ? sont-ils possibles aujourd'hui en France, en Angleterre, partout où il y a *liberté* et *civilisation ?* C'est là l'ingénieux artifice du poète dramatique ; il fait passer l'histoire, ou les conceptions de son imagination, sous nos yeux ; il nous inspire

---

politiques et morales, qui font aujourd'hui l'honneur de notre époque, mais même les siècles où ces principes, quoique connus d'un petit nombre d'élus, étaient généralement ignorés.

tour à tour les sentimens d'horreur et de pitié; il nous fait pleurer avec lui... Nous sortons du théâtre, et ces sentimens s'affaiblissent et disparaissent celui qui en est l'auteur que les maux dont nous urde à formes tant affligés n'ont jamais existé que dans l'imagination du poète, ou dans des temps qui ne doivent pas revenir. Il en est de même quand on lit les histoires des malheureuses victimes de la tyrannie : elles nous intéressent au plus haut point, elles nous affligent vivement; mais elles ne peuvent servir d'accusation pour le présent : ces scènes d'horreur ne peuvent plus se répéter devant nos yeux ; elles sont aujourd'hui *impossibles*. Impossible de supposer en France des juges, des jurés faisant marché de leur conscience.

Restent donc les trois autres causes de faillibilité des jugemens humains. Nous avons déjà répondu par tout ce qui précède, d'une manière générale, à l'objection que l'on tire de ces erreurs et de ces méprises; mais, pour compléter notre réponse, nous ne craindrons pas de traiter, quoique rapidement, chacune de ces causes d'erreurs en particulier. Nous descendrons dans l'arène, s'il le faut, et nous verrons encore à quoi se réduisent *les cas*, *les faits incontestables*.

Quant aux méprises, c'est-à-dire pour l'application de l'infortuné à une personne à cause de la ressemblance, de deux choses l'une : ou la ressemblance est tellement parfaite, l'illusion est tellement complète, les circonstances tellement pareilles, qu'elles sont capables d'induire en erreur l'homme le plus consciencieux, le plus probe, ou ces circonstances ne sont pas telles.

Dans le premier cas, un phénomène aussi rare, aussi extraordinaire, ne peut entrer pour rien dans les calculs de l'homme. S'il y a eu méprise, c'est un malheur parmi les millions de malheurs qui affligent l'espèce humaine, provenant de l'insuffisance et du défaut de notre capacité. Si, parce qu'il a plu à Dieu d'envoyer au monde, tous les dix siècles, deux hommes tellement égaux, tellement identiques, qu'ils peuvent être pris l'un pour l'autre, on doit proscrire la peine de mort, dans la crainte que l'un d'eux, devenant assassin, l'autre, innocent, reste exposé à l'erreur des juges, à l'erreur de tous les hommes, alors il faut aussi, par la même raison, proscrire toute espèce de peines; il faut interdire à l'homme toute espèce d'actions, parce qu'une fatale ressemblance peut en rendre responsable un autre que celui qui en est l'auteur*.

Nous voici dans l'absurde à force de vouloir tout prévoir. Non, il est des maux que, malheureusement, l'homme ne saurait empêcher, qu'il ne peut aspirer à éviter. Parce qu'un bâtiment, construit selon toutes les règles de l'architecture, vient cependant à s'écrouler, faut-il pour cela empêcher qu'on bâtisse? Votre fils souffre d'une maladie de laquelle il faut le guérir, sans quoi il meurt inévitablement; on le voit par les progrès qu'elle fait : vous consultez les plus habiles médecins, les praticiens les plus expérimentés; votre fils se soumet à une opération chirurgicale; on avale une potion pharmaceutique, et votre fils est emporté!... Les lumières de la science se sont trouvées en défaut; la maladie n'était point celle qu'on prétendait guérir...

---

* Heureusement les *Amphitrions* et les *Ménechmes* ne sont pas des histoires, mais bien de vraies et bonnes comédies, où la supposition de la parfaite ressemblance n'est pas ce qu'il y a de mieux.

Comment peindre dans ce moment votre douleur! quels termes pour exprimer votre affreuse position, votre désespoir!... Faut-il cependant proscrire à jamais l'exercice de l'art de guérir?

Dans le second cas, en supposant que la ressemblance ne fût pas telle qu'elle pût induire en erreur les hommes probes, des hommes consciencieux, s'il y a eu condamnation, c'est une preuve que ce n'est pas la justice humaine qui a failli: c'est la probité, c'est la vertu de l'homme, hélas! qui s'est trouvée en défaut. Nous l'avons dit, cela n'est arrivé que trop souvent. Dans d'autres temps les assassinats juridiques étaient un fléau épouvantable; mais, encore un coup, on ne peut supposer aujourd'hui des juges bourreaux, un jury, des avocats, un public, complices du crime qui suppose le plus de bassesse dans l'âme.

Arrivez maintenant, votre exemple à la main; montrez-nous le malheureux Lesurques périssant victime de sa ressemblance avec un assassin, coupant sa chevelure avant d'aller ... pour l'envoyer à sa malheureuse ..., à ses pauvres orphelins!... Hé! qui nie le fait? Qui plus que nous déplore de tels malheurs! Qui fut jamais plus sensible à une infortune imméritée! Mais enfin, s'il y a eu méprise, ce cas doit entrer dans l'une des deux parties du dilemme que nous venons de vous présenter. S'il y a eu plus que méprise, s'il y a eu concours d'autres circonstances, alors il devra être compris parmi les cas dont nous allons parler. Dans la première supposition, notre réponse est faite; dans la seconde, elle ne fera pas long-temps attendre.

La troisième manière, avons nous dit, dont les jugemens peuvent faillir, c'est par erreur sur le degré d'immoralité ou de culpabilité. Cette fois c'est M. Lucas lui-même qui se présente armé des preuves les plus concluantes des erreurs de nos tribunaux : ses recherches, qu'il a bornées à l'année 1826, sans doute parce qu'elles lui étaient ou lui semblaient plus favorables, présentent en effet au premier abord des résultats capables d'effrayer tous les esprits.

Mais, qu'on se rassure, les erreurs ne sont pas, à beaucoup près, aussi fréquentes qu'on le prétend, et le mal n'est pas si certain qu'on veut bien le supposer.

Dans le dernier semestre de 1826, année

exempte en effet de conspirations, de séditions, de disette, neuf condamnations à mort ont été réformées : c'est un fait incontestable. Mais qu'elles sont exagérées, les conséquences qu'on veut en tirer, faute d'avoir bien étudié le fait! Quoi! parce qu'un accusé serait acquitté ou condamné à une moindre peine par suite d'un second jugement, vous concluez qu'il y a eu erreur dans le premier, que les accusés étaient innocents ou moins coupables!

Un jury déclare tel homme coupable; un autre jury, composé d'un même nombre d'individus, le déclare innocent, et vous croyez qu'il l'est sans qu'il puisse y avoir erreur dans ce second jugement! Mais alors vous ne connaissez pas le cœur humain. Vous n'avez pas réfléchi à ce que vous avancez.

Oh! sans doute, dans tout autre cas que les causes capitales, la conséquence est rigoureusement exacte. Un nouvel examen de la question après un examen précédent, surtout quand il est fait par un plus grand nombre de personnes et par des personnes plus éclairées, doit amener nécessairement une décision plus juste. Mais, dans les causes capitales, qui ne connaît la tendance des jurés, des hommes à se montrer clémens, doux, humains, au delà même de ce qu'exige la justice? Qui ne connaît leur faiblesse au moment de punir? Tant leur indignation est vive lorsqu'ils voient la perpétration du crime, tant ils semblent l'excuser au moment d'en exiger la réparation!

On ne prétendra pas, sans doute, que tous les hommes soient doués du même degré de sensibilité; on n'affirmera pas la ridicule absurdité que tous les jurés de France apportent aux assises la même fermeté de caractère: dès lors il nous est permis de supposer deux jurys composés d'hommes dont les dispositions soient différentes.

Que le premier jury présente la réunion de douze hommes intègres, d'un caractère ferme, amis de la justice, aimant la société, chauds partisans de ses intérêts, s'il y a crime, un tel jury condamnera.

Vienne ensuite un second jury, composé, pour la plupart, de ces hommes sans force de caractère, de ces hommes qui, par un excès de bonté, laissent faire le mal: alors, par un sentiment d'humanité mal entendu, souvent funeste, qui n'est, au fond, qu'une faiblesse, un oubli des devoirs, une espèce de trahison envers la société, un tel jury, dans la même supposition du crime, prononcera un verdict d'absolution. C'est là l'ordre naturel et nécescessaire des choses : il est absurde de supposer une condamnation de la part d'hommes qui n'ont point la force de condamner.

Souvent aussi un jury, plus ferme, plus résolu, mais placé comme ils le sont tous aujourd'hui, entre l'impunité d'un coupable et la sévérité d'une peine qu'il juge n'avoir pas été méritée tout entière, dans l'impossibilité de la graduer, le jury, malgré les preuves les plus évidentes, répond aussi : *non coupable*. C'est ce qu'on est convenu d'appeler l'omnipotence du jury.

Cela posé, s'il peut se trouver deux jurys semblables à ceux que nous venons de présenter, ou placés dans la même hypothèse, peut-on, de bonne foi, affirmer qu'un accusé, condamné par un premier jury, soit réellement innocent, parce qu'il a été acquitté par un second jury ?

Non, sans doute : comme les choses se passent aujourd'hui, un acquittement survenu après une condamnation ne prouve pas une premiere erreur ; il prouve seulement que le second jury a jugé *autrement* que le premier, mais non pas qu'il ait jugé *mieux*.

Le second jury a jugé *autrement* que le premier : voilà tout ce qu'on en peut déduire. Mais comme le dernier jugement a acquis la force de chose jugée, parce que la procédure qu'a amenée ce jugement s'est trouvée exempte de vices de forme, ou qu'on ne s'est point pourvu en cassation, il faut bien que la société s'en tienne à la dernière décision qu'on a portée en son nom ; il faut bien qu'elle reconnaisse les conséquences du second jugement, puisqu'il est irrévocable.

L'innocence constatée seulement par un second jugement n'a pas même la force d'une présomption légale, puisque l'acquittement par le jury ne met point obstacle aux dommages et intérêts contre l'accusé.

Pas même la présomption légale de l'innocence ! la *non-culpabilité*, et voilà tout ! Et l'innocence du fait, la vérité, qui la constate ?

S'il y avait un second degré de juridiction ; si le second jury se composait de vingt-quatre, de quarante-huit, ou d'un plus grand nombre de membres, si de nouveaux moyens plus efficaces que les premiers, destinés à constater la vérité, étaient tenus en réserve pour les jugemens de révision, alors nul doute qu'un second jugement ne prouvât plus que le premier, et ne fût, non un jugement différent, mais un jugement vraiment meilleur et plus juste.

Le jury ne se montrera jamais docile aux injonctions du pouvoir; il saura aussi dans bien des cas se mettre au dessus des fureurs populaires. Ses décisions, empreintes de la douceur, de l'humanité de ceux que les prononcent, ne seront jamais tyranniquement cruelles, contraires à l'intérêt social par trop de sévérité : ce sont là les avantages de cette belle institution. Mais, certes, dans l'état où elle se trouve aujourd'hui, les décisions des jurés peuvent être faibles, injustes par trop de douceur. Des hommes qui n'ont jamais jugé, des hommes qui n'ont jamais vu le crime de près, se sentent trop émus, semblables à ces jeunes praticiens qui sont encore à leur première amputation : la main leur tremble, la plume tombe de leur main à l'idée de signer une condamnation capitale;

trop émus pour être justes, souvent ils ne sont que faibles.

Mais il y a, en outre, une considération qui prouve sans réplique que le second jugement qui condamne l'accusé à une peine moindre, ou qui le déclare acquitté, est plus sujet à erreur que le premier; plus sujet à s'éloigner de la justice, de l'utilité publique.

Les premiers jurés prononcent sans passion; car, nous l'avons vu, nos jurés ne sont point sanguinaires, mais sous le coup des événemens : les impressions des témoins sont alors vives et fortes, ou, ce qui revient au même, leurs dépositions sont vraies; elles sont la traduction littérale des sensations qu'ils ont éprouvées. Le témoin qui a vu, a encore devant les yeux des images frappantes, fidèles; le témoin qui dépose de ce qu'il a entendu ressent encore à ses oreilles les échos de la veille; la victime est là; le poignard, la main de l'assassin sont encore teints de sang... Dans le second jugement, au contraire, tout pâlit, tout perd ce cachet de vérité, d'exactitude qui domine dans le premier : le lieu de la scène est changé; ce n'est plus cette terre qui fut arrosée de sang; c'est cette autre province que le crime n'a point alarmée : la victime est oubliée!.. les témoins, les jurés, les juges ne voient plus que l'accusé...

L'honorable M. de Broglie n'avait donc pas bien interrogé les faits quand il disait : « Les recherches de M. Lucas nous offrent sur ce point des résultats que font dresser les cheveux sur la tête. »

Nous répondons aux faits de M. Lucas : Comme citoyens, les neuf accusés acquittés, et tous ceux que vous voudrez supposer dans le même cas, nous les reconnaissons non coupables; comme hommes, et sans nous livrer à des présomptions qui certes ne leur seraient pas favorables, nous ignorons ce qu'ils sont; nous ignorons jusqu'à quel point ils sont innocens ou coupables.

Ainsi nous ne concluons pas avec vous, que s'il y avait eu neuf exécutions, il y aurait eu neuf réparations nécessaires et impossibles. Cette conclusion est arbitraire, illégitime, et par conséquent ne prouve rien contre le reproche que vous avez fait à la peine capitale.

« On présente, dit M. Urtis, le tableau des accusés condamnés d'abord et acquittés ensuite par d'autres jurés devant lesquels les avait conduits la cassation de leur arrêt. Le premier jugement, dit-on, frappait donc des innocens! »

« De ce qu'un second jury aura déclaré des accusés non coupables, s'ensuit-il donc nécessairement que leurs mains fussent pures de sang humain? Cette conséquence serait juste, si l'on ne connaissait pas la tendance des jurés. Mais les auteurs de cette objection prennent soin eux-mêmes de publier que les jurés sont disposés *à décliner la juridiction dans les causes capitales*, et qu'il n'est guère de listes qui ne présentent des hommes *éprouvant une consciencieuse répugnance à envoyer un de leurs semblables à l'échafaud.* »

« C'est par suite de ce fait notoire, que M. Bérenger [*] est allé jusqu'à dire que c'est à peine si le quart des crimes est puni! »

« Ainsi un acquittement survenu après une précédente condamnation ne prouve pas l'erreur dans celle-ci; il ne démontre qu'une seule chose, savoir : que la conscience timo-

---

[*] Rapport à la Chambre des députés.

rée des derniers jurés (comme M. Charles Lucas dit qu'il arrive souvent) *n'a voulu accepter aucune responsabilité à l'égard du supplice.* Et pour ma part, nonobstant le verdict de non-culpabilité, je n'aimerais pas à me trouver tête à tête, au fond d'un bois, avec un être que la majorité d'un premier jury aurait reconnu coupable d'assassinat. »

« Avec le jury, la condamnation d'un innocent ne peut être qu'infiniment rare, une sorte de phénomène. »

« Que si, malgré toutes les précautions, le juste venait à perdre la vie, ce serait une calamité déplorable, sans doute. »

« Mais pesez bien, d'un autre côté, le sang pareillement innocent que le maintien de la peine de mort aura préservé, la compensation sera toujours au profit de l'humanité. »

Nos adversaires présentent enfin des cas où des présomptions accablantes, des circonstances autres que la ressemblance, sont venues produire d'injustes condamnations. Sans plus de préambule, nous allons rapporter quelques uns des cas les plus frappans. On aura bientôt vu que, même aujourd'hui, avec le seul secours de nos moyens d'investigation tels qu'ils existent, et sans autres perfectionnemens, ces cas, qu'on dirait inventés à plaisir, ne peuvent plus se reproduire de nos jours.

« Les frères V..... *, d'une ville du midi, vont tranquillement passer à la campagne le samedi et le dimanche, comme beaucoup de négocians leurs confrères. Un homme est assassiné sur leur terrasse : le juge d'instruction fait des perquisitions ; on trouve le fusil de MM. V..... encore tout chaud ; la bourre du coup, extraite du cadavre, était un morceau du *Constitutionnel*; on apprend que MM. V.... sont les seules personnes qui reçoivent ce journal ; on trouve chez eux le numéro auquel manquait précisément le morceau extrait du cadavre ; *plus de doute* : les deux frères sont condamnés à mort (à l'unanimité). » **

Eh bien ! notre conviction reste inébran-

---

* M. de Sellon, page 10 de la lettre déjà citée.

** On arrêta un homme qui déclara que, voulant se venger d'un de ses ennemis, il s'était saisi de l'arme de ces messieurs qu'il avait trouvée dans leur cuisine, où il s'était introduit furtivement ; qu'il avait fait le coup et remis le fusil à sa place immédiatement après. On remarquera ce concours de circonstances si extraordinaires.

lable en présence de ce cas qu'on nous présente. Nous osons *affirmer* que si alors ces présomptions, ces indices ont suffi à condamner deux innocens, ils ne suffiraient pas aujourd'hui. On ne dirait pas aujourd'hui, dans ce cas : *plus de doute*. Ce n'est point là, nous le sentons, une réfutation; c'est une dénégation, mais une dénégation formelle. Nous concevrions bien leur condamnation, si, à l'indice du lieu, de l'arme, du morceau du *Constitutionnel*, on eût pu ajouter le trouble des inculpés, leurs réponses tout-à-fait différentes, leurs explications contradictoires sur l'objet de leur arrivée, sur le lieu, sur l'usage de l'arme; si l'on avait trouvé chez eux des écrits défavorables à leur cause, ou des témoins oculaires du fait chargeant les accusés; si l'on avait enfin trouvé quelques causes d'inimitié contre la victime, quelque motif, quelque raison pour le crime. Mais quoi! si les inculpés montraient toujours l'assurance, la sérénité d'une âme innocente; s'ils répondaient, quoique séparés l'un de l'autre, d'une manière uniforme, simple et naturelle, comme des gens qui ne peuvent se tromper en disant la vérité, qui n'ont rien à se reprocher, et par conséquent rien à cacher; s'ils expliquaient facilement le but de leur arrivée dans le pays, l'usage qu'ils se proposaient de faire de leurs armes; si l'on ne pouvait découvrir le moindre indice d'inimitié contre la victime; s'ils n'avaient eu avec elle pas même de rapports; si aucun écrit ne venait aggraver leur position; si aucun témoin ne se présentait pour dénoncer le fait, pour déposer contre eux; si leur moralité, leur probité était prouvée par tous les actes antérieurs d'une vie pure et sans tache; si l'on ne trouvait enfin aucun motif, aucun intérêt au crime, comment parviendrait-on à faire condamner ces deux hommes aujourd'hui ? Le talent du plus médiocre avocat suffirait alors pour faire triompher une si bonne cause. Et nous disons *alors* : Quelque rapproché que ce temps-là soit de nous, les années de notre époque valent des siècles. Aujourd'hui, nous l'affirmons pour la seconde fois, il n'y a pas en France un seul jury capable de condamner l'individu contre lequel on n'aurait d'autres indices que ceux qu'on nous présente dans cette cause; l'inculpé n'aurait même pas besoin d'être défendu bien cha-

leureusement : ces présomptions ne consti‑
tuant pas la preuve légale, l'insuffisance d[es]
preuves entraînerait son absolution.

On rapporte encore l'exemple d'un mal‑
heureux curé qui périt victime d'une sem‑
blable méprise. « Un assassin, dit M. de Se[l]‑
lon *, connaissant le lieu où cet homme v[é]‑
nérable tenait ses habits pontificaux, s'e[n]
revêt pendant dix minutes, exécute son crim[e,]
remet les habits pontificaux dans le même lie[u]
mais tout ensanglantés. Eh bien ! la vie la pl[us]
pure ne put sauver ce ministre du Seigneur.

Eh bien ! disons-nous à notre tour, ce[la]
n'arrriverait point aujourd'hui ; et nous re[n]‑
voyons ainsi votre objection à d'autres temp[s.]
Quelle apparence qu'un prêtre irait revêt[ir]
ses habits pontificaux pour commettre un a[s]‑
sassinat ! qu'il irait précisément s'habiller [de]
manière à se faire reconnaître !... Un minist[re]
du culte, un homme d'une vie exemplair[e]
condamné *uniquement* parce que ses habi[ts]
pontificaux sont teints de sang, et que ce sa[ng]
peut être celui de la victime !... Mais s'il pro[...]

---

* Note à la page 10 de sa lettre.

vait un alibi; si toutes les circonstances, autres que celles qu'on rapporte, lui étaient favorables, quel jury aujourd'hui le déclarerait coupable? quel tribunal lui appliquerait la peine capitale? Aucun; nous ne craignons pas d'être démenti.

Nous pourrions en dire autant de la plupart des exemples qu'on nous présente de la faillibilité des jugemens humains. Dans tous ces cas, des circonstances malheureuses et extraordinaires sont venues produire des présomptions fâcheuses : la haine, la vengeance, la dureté d'âme, ou l'ignorance grossière, qu'on ne doit plus supposer aujourd'hui, ont fait le reste.

Pour nous, nous voyons aujourd'hui contre les injustices, les erreurs, les méprises des juges, des garanties suffisantes dans la douceur de nos mœurs, dans le respect plus généralement répandu que jamais pour la vie de l'homme, dans le talent, dans les connaissances de nos hommes de loi, dans le système de nos procédures, dans la publicité des audiences et des débats. Oui, nous voyons des garanties pour l'accusé dans l'indépendance et l'intégrité de nos juges, dans la révision des jugemens par la cour suprême, dans l'institution du jury enfin, qui, malgré sa grande imperfection, sert si bien à établir la certitude du *fait* dans les délits privés. Oui, ce n'est qu'en exagérant les dangers, en fascinant l'esprit, qu'on est parvenu quelquefois à faire oublier l'existence de tant de garanties que la société donne à l'honnête homme.

Mais enfin, si vous pensez que nous sommes dans l'erreur, si toutes les garanties données par la société à l'honnête homme ne vous paraissent pas suffisantes, si vous craignez encore les erreurs des tribunaux, cherchez les moyens de les prévenir. S'il y a encore des vices dans notre système d'instruction criminelle, s'il y a encore dans notre code de procédure et dans nos lois ou nos usages un reste de la barbarie avec laquelle on traitait autrefois les prévenus, eh bien! *attaquez le mal où il est*, proposez le remède, cherchez à détruire ce qu'il y a d'injuste et de défectueux; mais ne tirez pas argument des imperfections qu'on peut faire disparaître; ne concluez pas, de ce qu'on peut avoir des moyens plus parfaits de connaître la vérité, qu'il soit impossible de la découvrir; ou ne dites pas qu'on ne l'a pas trouvée, si vous avouez que les moyens de recherches ont atteint la perfection possible à l'homme.

Enfin les partisans de l'abolition absolue de la peine de mort, pour prouver les dangers d'employer des peines irréparables, déroulent le tableau des abus sans nombre que les partis en ont fait pour les délits politiques et religieux. Après un laps de temps plus ou moins long, disent-ils, que ne ferait-on pas pour rappeler à la vie des hommes que la fureur des partis a traités à l'égal de vils criminels ?

Comme nos opinions ne viennent pas d'une opposition systématique, mais, bien au contraire, qu'elles sont le résultat d'une conviction profonde et consciencieuse, on ne nous trouvera pas toujours disposés à combattre celles de nos adversaires ; loin de là, nous sommes entièrement d'accord sur ce point. Le temps nous manque pour traiter d'une manière digne de son importance cette question ardue. Nous le ferons peut-être un jour ; mais en attendant que l'expérience et l'étude aient mûri nos opinions, nous saisissons avec empressement l'occasion de faire connaître quelle est notre conviction d'aujourd'hui.

Il est un motif surtout qui la détermine: c'est que dans ces sortes de jugemens l'impartialité est presque toujours bannie. Il n'en est pas de même dans les jugemens contre l'empoisonneur ou contre l'assassin. Là, chacun peut être juge, et juge impartial, parce que l'horreur qu'inspire le crime est tempérée par l'intérêt qu'inspire le criminel, car enfin il est homme; parce que l'alarme, l'inquiétude se perd devant la sûreté produite par la réunion des magistrats, de la force publique, par l'état où se trouve réduit le coupable, l'homme peut juger sans passion : les vérités de la morale sont des vérités de sentiment ; il ne saurait y avoir qu'une voix pour les reconnaître ; il n'est même pas possible de différer d'opinion, puisqu'il n'y a pas matière à raisonner. Mais en est-il ainsi dans les causes politiques? Non, certes : avouons-le, quelque pénible que soit un tel aveu, témoins, juges, jurés, défenseurs, spectateurs, tous sont plus ou moins agités par les passions qui divisent alors les citoyens d'un pays en autant de factions qu'il y a de partis, qu'il y a de manières de voir et de raisonner sur les intérêts communs. Dans ces momens de crise, combien de fois la vengeance n'est-elle pas venue s'asseoir dans le sanctuaire de Thémis! Tantôt des témoins prévenus par l'esprit de parti s'exagèrent ce qu'ils ont vu ou entendu, tandis que d'autres regardent le mensonge comme un pieux devoir, comme un moyen légitimé par la nécessité d'arracher la victime à ses ennemis; tantôt des juges croient sauver l'État en sévissant, tandis que, dans le même cas, d'autres juges se flattent d'adoucir l'aigreur des partis en se montrant généreux, en s'écartant de la ligne tracée par la justice. Combien de fois aussi la bassesse, la peur, ne s'est-elle pas emparée des juges pour leur tenir lieu de conscience!... Non, ce n'est point dans des cas où la criminalité est si difficile à constater; ce n'est point dans de telles positions, que nous retrouvons ce désintéressement, cette probité, cette impassibilité auxquels nous attachons notre certitude morale, et sans lesquels elle ne saurait exister. Dans les crises politiques, il est toujours à craindre que l'accord de chacun ne soit que le complot de tous, que la justice ne soit que la faiblesse des uns et la vengeance des autres.

Nous avons déjà indiqué, quoique d'une

manière générale, les conditions nécessaires pour obtenir la certitude morale. Ayons donc pleine confiance dans notre raison quand elle est libre, quand rien ne vient la troubler; mais méfions-nous-en quand elle fuit le seul chemin qui peut la conduire à la vérité. Gardons-nous surtout de donner des martyrs aux opinions.

Dans des momens où les passions sont exaspérées, dans les révolutions politiques, il faudrait, à la rigueur, que la société entière s'abstînt de juger, et qu'elle renvoyât l'affaire à des juges hors d'elle-même. Et puisque hors d'elle-même il n'y a rien pour elle, dans l'intérêt de tous les partis, la société devrait renoncer à des peines dont l'irréparabilité est absolue. La société devrait d'avance abolir pour ces cas-là la peine de mort. Mais comme les lois ne sont rien si elles ne s'appuient pas sur les mœurs, comme, dans les momens de passions, c'est la force qui l'emporte sur la loi, il y a encore quelque chose de plus à faire que d'abolir la peine de mort pour les crimes politiques. Il faut que cette abolition passe dans les mœurs; il faut la rendre populaire, en faire une maxime d'éducation, une impression de l'enfance, une croyance, un dogme politique dont la dénégation devienne une espèce d'hérésie. Liés alors par la puissance immense des habitudes, les hommes seraient impuissans pour rétablir cette peine terrible quand leurs passions bouillantes viendraient le leur conseiller.

Fidèle cependant à nos principes, si l'on nous démontrait que tel ou tel crime, parmi ceux qu'on nomme politiques, renferme toutes les circonstances d'immoralité que nous exigeons pour les cas de peine capitale; si l'on nous démontrait que, dans tel ou tel cas, la société, et non pas un parti ou une poignée d'hommes, se trouve ébranlée jusque dans sa base et dans ses fondemens; que cette alarme, cette inquiétude, produit le malheur de tous, et que celui qui la cause, outre la plus grande immoralité, ne laisse aucun espoir de correction; si, de plus, au moment du jugement, la société se trouve en état d'apprécier avec calme toutes les circonstances du fait incriminé : alors nous n'hésiterions pas à punir de tels crimes de la peine de mort, sans nous inquiéter de la qualification qu'on pourra leur donner : qu'on les nomme crimes politiques ou contre l'état, ou crimes privés, n'importe : il y a eu immoralité révoltante, alarme générale et impossibilité de correction, la peine de mort est suffisamment justifiée.

Mais combien de fois ces trois circonstances se sont-elles trouvées réunies dans les crimes politiques qu'on a punis de mort? Peut-être une fois sur mille.

La vieille monarchie, la république, l'empire, la restauration, ont eu leurs victimes ; le sang d'illustres innocens a coulé dans tous les temps pour un principe, pour une opinion qui n'est jamais un crime ; les hommes ont cherché quelquefois même à s'exterminer entre eux, parce qu'ils n'avaient pas la même pensée politique ou religieuse!

On ne confondra jamais avec de vils assassins, les Malesherbes, les Condorcet, les Bailly, quoique, par une horrible injustice, ils aient subi le même sort.

La France avait besoin de faire oublier les horreurs de 93 : en 1830, elle a donné un exemple unique dans l'histoire des nations et des peuples, unique dans sa propre histoire. Une révolution s'est accomplie : le pouvoir est passé en d'autres mains, et la modération du parti qui s'en est saisi, la dignité, l'humanité, la générosité du peuple qui a conquis sa liberté au prix de son sang, et qui pardonne et qui respecte ses ennemis tombés, est, sans contredit, le fait le plus honorable des fastes de l'espèce humaine, le fait le plus remarquable, et celui qui prouve mieux que tous les raisonnemens possibles les progrès immenses que nous avons faits dans la carrière de la civilisation. La France a aboli de fait, en 1830, la peine de mort pour les crimes politiques.

CHAPITRE VI.

TROISIÈME OBJECTION.

La peine de mort est *injuste*, par cela seul qu'elle est indivisible et inappréciable. Elle frappe de la même peine des crimes différens; elle frappe au déclin de l'âge comme à la fleur de la vie; elle est par conséquent plus forte envers l'un des deux individus complices du même délit.

Nous avons annoncé, en commençant, notre désir d'examiner de près la valeur de quelques unes des qualités que les criminalistes veulent trouver dans les peines. Nous l'avons déjà fait pour ce qui regarde la qualité de réparables, révocables, rémissibles, ou réductibles; nous allons maintenant exposer notre manière de considérer celles de *divisibilité* et d'*appréciation*. Nous avons à exposer nos principes, à établir notre doctrine sur ces points, avant que de répondre directement à la présente objection; ou plutôt ce sera là notre manière d'y répondre.

Rappelons, avant tout, que lorsque les législateurs, après avoir fait le dénombrement des délits, ont cherché à établir une échelle de peines proportionnelles à ces délits, ils n'ont pu prétendre avoir déjà préparé au juge une règle infaillible pour porter une sentence absolument juste dans tous les cas. Deux causes s'y opposaient : la première, et tous les législateurs l'ont senti, c'est que les délits pouvant varier à l'infini par leur degré d'intensité, il aurait fallu écrire dans la loi une *infinité* de peines, et les classer toutes suivant leurs justes rapports aux délits, ce qui était de tout point impossible. La loi s'est contentée d'établir des différences entre les espèces de peines, quelquefois entre les genres, jamais entre les cas individuels.

La seconde cause, c'est que la peine étant la perte d'un droit, nous pouvons bien priver du même droit deux ou plusieurs individus coupables du même délit, et également coupables, mais nous ne pouvons pas faire que ce droit leur soit également précieux. L'emprisonnement, par exemple, c'est la perte d'un même droit, du droit de liberté ; mais il peut être pour un individu une peine très sévère, tandis qu'il sera une peine très douce pour un autre. Elle peut être pour l'un la privation de tous les plaisirs, de toutes les douceurs de la vie domestique; tandis que l'autre, qui n'a ni plaisirs, ni douceurs de famille, qui peut-être même n'a que des besoins à satisfaire, regardera l'ordre d'arrestation comme un billet de logement, surtout s'il a les habitudes de l'oisiveté, s'il ne connaît pas le prix de l'indépendance. On ne saurait douter, en effet, que nos droits ne soient différemment appréciés par chacun de nous, et que par conséquent, en nous privant du même droit, on ne nous impose pas la même peine.

Ces deux imperfections de la loi pénale, auxquelles le juge est chargé de suppléer, une fois bien reconnues, nous pouvons aborder la discussion des opinions diverses sur la divisibilité et l'appréciation des peines.

Le célèbre Bentham voudrait que les peines fussent *égales à elles-mêmes.*

Et d'abord cette locution, prise à la lettre, exprime une pensée fausse, car les peines, comme les plaisirs, et comme toutes choses, sont plus qu'égales à elles-mêmes; elles sont identiques à elles-mêmes : aussi n'est-ce pas là la pensée de Bentham. Si nous considérons cette locution comme moyen d'exprimer la véritable pensée de cet auteur, elle est alors obscure et presque énigmatique. M. Rossi s'est mieux exprimé, lorsqu'il a dit que les peines devaient être *appréciables;* bien que, comme on va le voir, nous voudrions encore substituer une autre dénomination à cette dernière.

« Il faut, dit Bentham, que la peine, dans un certain degré donné, soit la même pour plusieurs individus complices du même délit; et par conséquent qu'elle s'adapte *aux différens degrés de sensibilité* de chacun ; il faut donc avoir égard à l'âge, au sexe, à la condition, aux habitudes de chacun des condamnés, ainsi qu'à d'autres circonstances. »

On voit bien maintenant, par cette explication qu'il donne lui-même, ce qu'il a entendu dire par *égales à elles-mêmes* : c'est que la peine étant toujours la privation d'un droit, et nos droits n'ayant pas une valeur absolue, mais relative, n'étant pas enfin également précieux pour chacun de nous (c'est ce qu'il appelle les différens degrés de sensibilité de chacun), une peine exprimée dans la loi par les mêmes mots n'est pas la *même*, n'est pas *égale à elle-même*, considérée dans son application ; qu'elle n'est la même que de *nom*, mais non de *fait*.

Il a donc parfaitement raison de vouloir que les peines que le législateur présente dans son code aient la qualité de pouvoir être variées, de pouvoir être graduées sur une échelle proportionnelle ; en sorte que deux peines exprimées dans la sentence du juge, par des signes différens, puissent être les mêmes, considérées dans leur application. C'est ainsi, par exemple, que la peine de vingt francs d'amende, imposée à celui qui en a quarante, est, de fait, par le mal qu'elle cause, égale à celle de dix francs imposée à celui qui n'en a que vingt, bien que ces deux peines soient différentes dans le chiffre qui les exprime respectivement. Les peines pécuniaires ont donc cette qualité d'être *égales à elles-mêmes* suivant Bentham, et *appréciables* suivant Rossi.

Quant à nous, nous préférerions les nommer *graduelles*, ou capables de gradation, car ce mot explique mieux la qualité qu'elles doivent renfermer en elles-mêmes pour être appréciées par le juge dans leur application.

Mais cette qualité de pouvoir être appréciées ou graduées ne doit-elle pas avoir quelques limites? Pourrait-on l'étendre à l'infini? Non, certes : ce serait confier l'arbitraire le plus absolu aux mains du juge; ce serait rendre nulle l'existence des lois pénales. La loi doit établir un maximum et un minimum pour chaque espèce de délit; et c'est dans ces deux limites de l'échelle d'application, que le juge pourra varier ou graduer la peine suivant les circonstances individuelles du cas qu'il juge.

« Le législateur, dit Rossi, ne peut tout faire ni tout calculer d'avance; mais le juge ne doit pas non plus pouvoir se jouer du frein de la loi. Il y a un partage prudent, judicieux, de pouvoirs, à faire entre le législateur et le juge : c'est un des problèmes les plus difficiles à résoudre dans la science des lois. » Pour nous, c'est un problème dont la solution complète ou parfaite est non seulement difficile, mais impossible, ou presque impossible; de même que, dans la part laissée au juge, quelque éclairé, quelque intègre qu'on le suppose, il se glissera toujours, à la stricte rigueur, des injustices, parce qu'il lui sera impossible de connaître parfaitement toutes les individualités des cas, et de pouvoir les apprécier toutes à leur juste valeur. Le défaut de l'intelligence humaine est malheureusement l'écueil où viennent se briser souvent les efforts de notre volonté, même la plus énergique. Nous ne voulons pas dire, cependant, que puisque ces deux problèmes nous paraissent impossibles, ou presque impossibles à résoudre parfaitement, on ne doive pas s'efforcer d'arriver à la solution la plus parfaite : bien au contraire, ce doit être là le but de tous les hommes qui aiment l'humanité, et qui, par leurs talens et la spécialité de leurs connaissances, sont capables d'éclairer la question *.

D'autres criminalistes veulent que la peine soit *divisible*, c'est-à-dire susceptible de plus ou de moins. Mais ce n'est qu'une nouvelle manière d'exprimer la qualité matérielle que

---

* Voir le chapitre XIIIe : De quelques perfectionnemens dont le système pénitentiaire est susceptible.

doit avoir la peine, pour être, dans l'application qu'en fait le juge, *égale à elle-même*, *appréciable*, ou capable de gradation; car il est évident que si par sa nature elle est indivisible, elle ne saurait admettre les variations de plus ou de moins dans son application.

Il résulte donc, de tout ce qui précède, que toute peine indivisible, par cela seul qu'elle est telle, renferme en soi un principe d'injustices relatives dans son application, puisqu'une telle peine est, à cause de son unité, identique à elle-même, tandis que les délinquans auxquels elle s'applique ne sont pas identiques entre eux, ne sont pas également coupables.

La peine peut être divisible, ou par sa *durée*, ou par son *intensité*, ou par son *nombre*, c'est-à-dire, par la répétition des actes dans lesquels elle consiste.

L'emprisonnement, par exemple, nous offre une grande facilité de division par le temps de sa durée : il peut être d'un mois ou de deux, d'une année ou de deux. Il admet aussi l'intensité; car il est tout différent d'avoir pour limites de sa liberté la ville et les faubourgs, que de se trouver confiné dans une maison d'arrêt, ou de se voir enchaîné au fond d'un cachot froid et humide.

La flagellation, la fustigation, sont des peines *divisibles* par le nombre ou la répétition des actes qui renouvellent la douleur; et par l'intensité, suivant la force avec laquelle ces actes sont répétés ou appliqués. Et, à propos de cette dernière propriété de la flagellation, nous ne pouvons nous empêcher de faire, en passant, une remarque : c'est que les qualités de divisibilité ou de gradation que nous voulons trouver dans la peine, nous les voulons telles, qu'elle les prenne dans l'appréciation du juge et non dans l'application qu'en fait le bourreau; car si ces qualités viennent à la peine de l'application de l'exécuteur, bien qu'elle puisse paraître appréciable, cela ne l'empêchera pas d'être la pire de toutes les peines, puisqu'elle ne recevra son appréciation ou sa justice ni du législateur, ni du juge, mais seulement de l'humeur plus ou moins brutale du bourreau, et plus souvent encore de sa vénalité. La peine peut devenir alors presque nulle pour le riche, et cruellement injuste pour le pauvre. C'est là, en effet, un des graves inconvéniens de la flagellation et de toutes les peines corporelles qui exigent un exécuteur autre qu'une simple machine.

Nous avons dit précédemment que la peine renfermait en soi un principe d'injustice relative, par cela seul qu'elle était indivisible; mais, qu'on y fasse attention, cela ne veut point dire que, parce qu'elle est indivisible, elle soit essentiellement injuste : cela veut seulement dire que celles qui sont telles par leur nature renferment dans leur application l'*inconvénient* de ne pouvoir permettre qu'on apprécie certaines circonstances individuelles des cas particuliers. Nous allons développer cette idée, et l'on verra que cet inconvénient, que l'on rencontre dans la peine de mort ainsi que dans d'autres peines, est cependant loin de la rendre inadmissible : elle est toujours assez juste pour les cas où nous voulons qu'elle soit appliquée ; elle peut être plus ou moins méritée, plus ou moins juste, au-dessus de juste, et voilà tout.

Et, en effet, la justice humaine ne peut manquer de se ressentir de l'imperfection de ses moyens, tout aussi bien quand elle récompense la vertu que quand elle punit le crime. La justice humaine se voit forcée de laisser à la justice divine tout ce qui dépasse la sphère de la possibilité ; et cette observation, comme tant d'autres, prouve la nécessité de reconnaître cette justice divine, et de s'en rapporter à elle comme à la plus sûre consolation de la vertu et à la juste terreur du crime. La flèche de Guillaume Tell a déja donné à la Suisse cinq siècles de liberté. Rome doit sa stabilité et sa grandeur aux Horaces et aux Décius. Quelle récompense la justice humaine peut-elle donner à des actions aussi héroïques, aussi sublimes ? où trouver une récompense capable d'être juste ? Ces actions héroïques, inappréciables dans leur résultat, dépassent immensément l'échelle de nos récompenses. Il en est de même des délits et des peines : l'échelle des délits a des degrés auxquels rien ne correspond dans celle des peines.

Si, faute de pouvoir apprécier avec une rigoureuse exactitude le minimum ou le maximum de la méchanceté, de la volonté, et la grandeur du mal causé, le législateur ne voulait fixer ni le commencement ni la fin de son échelle de peines, comment en former une ? Étant chaque fois possible de concevoir l'existence d'un crime moindre que le précédent, de même que, dans l'autre extrême, l'existence d'un crime plus grave que celui qu'on avait d'abord considéré; si le législateur, retenu par ces considérations ne se décidait à fixer ni le commencement ni la fin de son échelle; si flottant toujours entre l'infini et le néant, et ne pouvant former une échelle parfaite, il n'en formait pas du tout, il ne punirait pas les crimes. Les crimes resteraient donc impunis, ou les injustices seraient aussi nombreuses que les punitions, parce qu'elles seraient infligées au hasard, vu qu'on n'aurait pas de points d'arrêt, de points de comparaison, pour établir les peines d'après une juste proportion avec les délits.

Mais, puisque le législateur ne saurait laisser les crimes impunis, quel est son devoir et comment doit-il agir? La réponse est facile pour ceux qui ne rêvent pas les perfections absolues. Il faut que le législateur fasse ce qu'il *peut*, renfermé dans ses moyens: c'est là sa justice. La justice de Dieu s'étend à tout le possible; la justice de l'homme se borne là où finit sa possibilité. Ainsi, puisqu'il est hors de ses moyens de trouver le minimum des délits pour lui appliquer le minimum des peines, il doit se décider à fixer le point où commence pour lui la criminalité des actions qu'il se propose de punir. Ce point de départ est pour lui là où la difficulté d'apprécier la méchanceté de la volonté, et la mesure du mal causé, devient tellement grande par la petitesse même des quantités qu'on y compare, qu'elle devient l'impossible ou approche de l'impossible. Le législateur s'arrête là; mais il sait bien qu'il laisse sans punition, qu'il laisse hors de sa portée une infinité d'actions qui renferment une certaine méchanceté dans la volonté, difficilement appréciable, il est vrai, mais qui n'est pas moins réelle, qui n'est pas moins certaine. Au dehors de ce point de culpabilité minime il confond dans son indulgence toutes ces actions plus ou moins coupables, plus ou moins empreintes d'une certaine méchanceté nuisible à la société, et qui offrent entre elles des différences et des variétés réelles. Malgré leurs différences et leurs variétés, ces actions sont toutes, par nécessité, égales pour lui.

Que dans cet état de choses on remette entre les mains du juge deux individus inculpés; que l'un d'eux, par le degré de la méchanceté de son action et par la gravité du mal causé, ait atteint le point de culpabilité établi par le législateur, tandis que l'autre en a approché de bien près, d'un dix-millième, par exemple, si nous supposons pour un moment la méchanceté de la volonté appréciable comme l'étendue, mais que cependant il ne l'ait pas atteint, ce point, que fait le juge ? Il condamne le premier ; il absout celui dont la culpabilité, quoique réelle, n'a pas atteint le point marqué par le législateur ; il le renvoie l'égal de l'innocent : il commet, par conséquent, si l'on ne veut pas se renfermer dans la justice humaine, une véritable injustice, en ce sens qu'il ne punit pas ce qui, considéré d'une manière absolue, et par rapport à des intelligences plus parfaites, est punissable. Que si, au contraire, on se conforme à cette justice possible, on verra qu'il n'en est rien. Le juge avait devant les yeux la loi ; le législateur avait devant lui l'impossibilité de la faire plus parfaite.

Mais enfin, quand même il n'y aurait pas eu justice entendue, comme on voudra, à l'égard de l'individu absous, y a-t-il eu injustice à l'égard du condamné ? Il est bien vrai qu'on renvoie absous celui qui s'est extrêmement approché de lui par la culpabilité de son action; mais qu'est-ce que cela fait à sa cause? A-t-il atteint ou non le degré de culpabilité établi par le législateur? S'il l'a atteint, il est puni : où est l'injustice à son égard? Le législateur n'est pas en faute de ne point punir ce qu'il ne peut apprécier; il le serait grandement s'il ne punissait pas ce qu'il apprécie.

Courons maintenant à l'autre extrémité de l'échelle; c'est là que se trouve placée la véritable question. Nous n'avons présenté ce premier exemple que pour mieux faire ressortir la manière dont nous avons conçu la tâche du législateur.

De même que le législateur, à son point de départ, est obligé de laisser sans punition des actions dont il ne peut apprécier la culpabilité; de même qu'il les néglige toutes; de même, arrivé à son plus haut point dans les peines, à la plus grande peine, il est obligé de confondre des actions qui remplissent déjà son maximum de culpabilité; qui, méritant toute sa sévérité, peuvent cependant, hors de ce point, varier par le plus ou le moins de perversité et de malignité d'intention : c'est une triste nécessité, mais c'en est une. Dans les points intermédiaires, les peines que le législateur présente dans son code peuvent être divisibles et doivent l'être par conséquent : c'est sur quoi nous avons déjà insisté. Il y aurait injustice flagrante si les peines n'étaient pas divisibles dans les points intermédiaires, parce qu'il y aurait moyen qu'elles le soient : mais, arrivé aux points extrêmes, la peine est en quelque sorte inégale ; tous les délits au dessus de ce maximum sont punis de la même manière. A ces deux points extrêmes, ce qui n'atteint pas, de même que ce qui dépasse, n'est pas punissable pour le législateur, qui ne peut devenir barbare, pas plus que subtilement et inutilement minutieux.

Si le législateur, par exemple, a fixé le parricide pour le dernier terme des crimes, il sera obligé de lui assigner la mort pour peine comme étant aussi la plus forte qu'il puisse infliger : ce crime est assez horrible pour qu'on puisse croire que c'est là le maximum de la perversité humaine. D'un autre côté, ce crime, considéré en lui-même et sans égard à d'autres crimes, prouve assez de perversité dans l'âme du coupable, la lésion causée est assez grande, et l'alarme donnée à la société assez importante, pour qu'on puisse lui assigner la mort pour peine, sans craindre qu'elle ne soit pas assez méritée.

Eh bien ! si c'est là le châtiment que le législateur inflige à celui qui a été assez barbare, assez atroce pour tuer son père, comment doit-il punir celui qui, doué de plus de perversité encore, aura privé de la vie en même temps les deux auteurs de ses jours ? Dans le premier cas, aux yeux de qui que ce soit, la mort est méritée ; le législateur ne pouvant poursuivre le coupable au delà de la vie, ne pouvant ajouter à sa première peine rien, absolument rien qui ne soit atroce et illégitime, ne saurait établir aucune différence du premier cas, au second. Non, certes : sa possibilité de punir ayant été toute épuisée au premier cas, qui, sans doute, la méritait tout entière, il infligera la même peine, la peine de mort à ces deux monstres qui ont chacun d'eux atteint le maximum de la perversité, maximum que l'un d'eux a dépassé. La peine sera bien indivisible ou non graduée suivant le degré de perversité de chacun ; mais elle n'est pas injuste à l'égard de chacun de ceux qui l'ont subie; chacun d'eux, pris à part, l'avait méritée de reste. Le surplus de la perversité de l'un, qui n'a pas été punie par la loi humaine faute de possibilité, reste à la charge de l'éternelle justice du Tout-Puissant.

Il est donc faux de dire que la peine de mort soit injuste par cela seul qu'elle est indivisible et inappréciable, si l'on veut bien se renfermer dans la justice humaine, dans la justice possible à l'homme. M. Bérenger commettait une étonnante méprise lorsqu'il disait devant la Chambre des députés : « La peine de mort est la seule qui ne puisse s'approprier à ces nuances; car, étant de sa nature indivisible, elle n'est susceptible de se prêter à aucune diversité; et, lorsque plusieurs coupables sont atteints de la même peine, il est rare, il est impossible même que son infliction *ne viole la justice* à l'égard de l'un ou de plusieurs d'entre eux. » Non, du tout: quand on applique la peine de mort à plusieurs individus qui l'ont tous méritée, qui ont tous atteint le dernier degré de l'échelle, la peine ne viole pas la justice possible, la justice humaine, à l'égard d'aucun d'eux : la peine reste pour quelques-uns en deçà de l'expiation; c'est tout ce qu'on en peut conclure.

Ainsi pas de doute, la peine capitale frappe de la même peine des crimes différens par la méchanceté de la volonté, mais qui tous ont atteint un certain degré de la perversité humaine, qui tous, et chacun d'eux pris à part, méritent, pour le moins, la peine dont on les punit.

Nul doute encore, la peine capitale frappe de la même manière le vieillard et le jeune homme coupables du même délit : elle ravit cependant à ce dernier un plus grand bien, puisque, suivant le cours ordinaire des choses, il avait plus de temps à vivre que le premier. Mais ce n'est là qu'un fait sans conséquence, comme dans le cas de crimes différens, mais tous assez graves pour mériter la mort: c'est ainsi que, quand deux individus se sont rendus coupables du même crime digne de mort, la loi est obligée de négliger des différences qu'elle ne peut atteindre. La loi punit de mort, et justement, l'homme jeune, parce qu'il s'est rendu de bonne heure indigne de vivre, incapable de correction, incompatible avec la société. Sa punition est juste, parce qu'elle est méritée, indépendamment de tout autre cas.

de toute autre punition : nous sommes malheureusement au point extrême, au maximum où il nous est impossible, comme nous l'avons vu, de comparer les peines entre elles. La loi prive du reste de ses jours l'homme plus avancé dans la carrière de la vie à l'époque où il s'est rendu coupable. Pour rendre sa peine égale à celle du jeune homme, il aurait fallu deviner qu'il se rendrait coupable, et, supposant que cela fût juste, le faire périr lorsqu'il avait le même nombre d'années que le jeune homme : il aurait donc fallu l'absurde? La loi restera telle qu'elle est, parce qu'on ne saurait obvier à un tel inconvénient.

On ne pourrait faire à notre théorie, nous le pensons, qu'une seule objection, et la voici : « Puisqu'en fixant le maximum des délits au parricide, vous vous privez de la possibilité de punir dûment de plus grands crimes, que ne fixez-vous plus haut le maximum des délits ? » D'abord ce maximum n'étant pas arbitraire, mais bien au contraire, le terme de notre possibilité, on ne l'a point marqué au hasard. On verra plus loin que nous le fixons au meurtre commis avec préméditation et circonstances aggravantes ; on verra que si l'on le fixe là, c'est parce que c'est là le commencement des crimes intolérables, des crimes sans excuses, que la société a besoin d'empêcher par tous les moyens possibles, et qui prouvent dans l'âme de celui qui en est capable toute la perversité nécessaire pour produire la plus grande alarme, la plus grande inquiétude dans la société pour qu'on puisse désespérer de son amendement, et pour qu'on puisse par conséquent lui donner la mort, sans que cela empêche que malheureusement d'autres degrés plus élevés de perversité ne viennent se présenter encore.

Ainsi le maximum comme le minimum de l'échelle des peines sont également déterminés par la force des choses, par notre nature même, et non par le caprice du législateur. Là, bien entendu, où le législateur est ce qu'il doit être, non un être physique rempli de passions et de vices, ne consultant jamais que son intérêt qu'il comprend si mal, mais un être moral qui est à portée d'avoir toute l'intelligence dont les hommes sont susceptibles, et qui n'a d'autre but dans ses travaux que de procurer le plus grand bien au plus grand nombre.

Eh! où en serions-nous, grand Dieu! si ces points extrêmes de l'échelle des peines et des délits pouvaient être arbitrairement établis! Si, parce qu'en fixant au parricide, par exemple, le maximum des délits, et vu qu'on ne saurait alors punir avec une stricte justice relative le double parricide, on croyait devoir reculer ce maximum; si c'est là la raison que nous devons consulter pour fixer définitivement notre maximum, certes nous ne le fixerions jamais.

Après avoir marqué le maximum au double parricide, on pourrait concevoir un monstre sacrifiant les auteurs de ses jours, puis encore son aïeul. Et pourquoi s'arrêter là? Ne peut-on pas malheureusement encore concevoir l'existence d'un nouveau monstre qui, après s'être souillé du double parricide, ait encore assez de rage, assez de fureur pour tremper ses mains dans le sang de ses deux autres plus proches ascendans? Mais remarquons-le bien: plus nous nous éloignons de notre point de départ, le seul juste, le seul raisonnable, dans le désir insensé d'atteindre à tous les degrés de perversité, et plus nous laissons de crimes impunis... Le parricide simple, le double parricide, le coupable à la fois de double parricide et du meurtre de son aïeul, le coupable de double parricide et de l'assassinat sur ses deux ascendans, ne sont plus punis de mort.... Néron lui-même, après avoir réalisé son impossible, après avoir, d'un seul coup, fait rouler la tête du peuple romain ne serait pas digne de la mort!..... Non : car il y avait, sur la terre, d'autres peuples que le peuple romain, et l'on pouvait encore concevoir un second Néron tranchant la tête à l'univers entier!......

Eh quoi! parce qu'on peut encore concevoir un plus grand coupable, un plus horrible criminel, ces monstres et ce Néron ne seraient pas dignes de la mort!...... Ces peuples qui vous écoutent, ces peuples, dans leur saine raison, répondent par un murmure et par leur inertie à l'exagération de vos théories, à votre fanatisme de philanthropie..... Insensés! ce n'est point la cause de l'humanité, c'est la cause du crime que vous avez plaidée sans le vouloir!.....

CHAPITRE VII.

QUATRIÈME OBJECTION.

La peine de mort est *nuisible* parce qu'elle démoralise les masses quand elle est publique.

Nous sommes heureux cette fois de nous trouver d'accord avec ceux que nous avons combattus jusqu'ici : pour nous aussi la publicité de la peine de mort est nuisible et dangereuse. Nous n'aurons donc pas besoin de le prouver aux partisans de l'abolition de cette peine; cependant comme nous n'écrivons pas pour le plaisir de rompre des lances avec eux ni avec qui que ce soit, mais bien dans la seule intention de contribuer, autant qu'il est en nous, à établir l'utile et le juste; nous allons nous adresser à ceux qui soutiennent encore que la peine capitale doit être publique, faute d'avoir médité les graves inconvéniens que cette publicité entraîne après elle.

Nous avons vu dans notre définition que l'une des principales conditions des peines est de servir d'exemple *préventif* et *salutaire*, et nous avons expliqué ces mots en disant que le pouvoir social, obligé de chercher des moyens d'empêcher de nouvelles attaques, doit, sans aggraver la position du coupable, faire en sorte que les peines produisent cet effet préventif des crimes, et, pour cela, il suffit que les peines soient justes, certaines, *connues* ou notifiées à la société. Il faut qu'elles soient connues de deux espèces de personnes : de celles que le crime ou le délit avaient alarmées, afin qu'elles les rassurent ; et de celles à qui l'exemple contagieux aurait inspiré l'intention d'en commettre, afin que cette notification de la peine, cette sommation, cette certitude du châtiment qui les attend, puissent contribuer à les retenir dans le devoir. Aussi toute peine infligée au fond d'un cachot, et qui ne serait connue que du juge et de l'exécuteur, manquerait le but de la réparation et de l'exemple ; elle deviendrait infailliblement une mauvaise peine.

Mais de ce qu'une peine doit être connue,

notifiée à la société, s'ensuit-il que son exécution doive être publique?

Nous ne le pensons pas bien certainement, pour celles que l'on inflige encore dans l'espoir d'un amendement de la part du coupable. Cette publicité d'exécution nuirait au retour du coupable, à la vertu.

Quant à celles que l'on inflige sans aucun espoir d'amendement de la part du coupable, s'il était possible que sa position n'en fût point aggravée, et que la publicité n'eût pas d'inconvénient par rapport aux spectateurs, il faudrait bien, pour les rendre éminemment exemplaires, qu'elles fussent publiques; car on ne saurait douter que ce ne soit là le moyen le plus efficace de les notifier à la société, de faire qu'elles soient connues.

Mais l'homme, toujours flottant entre des inconvéniens et des maux, ne trouvant rien qui en soit exempt, fait acte de sagesse en se décidant pour ce qui en a le moins. Or, ici on ne saurait douter que la publicité de la peine n'aggrave d'abord la position du coupable, et n'ait des dangers et des inconvéniens réels pour la multitude qui en est témoin.

Des criminalistes célèbres ont déjà caractérisé de pernicieux et d'immoraux les effets des exécutions publiques.

En premier lieu, ces horribles spectacles arrachent à leurs travaux tous ceux à qui la nature a donné une curiosité vive et forte au point de triompher de l'aversion que la vue du sang devrait toujours inspirer.

Cette disposition d'esprit se trouve assez généralement dans les basses classes, où la sensibilité n'a pas été épurée, raffinée par l'éducation; ainsi le mal de la perte de temps retombe précisément sur ceux qui ne pouvant remplacer par l'excédant de leurs moyens la perte d'une journée, sont obligés d'y suppléer ou par des privations qui augmentent leur misère, irritent leurs passions, et vicient leur bon naturel, ou par des délits que l'oisiveté vient conseiller.

Le législateur qui croirait que les exécutions publiques ne coûtent à la société que ce qu'on donne au bourreau, se tromperait grossièrement; elles lui coûtent une perte considérable de temps et de moralité. On pourrait bien répondre d'abord que les exécutions sont heureusement aujourd'hui assez rares pour que la perte de temps soit peu considérable;

mais on ne répondrait pas par là à la seconde objection.

Nous ne nous arrêterons pas à examiner l'influence physiologique que les exécutions capitales, lorsqu'elles sont publiques, produisent sur les spectateurs. Nous renvoyons pour cet objet nos lecteurs aux mémoires et aux ouvrages dans lesquels les savans médecins-juristes se sont occupés spécialement de consigner leurs observations à cet égard [*]. Il en résulte bien évidemment que, comme exemple d'imitation, elles produisent chez les personnes douées d'une organisation vicieuse, ou qu'une mauvaise éducation a placées dans les mêmes circonstances, des excitations au suicide, des monomanies homicides, tandis que, considérées comme une impression forte et pertubatrice de l'état normal de notre organisation, les exécutions publiques produisent chez les personnes qu'une vive curiosité, jointe à une sensibilité facile, entraîne

---

[*] *Revue Encyclopédique*, octobre 1830. — *De la peine de mort et de son influence physiologique*, par M. Pierquin, D. M.

sur ces scènes d'horreur, des fausses-couches, des syncopes plus ou moins dangereuses, des affections encéphaliques non moins funestes dans l'ordre physique que dans l'ordre moral. Tous ces résultats montrent que les exécutions à mort font tomber sur les spectateurs des maux qui suffiraient pour rejeter la publicité de cette peine.

Mais si ces considérations ont de l'importance, il en est une beaucoup plus importante à notre avis.

L'effet le plus pernicieux des exécutions publiques, c'est d'endurcir l'âme, d'étouffer les tendres affections; c'est, comme dit Roscoë, « d'endurcir le cœur contre tous les nobles sentimens, bien plus propres à garantir la sûreté sociale et individuelle que les gibets et les échafauds *; » c'est de nous familiariser avec l'horreur des supplices, avec la vue du sang, ou avec l'horrible spectacle d'un cadavre livide qui, suspendu au milieu d'une ville, semble déposer contre la justice de celui qui l'y a fait placer, et prouve que la vengeance a présidé à sa condamnation, puis-

---

* Histoire du pontificat de Léon X.

qu'on le poursuit encore après la mort!........

Si les préceptes du goût, dans l'art dramatique, condamnent aujourd'hui, dans la fable tragique, la publicité de la catastrophe; si une saine critique frappe déjà d'anathème ces drames patibulaires où l'on voit briller à la fois et la froideur d'âme et la pauvreté du génie de leurs auteurs; si ces spectacles, contraires à la douceur de nos mœurs, dont le théâtre doit être et l'école et l'inspiration, sont repoussés comme des moyens d'inoculer la dureté, la férocité d'âme, que ne peut-on pas dire de cette tragédie muette où une triste réalité remplace les fictions, et qui s'exécute sur les places publiques, en présence des masses composées d'individus les plus disposés à se laisser entraîner aux actes de cruauté dont on les rend témoins, dont on leur inspire le goût?... Il ne faut pas l'oublier, l'homme est ce qu'il devient par les habitudes qu'on lui fait prendre : le familiariser avec les scènes d'horreur, c'est le rendre cruel.

C'est pourtant là l'effet produit sur l'homme; il est encore bien plus nuisible chez l'enfant. Le lendemain d'une exécution à mort, les enfans s'amusent à la répéter, et il en coûte la vie souvent aux animaux qui leur tombent sous la main. Presque tous les historiens de notre première révolution rapportent que vers la fin de la terreur et long-temps après, les enfans s'amusaient à guillotiner des chiens et des chats, ou à les pendre à la lanterne. Nous les avons vus pendant l'empire faire les soldats, et s'amuser à des campemens et à des batailles : on les voit encore, dans le midi de l'Europe, occupés à dire la messe et à faire des processions. Eh! cependant, rien de ce qui affecte vivement l'imagination impressionnable des enfans, de la génération naissante, rien n'est stérile. Les sensations, les impressions reçues à cette époque, forment le naturel, et décident de tout le reste de la vie. L'homme n'est que l'enfant élevé; et l'éducation n'est que l'action bien ou mal dirigée des faits, des sensations que nous recevons par des traditions ou par des exemples. Les exemples donc qui, par leur répétition surtout, s'ils sont barbares et sanguinaires, diminuent chez les adultes les douces inspirations de notre sensibilité, peuvent les étouffer à tout jamais chez ces êtres placés aux premiers degrés de la vie.

Tels sont les funestes effets des exécutions publiques ; tels sont les maux auxquels elles nous exposent; il n'y a point d'exagération. Ils n'atteignent pas spécialement un petit nombre de personnes : l'effet d'un si horrible spectacle, fatal à quelques individus, est certainement nuisible à tous.

Voyons maintenant si de si grands maux pourraient être compensés par de plus grands avantages.

En rendant publiques les exécutions à mort, disent les criminalistes qui en sont les partisans, en les entourant même d'un appareil imposant, elles inspirent une terreur salutaire qui est la plus sûre garantie contre les crimes, le moyen le plus efficace de les prévenir qu'on puisse trouver dans la peine. Le législateur en diminuerait de beaucoup l'utilité s'il renonçait à sa publicité.

Mais est-ce bien certain que les exécutions publiques ne produisent sur les spectateurs que cette terreur salutaire et que l'on doive laisser de côté toutes les autres considérations plutôt que de renoncer à cet effet ? Nous ne le pensons pas.

Nous n'avons jamais assisté, bien entendu, à de si horribles fêtes; mais nous avons recueilli les sensations, les impressions produites sur ceux qui s'y sont trouvés présens *, et ces faits assez nombreux et uniformes surtout, ne nous permettent pas de douter du véritable effet qu'elles entraînent. Ce n'est point seulement de la terreur, sans doute très salutaire, qu'elles produisent; c'est aussi de l'horreur, et l'horreur, qui ne l'est point du tout, est malheureusement le sentiment qui l'emporte.

Quand on confond des effets si différens, produits nécessairement par des causes différentes, on est à l'aise pour en tirer des conséquences.

Qu'est-ce que la terreur? C'est une situation

---

* Dans l'année 1830 on a vu, à Paris, les exécutions de D...., coupable d'assassinat sur deux jeunes époux ; celle de trois condamnés à la fois pour le même crime et celle du charcutier B....., coupable d'assassinat sur sa femme. C'est dans ces divers circonstances surtout que nous avons recueilli les observations dont nous rendons compte ici.

de notre esprit produite par le sentiment de la menace ou de la présence d'un grand danger pour nous, sentiment qui nous effraie, nous saisit, et paralyse toutes nos facultés; c'est enfin la peur portée à son plus haut degré. La foudre, les tremblemens de terre, les éruptions volcaniques, la vue d'un assassin prêt à nous frapper d'un coup meurtrier, voilà des faits qui nous causent de la terreur. L'incendie d'une ville vu de loin, les membres épars d'un cadavre livide, Sylla se plaisant à entendre les derniers cris des victimes qu'on égorgeait par ses ordres, Néron ordonnant le meurtre de sa mère!...... voilà des scènes qui produisent l'horreur. Mais l'horreur n'est pas toujours accompagnée de la terreur; ces deux sentimens peuvent bien exister l'un sans l'autre. Souvent, au contraire, l'horreur affectant fortement notre sensibilité, notre sympathie pour la victime, ranime notre courage et nous fait affronter avec intrépidité les dangers auxquels le désir de la sauver vient nous exposer. Les sicaires du féroce Marius n'inspiraient pas de terreur, mais de l'horreur seulement au brave et humain Sertorius.

Eh bien! une exécution à mort produit sur

les spectateurs infiniment plus d'horreur que de terreur. Le spectateur sent bien plus vivement le mal qu'on y fait souffrir aux autres, que celui qui le menace de si loin dans une supposition que rien alors ne rend vraisemblable. Et l'idée caractéristique de cette horreur que produisent sur nous les exécutions à mort, celle qui la distingue essentiellement de toute autre, c'est la répugnance, l'aversion, la haine que nous inspire l'agent ou la cause qui la fait naître. Mais est-ce le crime pour lequel nous avons alors cette horreur, cette aversion? Non, sans doute; bon nombre de spectateurs l'ignorent, et même ceux qui en ont eu connaissance, si une personnalité ne vient ranimer leur haine, oublient bientôt l'impression que le crime avait produite sur eux pour se livrer entièrement aux émotions que fait naître la scène sanglante dont ils sont les témoins. Est-ce le condamné lui-même qui produit cette horreur? Encore moins : le criminel eût très certainement inspiré un sentiment d'horreur au moment où il consommait son crime; mais quand il est sur l'échafaud, l'assassin n'est plus l'agresseur, il est victime à nos yeux. La compassion la plus vive gagne les spectateurs, et, après le coup fatal, toute l'horreur est réservée à la loi et à tous ceux qui ont pris part à son exécution.

Et comment veut-on trouver salutaire une terreur, ou plutôt une horreur réservée uniquement au législateur, au juge et au bourreau ensemble ! Le plus terrible ennemi de la morale publique ne pouvait imaginer une plus odieuse solidarité.

Mais si de ces considérations générales, communes à toutes les exécutions, nous descendons aux circonstances particulières à chacune, variables, il est vrai, mais non pas moins influentes, nous trouverons encore la confirmation des funestes effets que nous venons de remarquer. Venons aux faits, à l'expérience ; c'est là la preuve irrécusable.

Le condamné, d'abord, attire tout l'intérêt ; c'est lui qui, sur cette scène d'horreur, décide seul des impressions qu'elle va produire sur les assistans. C'est le caractère qu'il montre dans ce moment terrible qui est la circonstance la plus influente, celle que nous devons considérer. On s'étonne que les partisans des exécutions publiques n'aient pas remarqué que, parmi les différens caractères que les condamnés peuvent montrer, il n'y en a pas un capable de détruire les émotions d'horreur dont nous venons de parler, pour ne laisser subsister que le sentiment salutaire de la crainte. Il n'y en a pas un qui ne soit plus ou moins favorable au condamné, qui ne tende à affaiblir le respect dû à la loi et au jugement; qui ne parvienne enfin à rendre plus ou moins odieux le législateur et le juge.

Ou le coupable se montre abattu en présence de son supplice et de sa fin prochaine, ou bien il se montre contrit, résigné à subir son sort par les consolations de la religion, par son espoir dans la bonté divine; ou il se présente à tous les regards dans des accès de rage et de fureur, ou bien enfin il est animé d'une stoïque impassibilité qui lui fait mépriser la mort.

Dans le premier cas, sa frayeur, son extrême abattement, nous fait douter de la certitude du jugement qui le déclare terrible, incompatible avec la sûreté de ses semblables. Il semble, plutôt qu'un monstre, un être digne à la fois de notre mépris pour ses fautes, et de notre pitié pour ses malheurs. S'il paraît avec un air de résignation, confiant dans la bonté divine, occupé de son repentir et de son salut... comment voudrait-on croire alors qu'un tel homme est incorrigible? qui pourrait ne pas être touché de compassion, ne pas éprouver le désir de sauver celui qui semble plutôt faible que méchant?...

Que si, au contraire, le coupable est plein de rage et de fureur, c'est un aliéné que nous croyons avoir devant nous, dont le désordre et le trouble d'esprit exigent des secours dans une maison de fous, plutôt que le supplice réservé aux criminels par méchanceté froide et réfléchie; et si enfin il marche à la mort d'un pas assuré et décent; s'il montre à ses dernières heures cette impassibilité qui se rapproche tant de la sérénité, compagne du courage et de l'innocence, s'il imite les héros de la vertu jusqu'au point de se confondre avec eux dans le moment le plus difficile à imiter, qui pourrait refuser son admiration et son respect à celui qui donne de lui-même une si haute idée, qui montre tant de fermeté et de caractère!......

Sans aucun doute, les exécutions à mort laissent sur les spectateurs une crainte salutaire ; mais que cet avantage est faible en comparaison des maux qu'elles entraînent ! En somme, l'humanité, l'utilité publique dans l'ordre physique et moral, la nécéssité de concilier l'application des lois avec le respect qui leur est dû, avec le respect que doivent inspirer le législateur et le juge, et qu'on n'affaiblirait pas impunément pour l'ordre social, tout enfin tend à prouver la nécessité de bannir ce spectacle d'horreur de nos places publiques*.

Les adversaires de la peine de mort ont cherché à tirer parti des effets pernicieux que nous avons remarqués dans les exécutions publiques ; ils ont cherché à confondre la peine avec son exécution telle qu'elle existe aujourd'hui ; mais l'artifice est trop grossier pour qu'il ne soit pas aperçu de tout le monde : autre chose est la peine, autre chose est son exécu-

---

*Le gouvernement a enfin reconnu pour Paris les inconvéniens qu'on vient de signaler. La dernière exécution a eu lieu à 8 heures du matin, et presque furtivement. Mais le gouvernement aurait dû sentir que par ce moyen il renonçait aux avantages de la notoriété de la peine.

tion. Les exécutions publiques produisent, il est vrai, des résultats tellement funestes qu'ils devraient sans doute peser dans la balance, s'ils étaient inhérens à la peine, s'ils ne pouvaient pas être évités par la non-publicité. Mais d'ailleurs, quand il n'y aurait pas d'autre moyen, la publicité des exécutions avec tous ses graves inconvéniens vaudrait sans doute mieux que l'abolition complète de la peine de mort.

Qu'on nous permette de finir par une assez longue citation de M. Rossi* : on verra l'opinion de ce jurisconsulte à ce sujet. Dans ce morceau, l'auteur touche à plusieurs des points que nous avons traités, et, bien que nous ne puissions en tout adopter sa manière de voir, il nous est toujours agréable de pouvoir appuyer sur les siennes quelques unes de nos opinions.

« L'exécution de la peine capitale paraît souvent inspirer l'horreur ou la pitié, plus encore que la terreur ; elle paraît souvent un spectacle propre seulement à exciter une curiosité barbare et immorale ; elle montre

---

* *Traité du droit pénal.* Page 157.

l'homme impunément aux prises avec la vie de l'homme; elle paraît, en quelque sorte, incorporer la loi dans le bourreau, ravaler le législateur jusqu'au meurtrier; elle peut exciter de funestes penchans, inspirer le mépris de la vie, frapper les imaginations d'une manière contraire au but de la loi; enfin, les supplices sont d'ancienne date, et les crimes ne cessent point; on en commet le même jour, au même instant, dans le même lieu où cet être si inconcevable, cette espèce de monstre que la société est obligée de créer en quelque sorte, de protéger et d'employer, cet être qui tue sans passion, sans colère, pour gagner quelques écus, pour exercer un métier, fait rouler dans la poussière la tête d'un coupable. »

« Il y a du vrai, dans ces observations. Mais les adversaires de la peine de mort les présentent d'une manière trop absolue, et en tirent des conséquences exorbitantes; ils affaiblissent par là leurs propres raisonnemens. »

« En effet, la pitié et la terreur, l'horreur et la crainte, ne sont pas des sentimens absolument incompatibles. On peut avoir pitié du condamné et ne pas se préparer pour cela à l'imiter, pour se donner le plaisir d'exciter à son tour la pitié publique. On peut avoir horreur du supplice comme on a horreur d'un assassinat ou d'une maladie dégoûtante, incurable, et cependant s'abstenir du crime défendu sous peine de mort, avec le même soin qu'on évite le bras d'un assassin et qu'on tâche de prévenir une maladie semblable. Il vaudrait mieux sans doute que la peine n'*excitât qu'une émotion grave, religieuse, et une crainte salutaire dégagée de tout sentiment hostile envers la loi.* C'est à quoi doit veiller le législateur tant qu'il est forcé de conserver la peine capitale, c'est dans ce but aussi qu'il doit en écarter soigneusement tout appareil repoussant, toute longueur inutile, toute espèce de torture et de supplice accessoire. C'est sous ce point de vue qu'il doit préférer une forme d'exécution qui, tout en étant publique et solennelle, épargne, autant qu'il est possible, le spectacle hideux d'un homme fort luttant avec un homme réduit à l'impuissance de se défendre, d'un homme s'emparant du corps d'un autre homme, et faisant effort pour lui arracher le dernier souffle de la vie. »

« Une pure curiosité, presque immorale, attire, il est vrai, beaucoup de spectateurs sur la place du supplice. Mais ne perdons pas de vue la question : il ne s'agit ici que d'un seul effet de la peine, l'impression de la crainte. Est-ce à dire que les personnes attirées par la curiosité en reviennent convaincues que la peine de mort n'est pas la plus redoutable des peines ? Nous devons l'avouer : nous n'avons jamais pu nous résoudre à faire des observations personnelles au pied d'un échafaud ; mais nous n'avons eu que trop souvent l'occasion de voir et d'entendre des personnes de toutes les classes qui n'avaient pas su résister à l'attrait de la curiosité, et au besoin d'émotion ; nous avons plus d'une fois trouvé sur leur figure et dans leurs paroles la preuve d'une terreur qu'elles s'efforçaient en vain de dissimuler. »

« Des filous ont plus d'une fois exercé leur industrie sur le lieu même du supplice,* aux

---

* Il en est de ce fait comme de tant d'autres : ils sont vrais, incontestables ; mais ils ont été dénaturés, mal interprétés, mal jugés ; et c'est pourquoi on a voulu cent fois qu'ils prouvassent ce qu'ils ne prouvent pas du tout.

dépens des spectateurs. Le fait est vrai; mais aussi le filou sait fort bien qu'on ne le pendra pas pour son larcin. On pourrait tout au plus en conclure que l'énormité de la peine qu'il a devant les yeux lui fait mépriser la peine correctionnelle à laquelle il s'expose. »

« D'ailleurs, est-ce uniquement d'après les sentimens des spectateurs d'un supplice qu'on doit juger les effets de la menace et de l'exécution de la peine? La connaissance de la loi, la connaissance du jugement, le récit de l'exécution, sont tous des faits qui produisent leur résultat, un résultat qui nous a paru dégagé de ce mélange d'horreur, de pitié, même de fanfaronnade, qui agite souvent les spectateurs du supplicé. Quoiqu'un hasard heureux nous ait épargné dans notre pratique la douleur d'avoir de nos cliens condamnés à la peine capitale, nous avons plus d'une fois entendu prononcer au milieu de nombreuses assemblées des arrêts de mort; et lorsqu'ils étaient prononcés par des tribunaux réguliers, lorsque l'assemblée était convaincue de la justice du jugement, l'impression du public nous a toujours paru grave, solennelle, morale; enfin elle nous a paru *plus forte et plus efficace que celle qui se déclare à la suite de toute autre condamnation.* »

« Lorsqu'on a eu l'imprudence de punir le vol sans violence comme le vol accompagné de meurtre, on a diminué le nombre des voleurs et multiplié celui des meurtriers. C'est que les uns ont renoncé au délit, et que les autres, les chances étant les mêmes, ont préféré commettre celui des crimes qui en faisait disparaître les témoins. Mais ce second fait lui-même prouve cependant qu'ils redoutaient la peine de mort plus que celle des galères; car tant que le choix était possible ils préféraient la chance assez probable d'être condamnés aux fers en laissant en vie les témoins du crime, au danger moins probable cependant d'être condamnés au dernier supplice en égorgeant la victime. »

CHAPITRE VIII.

CINQUIÈME OBJECTION.

Il est avantageux de remplacer la peine de mort par la réclusion dans des maisons pénitentiaires où le délinquant, par un travail assidu, par une conduite morale et religieuse, pourra réparer devant Dieu, si ce n'est devant les hommes, le crime qu'il a commis, et paraîtra avec moins d'effroi devant le tribunal qui doit juger tous les hommes.

Si l'on nous disait seulement : « Trancher la vie du criminel, envoyer cette âme toute souillée au tribunal suprême, c'est disposer de plus que de sa vie, c'est disposer de son salut éternel, » nous ne pourrions voir dans ces paroles qu'une seule objection; mais telle qu'elle est posée, l'objection renferme deux parties bien distinctes :

La première, c'est l'énoncé d'une proposition que l'on n'a pas encore démontrée d'une manière concluante pour tous les cas, malgré le talent et le zèle de ceux qui l'ont essayé. Nous voulons parler de l'emploi exclusif du système pénitentiaire.

La seconde, c'est le reproche fait à la peine de mort d'enlever au coupable le moyen de réparer son crime devant Dieu, de le priver du temps nécessaire pour obtenir, par son repentir, le pardon que, dans sa bonté divine, dans sa miséricorde infinie, le Tout-Puissant accorde au pécheur qui pleure ses fautes et reconnaît ses torts.

C'est de cette seconde partie, c'est de ce reproche fait à la peine de mort, que nous devons nous occuper ici; nous réservons pour un autre moment tout ce que nous avons à dire sur le système pénitentiaire.

L'auteur de l'excellent article inséré il y a quelques années dans la *Revue française*, article que nous avons déjà eu l'occasion de citer, commence par trouver à l'objection dont il est ici question une *immense portée*, une *grande puissance*. Il est assez étrange, après un tel début, de voir que l'estimable auteur prouve le contraire dans l'espace de deux pages seulement; et, ce qui est plus étrange encore, c'est qu'après avoir victorieusement combattu l'objection, et finissant par où il avait commencé, par le doute, M. de Broglie professait à cette époque la doctrine, suivant nous erronée, que l'homme n'a pas le choix de disposer de sa vie. Il le dit en propres termes *, et c'est là sans doute, autant que dans l'excès de méfiance de soi-même, que les doutes et les erreurs, s'il est permis de le dire de cet homme respectable, prennent leur source.

En voyant des esprits aussi éclairés se récuser dans la question, d'autres plus fermes mais moins profonds la résoudre en sens contraire à notre manière de voir, nous ne pouvons nous défendre d'un sentiment de crainte pour le sort de nos opinions, ici comme dans les autres parties de la grande question que nous traitons. Nous l'avouons cependant, cette objection ascétique nous semble pouvoir être repoussée d'une manière concluante.

L'homme, pour remplir les vues du Créateur, sent le besoin de chercher son bien-être sur la terre : c'est dans l'état de paix qu'il

---

* *Revue française*, n° 5, page 43.

le trouve ; mais la paix, la sûreté, la tranquillité, la confiance, l'homme ne les trouve que dans l'état de société, et c'est par cela seul que cet état est naturel. Le bonheur qu'il cherche comme être moral se concilie très bien avec son devoir de se préparer à une autre vie, de se vouer à la connaissance du bien et du vrai, au développement moral de son être ; ce n'est même, nous devons le croire, qu'un seul et même but que nous touchons à peine, il est vrai, dans cette vie, mais que nous atteindrons complétement dans celle qui ne doit pas avoir de fin.

Or, l'état social, c'est-à-dire la réunion des hommes pour s'entr'aider mutuellement, quelque imparfaite que nous la supposions, ne saurait exister, on le sait, sans une convention ou tacite ou expresse, où les droits de chacun soient garantis dans toute leur latitude. Et ces droits de l'homme sont garantis dans la société de la seule manière que cela peut se faire, par la seule garantie que l'homme puisse donner à ses semblables, par l'abandon à ses co-sociétaires de tous ses droits dans le cas où il enfreindrait ceux des autres ; garantie réciproque à laquelle nous nous sommes tous volontairement soumis.

D'un autre côté, nous dit-on, tous les instans sont comptés à l'homme, toute la durée naturelle de son existence est indispensable à son âme pour s'épurer, pour être prête à l'épreuve terrible qui l'attend.

Si cela est en effet, si l'homme a besoin de fournir toute la carrière que sa constitution physique lui a départie pour que son âme soit prête à paraître devant Dieu, alors la loi de sa conservation, en tant qu'être intellectuel et moral, serait mise en opposition avec celle que lui prescrit sa conservation comme être physique et moral à la fois, puisque la première le défendrait d'engager son existence, tandis que la seconde lui impose, suivant nous, le devoir de l'engager comme le moyen le plus efficace de la conserver. Il est impossible cependant que ces deux lois de conservation aient été créées en opposition ; c'est nous qui ne les voyons pas telles qu'elles sont, et peut-être nous voyons deux lois de conservation là où il n'y en a réellement qu'une seule. Il faut donc, d'après ce qui précède, ou admettre que toute la durée que notre constitution physique nous accorde, n'est pas absolument nécessaire pour que notre âme se présente sans désavantage devant Dieu ou que l'homme n'a pas le droit d'engager sa vie pour mieux la conserver, et de subir ensuite la conséquence de son engagement, quelle qu'elle soit ; chose qui pour nous, du moins, est une erreur évidente.

Il y a plus : si l'homme, pour ne point compromettre son salut ne saurait consentir à engager sa vie, et à la perdre au besoin, il ne saurait non plus consentir à subir la plus légère des peines. Nous avons vu que toute peine est la perte d'un droit ; que tout droit correspondant nécessairement à un devoir, à un besoin, est un moyen d'existence de conservation ; et que par conséquent son absence ou sa privation est un moyen de destruction ou totale ou partielle, un moyen d'abréger le nombre de nos jours ou en totalité ou en partie. Donc, sans exception, toute peine est illégitime parce qu'elle produit plus ou moins un effet contraire au plus impérieux de nos besoins, au besoin de notre salut, en nous privant de quelques instans nécessaires de la vie terrestre.

Si la peine de mort retranche dix, quinze ou vingt ans de la vie humaine, l'emprisonnement, ou toute autre peine semblable, peut en retrancher deux ou trois ans aussi, et produire peut-être même des effets très approchant de ceux de la peine de mort, suivant le degré de sévérité de cet emprisonnement et le degré de faiblesse physique de celui qui y est soumis. Et comme, d'après la supposition, tous les jours, tous les instans sont indispensables à l'homme pour se préparer à bien mourir, il faut donc décider que l'emprisonnement est injuste, illégitime tout aussi bien que la mort, à un moindre degré si l'on veut, mais cependant, suffisamment injuste, suffisamment illégitime pour que l'homme ne puisse jamais l'imposer à l'homme sous peine de compromettre son salut éternel. Ainsi, tout système pénal, le système pénitentiaire y compris, n'est qu'un tissu d'injustices commises envers l'homme, d'atteintes à la liberté de pourvoir à son salut, puisque tous le privent plus ou moins, dans leur application, des derniers jours que sa vie physique lui assurait et qui étaient nécessaires à son salut. Et nous y avons compris le système pénitentiaire, parce qu'en effet on ne saurait nier que l'emprisonnement solitaire, par les privations qu'il impose, n'abrège aussi les jours du condamné, à moins qu'il ait cessé d'être une peine, qu'il ait été tellement détourné de son but, que le coupable, au lieu de trouver des privations dans le pénitentiaire, obtienne les mêmes douceurs que le moine dans sa cellule et dans l'intérieur de son couvent.

Non : nous ne mettrons pas les hommes dans l'impossibilité de vivre ensemble (car l'état social est impossible sans peines) ou de méconnaître la voix de Dieu en punissant les crimes. Nous ne ferons pas au Tout-Puissant l'injure de le croire injuste au point de faire retomber sur une ame le fait qu'elle n'a pu empêcher. « Dieu est juste, dit l'auteur de l'ar-
« ticle inséré dans la *Revue française*; il ne
« demandera pas compte à cette âme de ce
« qui n'a point dépendu d'elle; il ne lui impu-
« tera pas un tort qui n'est pas le sien. »

D'ailleurs, si l'on établit comme une proposition générale, qu'il est interdit à l'homme d'abréger la vie de son semblable, dans la crainte de prévenir pour lui l'instant du repentir, il faut convenir qu'il n'y a plus de cause assez juste sur la terre pour donner la mort *à qui que ce soit*, ou pour lui imposer même la plus légère privation. Il ne sera donc plus permis de tirer sur l'ennemi, ni de tuer le brigand qui court sur nous pour nous frapper de mort : il faut se laisser tranquillement assassiner, il faut que la société, composée d'hommes moraux et bons, se laisse détruire, sans mot dire, par une autre société plus faible, mais composée de méchans et de pervers qui ne reconnaîtraient pas ce principe.

« Si les jours de l'homme dans ce monde,
« dit M. Rossi, sont comptés d'une manière
« absolue, toute guerre, même défensive, est
« injuste : il faut se laisser envahir paisible-
« ment. Comment pourrait-on fermer tout à
« coup la carrière terrestre de plusieurs mil-
« liers d'individus, arrêter leur développe-
« ment intellectuel et moral, et leur enlever
« le temps et les moyens de faire leur salut,
« pour ne pas payer un tribut, pour garder
« une province, pour maintenir sur le trône
« une dynastie plutôt qu'une autre ? »

On ne répond pas à cela. Il est seulement à

regretter que M. Rossi n'ait pas choisi cette fois-ci les exemples les plus frappans.

On ne voit pas, en effet, on ne sent pas assez vivement que la société ait droit de compromettre la vie physique de quelques milliers d'individus, pour ne pas payer un tribut, pour maintenir sur le trône une dynastie plutôt qu'une autre. Mais que dire lorsque la mort de quelques milliers, de quelques centaines d'individus peut sauver la vie à des millions d'hommes? lorsque ce sacrifice est devenu nécessaire au salut de tout un peuple? lors enfin qu'un ennemi furieux, mais qu'on peut avoir l'espoir d'arrêter aux Thermopyles, s'avance pour dévaster, pour égorger, pour incendier, pour faire une guerre d'extermination? Que faire, surtout lorsque le succès est probable, parce que l'arrogance de l'ennemi lui cache sa faiblesse? Faut-il, les armes à la main, se laisser paisiblement égorger, incendier, exterminer, pour ne pas enlever aux âmes de nos ennemis le temps de faire leur salut?...

Mais il y a plus; l'homme, suivant nous, peut, non seulement être privé du reste de ses jours, sans qu'on vienne par cet acte compromettre son salut ; mais lui-même peut sacrifier volontairement sa vie pour une cause imprévue, sans rien changer à la position de son âme par rapport au jugement qui l'attend.

S'il en pouvait être autrement, les actes d'une héroïque vertu ne seraient plus que des actes d'une immoralité révoltante, puisque ce seraient autant d'actes de mépris du salut de son âme. L'homme qui, au péril de ses jours, sauve son vieux père des eaux ou des flammes, ne remplirait pas un devoir de morale et de religion ! L'homme qui préférerait la vie d'un de ses semblables à la sienne propre dans un cas imprévu, ne ferait pas un acte sublime de dévouement cher à la Divinité ! son ame en serait punie pour avoir méprisé le soin de son salut en se privant de la vie physique avant la décomposition naturelle de ses organes !... Achevons : une telle supposition révolte notre raison ; elle contrarie toutes nos idées sur la justice de Dieu, et sur la vertu de l'homme : il faut qu'elle tombe ou qu'elle les renverse toutes.

Enfin, demandons-nous avec l'auteur de l'article cité, est-il bien exact de soutenir que la peine de mort place nécessairement le criminel, relativement au salut de son âme, dans une position plus rigoureuse que tout autre parti qu'on pourrait prendre à son égard? Nous ne le pensons pas.

Laissez-le libre : la mort va le surprendre sans qu'il pense à la mort. Sans foi ni loi, au lieu de se vouer à l'expiation de son premier crime, à des œuvres de piété, il va passer le reste de sa vie à noircir son âme de nouvelles souillures, loin de la préparer à son dernier jugement : c'est là l'histoire du criminel abandonné à lui-même : chez de telles âmes, les remords à eux seuls, sans que rien les favorise, leur servent de tourment, tout au plus, mais ne suffisent pas à les convertir.

Envoyez au bagne le criminel dont vous voulez opérer la conversion. Hélas! dans cette école de crime et d'immoralité, où l'homme est obligé de rougir d'un reste de vertu.... que peut-on espérer?

Renfermez dans un pénitencier le criminel endurci aux forfaits : ce n'est que très difficilement que vous changerez plus ou moins sa disposition morale ; mais quant à le faire rentrer fortement et profondément dans les replis de sa conscience ; quant à produire un repentir sincère et parfait, vous réussirez plus difficilement et moins souvent encore. Parfois le désespoir ou la maladie l'emporteront sans qu'il ait pensé à la mort ; parfois aussi, comme on l'a dit, l'hypocrisie de tous les instans viendra faire du coupable effronté, audacieux, un scélérat plus redoutable encore, plus immoral et plus pervers, puisqu'il aura appris à prendre les dehors de la vertu pour commettre le crime. Au moins au bagne, il apprend ou il se perfectionne dans l'art du crime à ses risques et dépens : il affiche qu'il est l'ennemi de l'honnête homme, il le traite en conséquence. Mais, s'il n'est vraiment pas converti au sortir du pénitencier, sa dissimulation, son hypocrisie le rendront plus redoutable aux yeux des hommes, et moins digne de faveur auprès de la clémence du Tout-Puissant.

Mais quand même vous eussiez réussi dans un pénitencier à rendre le criminel repentant, croyez-vous avoir mieux fait pour son salut que lorsqu'on le condamne à mort ? Loin de là ; détrompez-vous : si vous avez fait aussi bien, c'est tout au plus ; mieux, cela n'est pas possible. Le législateur n'est point un assassin, et donne du temps au criminel ; et rien, rien au monde n'est plus propre à opérer un changement favorable à son âme, que l'arrêt de sa condamnation : c'est récuser la légitimité de la peine de mort par les avantages même qu'elle produit. Reportez-vous à la place du malheureux condamné : deux jours, trois jours à vivre !...... après ce terme, sans remise, il faut paraître devant Dieu !...... Quelle idée, quelle émotion est plus capable d'évoquer tous les remords, de leur donner plus de puissance? Ce temps d'angoisses, passé au pied de l'image de Dieu, dans un cachot, au fond d'une chapelle, dans le silence, dans l'abandon de l'univers ! quelle situation plus propre à faire vivement sentir au coupable la nécessité de se réconcilier avec Dieu !...... Il faut toute la puissance d'une telle position pour obtenir le repentir de quelques âmes endurcies contre bien d'autres épreuves.

« Averti plusieurs mois d'avance de l'instant fatal*, isolé du monde, isolé de ses fu-

---

* *Revue française*, n° 5, page 47.

nestes amis, face à face avec l'autre vie, entre les mains de la religion, et en pleine possession de ses facultés intellectuelles, s'il ne fait pas une fin digne d'envie, que lui manque-t-il, sinon la volonté, que tout autre sort ne lui aurait probablement pas donnée, et dont le législateur n'est pas responsable?» Et si, placé dans cette position, il résiste, il s'obstine à ne point s'inquiéter du salut de son âme, sur quoi fonder l'espoir de sa correction, de son repentir? Que doit-on espérer de lui si, lorsqu'une fois placé pour ainsi dire vis-à-vis de la Divinité, il provoque sa justice, il méprise sa bonté, il la défie? Dans quelle position le placerez-vous pour qu'il l'implore, cette même justice, pour qu'il se recommande à la clémence divine? Si l'on tient compte des croyances religieuses, nous n'hésiterons pas à dire que la justice humaine, d'accord avec la justice divine, n'est que le moyen d'exécution, le seul et unique moyen de faire que certaines âmes pensent à leur salut, et le seul moyen, par conséquent, de faire qu'elles l'obtiennent.

Des hommes, les plus dignes de vénération, ont pensé qu'il suffisait d'un instant pour réconcilier le pécheur avec Dieu; que la conversion ne peut être que l'effet de la grâce: et que, par conséquent, le temps que le coupable est sous le coup de la justice, le temps surtout qui s'écoule depuis sa condamnation jusqu'à l'instant fatal où son âme va comparaître devant Dieu, est suffisant pour opérer en elle un profond repentir, si elle en est capable, pour la réconcilier avec Dieu, et lui mériter son pardon. Nous adoptons pleinement une telle opinion : avant tout, parce que nous voyons avec évidence la fausseté de l'opinion contraire. Ces doctrines pourront paraître tant soit peu orthodoxes : nous acceptons le reproche. Nous connaissons les systèmes de Parménide et de Spinosa, et nous avouons aussi qu'ils ont été appréciés par de beaux génies et des talens supérieurs. Pour cette fois-ci, nous aimons mieux nous tromper en ne consultant que notre conscience, que d'avoir raison, aux yeux de quelques hommes, avec d'illustres philosophes. L'impiété, l'athéïsme sous mille formes déguisé, souvent même affiché avec effronterie, est, suivant nous, le plus grand malheur de notre époque.

CHAPITRE IX.

De quelques cas où la peine de mort est applicable.

Arrivé à ce point de notre travail, il doit nous être permis de regarder la peine de mort, en thèse générale, comme légitime, et, suivant nous, comme la clef de la voûte de l'édifice social, comme la plus sûre garantie de l'ordre public, comme indispensable enfin à la sécurité de chacun de nous dans la société.

Mais de ce que nous la croyons légitime et utile, on ne conclura pas cependant que nous la croyons telle pour tous les cas où malheureusement elle est encore aujourd'hui appliquée. Nous avons eu soin, à chaque pas, dans ce qui précède, au risque de tomber dans des répétitions, de faire connaître notre opinion à cet égard. Nous avons dit bien souvent jusqu'ici que nous ne la croyons *juste*, méritée, que dans un très petit nombre de cas; c'est dire que ce n'est que dans ces cas que nous la croyons *utile* ou applicable.

Mais si la peine capitale n'est utile que dans certains cas, par rapport à certains crimes, quelle est la règle que nous devons consulter pour les trouver, pour éclairer sur cet objet si important la conscience du législateur ?

Puisque pour nous ce qui est juste est convenable, en démontrant dans quels cas une chose est juste, nous ne saurions que très difficilement nous empêcher de démontrer dans quels cas elle est utile.

C'est aussi ce que nous avons déjà fait, et ce qu'il ne nous reste qu'à développer.

Nous avons vu :

Que le droit de la défense est préventif;

Que ce droit, pendant le danger, pendant la durée de l'agression et de la violence matérielle, ne se borne pas à parer les coups de l'assaillant, mais qu'il s'étend à prévenir, par sa mort, ceux qu'il a l'intention de nous porter, intention qu'il démontre tant qu'il persiste dans l'attaque;

Que l'ennemi une fois vaincu, désarmé, le danger de la violence actuelle une fois passé, il reste encore le danger de la violence à venir, de la violence à présumer de la part de l'agresseur et de la part de ceux qu'il aurait entraînés par son crime dans la pente du mal; dangers qu'il faut prévenir en corrigeant le coupable, ou en le mettant hors d'état de nuire s'il est incorrigible, et en détruisant l'exemple corrupteur par un exemple préventif et salutaire, capable de retenir les autres hommes.

La résolution de ces deux questions, la corrigibilité ou l'incorrigibilité du coupable, le degré de vigueur de l'exemple répressif, n'est point le fait de la passion, mais bien un acte de raison, un jugement porté sur les dangers futurs, jugement qui ne peut s'exercer que d'après des motifs fondés en raison. Ce jugement, d'une part, ne doit pas être influencé par les terreurs paniques d'une âme pusillanime; et, d'un autre côté, ce jugement doit admettre tous les motifs capables de servir à fonder le degré de méfiance qu'inspire le coupable, et le degré de vigueur de répression que le péril social réclame.

Si nous parvenons à établir avec certitude, 1° quand l'immoralité, la perversité du coupable, rend la méfiance absolue, illimitée, de la part de la société, ou, ce qui revient au même, quand le coupable doit être réputé incorrigible ; et 2°, quand le péril social, le besoin de répression, la triste nécessité de l'exemple, exigent que la société emploie pour sa défense les moyens les plus énergiques, nous saurons comment constater les cas dans lesquels la peine de mort est juste et utile ; cas dans lesquels son application n'est que l'exercice d'un droit de tous, l'accomplissement d'un devoir de la part du législateur.

Cherchons à savoir d'abord quand la méfiance qu'inspire le coupable est absolue, illimitée, quand son incorrigibilité devient une certitude.

La confiance, la sécurité, la méfiance ou l'inquiétude, ne sont que des situations de notre esprit, qui le supposent ou tranquille ou alarmé sur l'avenir.

La confiance, la sécurité ne peuvent s'établir que sur une volonté sûre du bien.

La méfiance ne saurait devenir absolue que par rapport à celui chez qui on ne peut supposer la volonté de se corriger, ou, ce qui revient au même, chez qui la volonté du mal s'est montrée pour ainsi dire exclusive, forte au point de surmonter, de rendre nuls tous les motifs capables de produire l'amour du bien, et, par là, l'espérance du retour à la vertu.

Eh bien! supposez un homme qui, sans excitation extérieure assez forte pour troubler sa raison, ou altérer la droiture naturelle de son jugement; qui, livré à lui-même, et maître de tous les moyens moraux capables d'éclairer son esprit et de diriger sa volonté vers le bien, ou de l'éloigner du mal, a commis un délit absolument irréparable, qu'il savait tel, et dont la perpétration suppose, non pas l'oubli ou l'inefficacité momentanée de tel ou tel principe de morale, mais, au contraire, l'oubli de tous les devoirs, la violation de tous les droits les plus légitimes, les plus sacrés; alors, pour nous, il y a dans cet homme extinction absolue de la conscience.

Qu'on sépare tant qu'on voudra l'agent de l'action; pour nous, il ne nous est permis que de considérer l'action dans l'agent, et de rapporter à cet agent toutes les qualités de l'action.

De ce qu'un homme n'a point été retenu dans ses intentions criminelles, ni par les considérations d'ordre social, ni par l'amour si naturel de son semblable; de ce qu'il a affronté la menace des lois; de ce qu'il a méconnu, méprisé, insulté, dans une situation calme, la voix de l'honneur, de la religion, de la morale; de ce que, après mûre réflexion, de sang-froid, il a bravé, défié la justice humaine et divine, nous sommes en droit de conclure qu'il n'y a plus sur la terre de motifs assez puissans pour retenir un tel homme dans les bornes du devoir : la volonté de faire le mal l'emporte; il n'y a plus de prise pour opérer en lui une régénération complète.

Un misérable, auquel on ne saurait donner le nom d'homme, entretenait un commerce criminel avec une fille de mauvaises mœurs; il abandonnait sa femme légitime et enceinte aux plus affreuses privations de la misère : furieux d'être obligé de consacrer à une pension alimentaire l'argent qu'il destinait à ses vices, ce monstre exécrable conçoit l'horrible pensée d'assassiner sa femme : il la conduit dans une forêt, et là, lui porte plusieurs coups mortels !... après quoi il tranche froidement la tête du cadavre...... il coupe les cuisses aux hanches et aux genoux, et emporte chez lui la tête, les bras, les jambes... il n'est point pressé de fuir ce lieu d'horreur... ce silence, cette obscurité de la nuit ne lui reproche rien!... il creuse tranquillement un trou pour y cacher les restes de sa malheureuse femme!... *

Dans l'espace de quelques années, à Brême, une furie, la femme Gottfried assassine, au moyen du poison, son père, sa mère, trois de ses enfans, son premier et son second mari, son frère, son fiancé; elle administre de l'arsenic à trente-deux personnes, dont quinze ont succombé. Visitée, examinée par les gens de l'art, cette femme n'est point atteinte de folie, elle jouit de toutes ses facultés, de toute sa raison; mais le crime est son élément. Des motifs d'intérêt l'ont portée à ces odieux et nombreux forfaits; elle avoue qu'elle a joui des angoisses, des vomissemens, des souffrances de ses victimes!... **

Des bandits saisissent, sur un chemin écarté, un vénérable magistrat qui rega-

---

* *Journal des Débats*, 30 août 1831. Voyez à la fin le récit en entier de ce crime épouvantable.

** *Journal des Débats*, 10 octobre 1831. Voyez à la fin aux additions.

gnait la province, accompagné de son épouse et de deux jeunes femmes ses filles. Les serviteurs sont égorgés les premiers; mais le malheureux vieillard, le père, l'époux, est réservé aux plus horribles souffrances. Attaché par les pieds à la branche d'un arbre, il reste suspendu; ses cheveux blancs touchent de près la terre... C'est dans cette position, qu'il est témoin des outrages auxquels ses malheureuses filles sont en butte; la mère est là... elle est aussi attachée à un arbre. Après avoir assouvi la brutalité des bandits, ces jeunes filles tombent les premières victimes; la mère est égorgée ensuite; le père reçoit enfin une large blessure; un trou a été creusé au dessous de sa tête pour recevoir le sang de sa famille!... après quoi les bandits partagent tranquillement les provisions volées, racontent, en mangeant, les souffrances des innocens qui ne sont plus, et le souvenir des convulsions, des angoisses de la mort, excitent parfois d'affreux éclats de rire!...*

---

* Ce troisième fait nous a été rapporté par une personne qui se trouvait alors en Portugal; il nous a été confirmé depuis, et doit se trouver dans les recueils de

Voilà des monstres que nous déclarons incorrigibles! des monstres qui justifient, de la part de la société, la méfiance la plus absolue!

Peuplez un pénitencier de tels scélérats, et vous aurez pis qu'un bagne; vous aurez un peuple de furies.

C'est à regret, c'est avec une extrême répugnance que nous avons retracé ces exemples de la perversité de quelques créatures. Nous n'avons fait que raconter; nous n'avons pas rembruni les tableaux. Nos adversaires auraient mauvaise grâce à nier que la perversité humaine pût arriver jusqu'à ce point, eux qui nous ont tant de fois et si vivement retracé tout ce qu'il y a d'horrible et de barbare dans la torture, dans le supplice du pal, de la roue, du feu... eux qui nous ont si souvent répété l'ordre de Caligula au bourreau: « *Fais qu'il « sente la mort!* » ce mot qui peint d'un trait l'âme de cet affreux tyran.

On empale encore de nos jours; on rouait, on mettait encore à la torture à la veille du dix-neuvième siècle : oserez-vous dire, à cette occasion, que la roue, le pal, ne sont que des

---

jurisprudence pénale de ce pays. Malheureusement on en trouve d'aussi horribles dans les annales du crime de toutes les nations.

inventions d'une imagination exaltée? Eh bien! toute l'horrible insensibilité, toute la barbarie que vous ne voyez que dans les tyrans, nous la voyons, nous, dans les scélérats, rois ou bandits.

Oui, chez de tels êtres la dégradation est entière, complète, irrémédiable.

C'est donc à vous de prouver qu'elle n'est pas telle. Quand vous serez à l'œuvre, on verra comment vous démontrerez la corrigibilité de tels coupables. Nous attendons vos théories pour réformer les nôtres.

Oubliez la victime, oubliez la société; réservez votre pitié pour de tels monstres. Pour nous, point de sympathie avec eux : c'est une invincible horreur qu'ils nous inspirent.

Pour justifier cependant la méfiance absolue, l'idée d'incorrigibilité du coupable, il n'est pas nécessaire de descendre jusqu'au dernier degré, jusqu'au maximum de l'immoralité que l'imagination peut concevoir, ou que quelques monstres ont réalisé.

Le meurtre *prémédité* la justifie suffisamment.

« Maintenant, à quels crimes, disait M. Prugnon à l'assemblée nationale, la peine de mort sera-t-elle conservée? Si rien n'est plus précieux que la vie d'un citoyen, celui qui la lui arrache doit-il continuer à jouir de la lumière dont la victime ne jouit plus? Un écrivain qui n'a eu que le ciel pour maître, et que le philosophe a mis au rang des grands législateurs dit : *Si quis aliquem interfecerit volens occidere, morte moriatur.* Sans placer ce principe dans le ciel, je crois qu'il est bien près de ressembler à ces vérités suprêmes qu'aucun peuple n'est libre de reconnaître ou de ne pas reconnaître; qu'une assemblée ne décrète ni ne juge, mais *profère, reconnait* et *confesse.* »

Si quis aliquem interfecerit volens occidere, morte moriatur, est en effet un principe qui peut servir de règle si nous découvrons l'élément de préméditation dans le mot *volens.*

Cette règle, au surplus, admet d'assez nombreuses exceptions.

Il peut y avoir, suivant nous, des cas où les circonstances atténuent ou changent tout-à-fait les conséquences qu'on tire légitimement dans tous les autres cas de la préméditation, comme aussi nous pensons que dans divers cas cette circonstance de préméditation peut se trouver remplacée par d'autres qui la dispensent d'être nécessaire à la condamnation.

L'âge du coupable, par exemple, peut atténuer les effets de la préméditation. Nous avons trouvé dans la préméditation la preuve qu'il est impossible d'espérer l'amendement de celui qui, après avoir pensé, réfléchi, se décide au crime; mais cette conséquence n'est légitime que par rapport à celui dont le jugement a atteint un degré de fermeté complète, et dont la méditation, par conséquent, doit produire tous les effets possibles. L'homme dont la raison n'a pas encore atteint toute son énergie doit être jugé capable de correction ou d'amendement.

La méfiance ne saurait être absolue par rapport à cet individu, puisqu'elle ne l'est raisonnablement que lorsqu'il n'existe plus de motif sur lequel on puisse fonder l'espoir de correction. Or, comme les motifs de désespérer ne sont pas absolus, dans ce cas la méfiance elle-même ne peut l'être. De ce qu'un enfant, ou un homme en état de maladie ou de convalescence, ne peuvent lever un certain poids, on ne doit pas inférer qu'ils ne pourront jamais le faire, l'un dans l'âge viril, l'autre en état de parfaite santé. Mais aussi de ce qu'ils n'ont pu le lever arrivés chacun à ces deux derniers états de vigueur et de santé, et après avoir eu tout le temps de s'exercer, on est en droit de conclure qu'ils ne le feront jamais.

L'influence de la préméditation, ou plutôt des conséquences que nous en avons déduites pour la non-corrigibilité du coupable, pour l'extinction absolue de toute garantie morale, pour l'incompatibilité de son existence avec la sécurité des autres, peuvent être atténuées, lorsque l'homicide prémédité et proditoirement exécuté, commis sur une personne qui ne se défend pas, provient d'une cause capable de constituer une situation prolongée et soutenue de perturbation de l'esprit, lequel état, diminuant l'influence de la méditation, ne permet pas qu'elle se montre ou qu'elle agisse avec toute l'énergie dont elle est susceptible chez cet individu. Cette cause, cette origine de crime, peut atténuer sa culpabilité, bien qu'il y ait eu préméditation. Tel serait, par exemple, l'homicide prémédité d'un fils sur le meurtrier de son père, ou sur l'auteur de son déshonneur, ou de celui de sa mère, ou de toute autre personne pour laquelle on peut supposer au coupable une passion forte et louable : passion qui est venue exciter la vengeance d'une injure capitale, passion qui n'est pas la démence, supposition qui entraînerait l'absolution, mais une irritation soutenue, continuelle, qui empêche ou affaiblit les effets et l'influence de la méditation. Il est clair qu'on ne peut conclure de la résolution que la violence de la passion a suggérée au coupable en cet état, une perversité essentielle chez lui, et inaccessible, pour ainsi dire, à l'action du temps et des moyens de correction.

Celui qui, par l'effet d'un sentiment louable qu'il ne peut maîtriser, a devant lui, à toute heure du jour, à tout instant, l'image vive et frappante de l'objet de son affection qu'il vient de perdre, ou dont il voit le déshonneur, se trouve dans une situation d'âme assez analogue à celle d'un homicide qui commet le délit dans le moment de la provocation. Dans notre cas, l'intensité, la force du souvenir produit un effet que l'on peut comparer à la sensation actuelle et présente, à l'exaltation du moment. L'impossibilité de la correction du coupable, l'incompatibilité de son existence avec celle du reste des hommes ne pouvant se fonder, comme on l'a vu, que sur l'absence de tout principe de moralité et de vertu ou sur leur inefficacité en état de repos et de parfaite tranquillité d'âme, ne sont pas ici des conséquences immédiates et légitimes.

Nous avons dit que, dans certains cas, cette circonstance de la préméditation, en général nécessaire à la condamnation, peut se trouver remplacée par d'autres capables de produire la condition essentielle d'où dépend la justice de la peine de mort.

Au nombre de ces cas sont, à notre avis, bien qu'il n'y ait pas préméditation, le parricide, le fratricide, le meurtre de l'époux commis par l'autre époux.

Évidemment la sympathie énergique des sentimens tendres, bienveillans et respectueux des sentimens de reconnaissance et d'amour qui unissent les familles, sont bien plus capables d'éloigner les hommes de si horribles forfaits que la préméditation la plus réfléchie.

Si des liens aussi puissans que les liens du sang au degré que nous les supposons ici; si des liens permanens, soutenus par toute la force des traditions et des exemples n'ont pas suffi à éloigner le coupable du crime, à réprimer les élans de sa perversité, ou de son irascibilité impétueuse, que peut-on espérer de ses méditations? Qu'on le remarque bien. Ces douces affections de notre âme sont le produit de nos jugemens habituels; et dans ce sens, elles sont une méditation constante et continuelle et d'autant plus décisive, d'autant plus énergique que ces jugemens deviennent plus faciles et moins sensibles.

Ainsi, pour ces monstres chez qui les passions les plus vives et les plus profondes de l'amour filial, de l'amitié, dans son plus haut degré d'exaltation, de l'amour dans tout ce que ses plaisirs inspirent, n'ont pu arrêter les effets de la perversité, n'ont pas suffi à produire en eux l'horreur invincible que le commun des hommes a pour de tels crimes, la méditation n'offre plus aucun espoir de correction. La préméditation ne peut plus rien ajouter à la culpabilité : la justice n'a plus de motifs pour épargner de tels coupables. L'humanité même leur refuse sa compassion et ses égards.

A ces crimes auxquels nous attachons l'idée de la non corrigibilité du coupable, il faut joindre l'assassinat même sans préméditation, mais dont la perpétration a été accompagnée du plus haut degré de cruauté et de férocité. Lorsque l'assassin a prolongé par jouissance les tourmens de sa victime; lorsqu'il s'est plu à mutiler ses membres après la mort; lorsqu'il a savouré l'horrible plaisir de voir couler le sang!... Que peut-on attendre d'un scélérat que les cris de la mort, les derniers sanglots de l'agonie n'ont pu émouvoir? D'un scélérat que sa vengeance assouvie n'a pu encore satisfaire? Tous ceux à qui le désir de soutenir une thèse déjà célèbre, une question d'amour-propre, ne vient pas fasciner les yeux, conviendront sans peine que de telles horreurs, des atrocités semblables annoncent, ou plutôt prouvent, l'extinction absolue de la sensibilité, et par là l'impossibilité de la correction. Supposer de tels monstres capables d'amendement serait une présomption sans fondement. Ce ne serait pas un acte de raison qui prévient, c'est-à-dire qui juge de l'avenir par le passé; mais un acte de stupide confiance, semblable à celle d'un homme qui s'endormiroit au bord d'un précipice, ou d'un abîme sans fond.

Or, au contraire, lorsque la méfiance est à son comble, lorsqu'elle est devenue illimitée, on ne détruit pas le trouble et l'inquiétude qui en résulte, par la simple détention de l'ennemi du repos public. La sécurité ne peut se fonder sur des motifs qui n'ont d'autre appui que la force matérielle. Le plus fort, en supposant que le juste le soit, ne l'est pas à toute heure, dans toutes les circonstances. Le crime, en un mot, n'est jamais impossible qu'à ceux des coupables qui n'ont plus la volonté de le commettre, à moins qu'on ne les réduise à l'impossibilité physique d'agir ; à moins qu'on ne renferme le condamné sous une voûte infranchissable, et qu'on ne l'attache à un poteau par des chaînes et des ceintures de fer qui le tiennent immobile. Mais alors quelle est cette philanthropie ? Tous les moyens par lesquels on voudra rendre la détention aussi rassurante que la mort, deviendront d'horribles tortures. C'est le lit de Procuste ; mieux vaudrait le taureau de Phalaris.

D'ailleurs quand il n'y aurait pas ces graves inconvéniens à éviter, ou plutôt quand même l'humanité ne ferait pas un devoir d'épargner de telles souffrances, la mort seule est capable de changer une *méfiance illimitée* en une *securité absolue*.

Ainsi, en résumé, nous rangeons les crimes suivans parmi ceux auxquels le législateur doit attacher l'idée de méfiance absolue illimitée, ou d'incorrigibilité du coupable, et d'immoralité portée à son comble.

Sans préméditation :

Le parricide,

Le fratricide,

Le meurtre de l'époux,

Le meurtre avec jouissance des souffrances de la victime ;

Avec préméditation :

L'homicide perfidement exécuté.

Tous ces crimes commis par des êtres que la loi pénale déclare majeurs.

Maintenant n'est-il pas superflu de demander si tous les crimes que nous venons d'énumérer, renferment aussi la seconde condition nécessaire à la condamnation à mort, celle du péril social ? La société ne sent-elle pas le besoin de prévenir de tels crimes par les moyens les plus énergiques, par les exemples les plus capables de frapper les méchants ? Eh ! qui pourrait en douter ?

L'immoralité et le péril social se trouvent ensemble et au même degré dans tous les cas que nous avons présentés. En est-il toujours de même ? Nous le pensons. M. Lucas a fait de louables efforts pour établir la co-existence du nuisible et de l'injuste dans les actes humains *; malheureusement ce qu'il annonçait comme une théorie n'est qu'une suite d'exemples. Dans tous les cas qu'il présente, on voit avec évidence le péril social décroître ou augmenter avec le degré d'immoralité ou de perversité des actes. Mais M. Lucas n'a-t-il pas choisi les exemples les plus favorables à sa cause ? Pourquoi n'a-t-il pas réfuté positivement M. de Broglie quand il disait : « Il est des crimes d'une nature très-odieuse, mais qui n'exposent pas la société à de plus grands dangers, qui peut-être même l'exposent à de moindres dangers que d'autres crimes analogues et moins odieux. »

Suivant l'opinion de l'auteur de ces lignes,

---

* Chapitre III de la 3ᵉ partie du Système pénal et du système répressif.

l'immoralité des actions ne marche pas toujours de pair avec le besoin de répression, avec le danger que l'action peut faire courir à la société ou à quelques-uns de ses membres.

L'assassinat, par exemple, d'après M. de Broglie, démontrerait plus d'immoralité que le recel des espions ennemis. Le recéleur eût peut-être reculé devant l'idée de plonger un poignard dans le sein de son semblable. Le recel est cependant plus dangereux à la société que l'assassinat; il aurait besoin peut-être de plus de répression.

La trahison, l'acte de livrer à l'ennemi la porte d'une ville ou le plan d'une bataille, renferme-t-il toutes les conditions que nous exigeons pour les condamnations à mort? Dans la trahison, il y a bien péril social, un péril si grand, qu'il est incalculable : mais il y a-t-il violation absolue de tous les principes de moralité, comme dans le parricide ou dans l'assassinat prémédité et exécuté avec jouissance des souffrances de la victime? Y a-t-il extinction absolue de la conscience, incorrigibilité prouvée? Nous le croyons, mais nous l'avouons aussi, l'état moral du traître devient plus difficile à constater que celui des parricides. Après la trahison et le recel, on pourrait considérer le crime d'incendie... Ici s'ouvre devant nous une route hérissée de difficultés que nous n'aurons pas la témérité de parcourir.

Nous avons déjà dit et nous le reconnaissons de nouveau, que le législateur n'était pas chargé de veiller à l'expiation proprement dite, c'est-à-dire au tort moral, mais plutôt qu'il était chargé du soin de rendre la peine proportionnelle au mal social, d'écarter le danger qui menace la société de plus près et plus souvent. Après avoir admis un tel principe on ne saurait récuser les conséquence légitimes qui en découlent.

Quels sont maintenant les cas, s'il y en a, où se manifeste le péril social, et pour lesquels la société, sans s'arrêter au degré d'immoralité, sans s'assurer de l'incorrigibilité du coupable, doit réserver les moyens les plus vigoureux de répression. C'est une question bien vaste et bien ardue, et que nous ne nous sommes point proposée.

Il nous suffit d'avoir prouvé que dans certains cas l'immoralité est tellement révoltante, l'incorrigibilité tellement certaine et le péril social tellement grand, que le législateur ne fait qu'un acte de raison en punissant de la peine de mort ces crimes abominables; ces crimes que la société a besoin de prévenir par les plus vigoureuses répressions. Nous n'irons pas plus loin.

Que le législateur tremble à son tour en abordant la décision de questions sujettes à tant d'erreurs, à tant de passions. D'un côté, le besoin de répression est impérieux ; de l'autre, l'immoralité absolue, l'impossibilité de correction devient chaque fois moins visible, moins apparente, plus difficile à constater. Qu'il craigne surtout de nuire à la cause de la justice et de l'humanité par une excessive rigueur!

Pour nous, nous désirons vivement voir arriver le moment où l'on aura exclu du nombre des peines capitales, ces crimes qui aujourd'hui encore fournissent à l'échafaud tant de victimes de l'ignorance et de l'insouciance des hommes d'état.

On ne fait point acte de raison en punissant de mort les vols, de quelque espèce qu'ils soient, la fabrication et l'émission de fausse monnaie, qui n'est qu'une espèce de vol, les crimes de lasciveté, ou de lubricité, même les plus honteux, les plus détestables, les crimes politiques dans l'acception ordinaire de ce mot, et ceux que l'intolérance religieuse à trouvés dans les actions des hommes. Non, ce ne sont point des actes de raison. Elle ne leur prête pas son indispensable appui. Ce sont des actes d'une barbare inhumanité qui tournent toujours au détriment de la justice et du bonheur des hommes.

La réforme toute récente du code pénal français, le met seul à couvert de la plupart des reproches que l'on pourrait lui adresser. Des lois barbares souillent encore tous les autres codes de l'Europe; des lois qui sont une insulte à la raison publique; des lois qui nourissent le souvenir des siècles de vengeance et des passions haineuse, les lois dont le seul effet est d'irriter les peuples contre leurs législateurs.

Et si ces lois sont inobservées, si la cruauté ou l'injustice de quelques unes, vont échouer dans certains pays contre la conscience et l'humanité des jurés, que ne les abolit-on pas à plus forte raison ? Injustes, elles font douter de l'équité des autres lois. Inobservées, elles sont à elles seules un moyen de démoralisation puisqu'elles dépouillent les actes législatifs de ce prestige d'inviolabilité qui fait leur force.

CHAPITRE X.

Du lieu des exécutions.

Après avoir montré dans un des précédens chapitres, les graves inconvéniens des exécutions publiques, nous ne saurions cependant être de l'avis de ceux qui ont avancé « que lorsque la publicité d'une peine est nuisible, il faut l'abolir, » que du jour où la peine capitale cessera d'être publique, elle aura cessé d'exister et que son abolition devient inévitable.

Il ne suffit pas en effet que deux jurisconsultes, quelque grande que soit leur autorité, s'accordent à émettre une même opinion ; il faut qu'ils la justifient, qu'ils en donnent les preuves : or ces preuves nous les avons inutilement cherchées dans leurs écrits.

Livrés à nous-mêmes, nous n'avons jamais pu découvrir quel est le lien indissoluble entre ces idées « l'exécution publique de telle peine est nuisible; il faut l'abolir. La peine capitale a cessé d'être publiquement exécutée, donc elle n'est plus qu'un pur moyen de destruction. » Raisonnons juste.

De ce qu'une peine est nuisible, quand elle est publique, on ne saurait tirer d'autre conséquence légitime que celle de la nécessité d'abolir sa publicité, c'est-à-dire une des *circonstances* de la peine, sa localité seulement. De même que de ce qu'une peine a cessé d'être publique, on ne saurait conclure qu'elle soit ignorée, inconnue, seul cas où elle viendrait à n'être qu'un pur moyen de destruction; à moins qu'on ne nous prouve que le seul sens de la vue produit sur nous des impressions auxquelles appartient exclusivement le privilége de fournir des matériaux aux jugemens; d'avoir enfin à lui seul de l'influence dans les décisions de notre esprit, dans les résolutions de notre volonté. Mais quand même on l'aurait prouvé, ce qui serait tant soit peu difficile, quand même on aurait démontré que le sens de la vue est celui qui produit sur nous les impressions les plus vives et les plus durables, on n'aurait rien fait encore; car il est évident qu'on peut intéresser le sens sans lui donner pour appât l'effusion du sang, ou le spectacle horrible d'un cadavre suspendu au milieu d'une ville.

Il faut chercher, dans l'application de la peine de mort, comme dans tout, deux résultats : éviter des inconvéniens, se procurer des avantages.

Pour éviter les inconvéniens que nous avons déjà retracés ailleurs par rapport aux spectateurs, il suffit que l'application de la peine de mort ait lieu en secret, c'est-à-dire hors de la vue des hommes. Par rapport au coupable, la peine de mort ne serait alors que ce qu'elle doit être; la souffrance strictement nécessaire pour accomplir le but de la justice humaine. Ainsi seraient proscrites toutes les circonstances qui aggravent tant aujourd'hui la position du condamné : ces regards du peuple surtout, quelquefois, ces insultes, cette solennité enfin qui prolonge aujourd'hui ses angoisses et ses tourmens.

C'est dans le but d'obvier à de si graves inconvéniens que les lois de New-York ordonnent que les exécutions à mort se fassent dans l'intérieur des prisons et sans aucune publicité.

Mais c'est peu que d'avoir empêché les maux de la publicité des exécutions, d'avoir écarté ce qu'elles ont d'horrible, il faut en conserver, en reproduire les tristes avantages, et c'est ici que l'on cesse d'être d'accord.

D'abord gardons-nous bien de croire que l'utilité des peines dépende de la publicité des exécutions ; la publicité souvent leur est funeste; nous l'avons vu; quand on s'intéresse vivement à la victime, l'effet de répression est totalement manqué. Les peines produisent l'effet de répression lorsqu'elles sont certaines, connues, notifiées à la *société*. C'est la *notoriété* de la peine et non la publicité de son exécution qu'il faut chercher à obtenir. N'y a-t-il d'autres moyens que la publicité des exécutions, pour rendre les peines suffisamment connues, certaines ? Telle est la question. Les partisans des exécutions publiques prétendent qu'il n'y en a pas d'assez énergiques, d'assez puissans; mais évidemment ils se trompent. A tout instant nous avons la conscience de l'existence des choses que nous n'avons pas vu faire, qui ne se sont pas passées sous nos yeux.

Écoutons l'éloquent M. Urtis : on verra

bien que la peine capitale peut être *connue*, *certaine*; sans arroser de sang les pavés de la place de Grève.

« L'intérêt seul de la société a jusqu'à ce jour dressé l'échafaud sur les places publiques. Pourquoi ne pas l'en retirer s'il était démontré que l'utilité publique le demande [*]? »

« Les mœurs y gagneraient peut-être [**], et l'efficacité de l'exemple n'y perdrait rien. »

« Je voudrais donc, pour les exécutions, un édifice sans fenêtres, ne recevant la lumière que d'en haut, comme pour mieux marquer que celui qui y entre, est à jamais séparé du monde, et ne doit plus communiquer qu'avec le ciel; je le voudrais placé sur une hauteur, de manière à n'être vu que d'une certaine distance. »

« En regardant de près les convulsions d'un être agonisant, le peuple, dominé par l'im-

---

[*] Les exécutions, d'ailleurs, ne devraient pas être tellement dépourvues de publicité que tout se passât entre le malheureux condamné et le bourreau. Il faudrait nécessairement établir de fortes garanties pour constater l'identité de la personne.

[**] Nous aurions dit : *sans doute*.

pulsion du moment, oublie quelquefois le coupable de la veille, et n'aperçoit que la victime du jour.

« Que le condamné aille vers sa peine entièrement voilé ; qu'on ne distingue plus rien de l'homme ; qu'on ne voie marcher que le criminel. Et lorsque le bourreau sortira de l'enceinte fatale pour prononcer à haute voix ces formidables paroles : *l'assassin a vécu*, la sensation qui se communiquera à tous, n'aura plus rien de cette horreur, de cette aversion que produit la vue du sang qui coule, mais sera un sentiment de terreur salutaire et ineffaçable. »

« Qu'au jour marqué pour le supplice, le tambour, recouvert d'un crêpe funèbre, promène un bruit monotone et sourd. Que les cloches * ébranlées fassent retentir au loin le glas de la mort. Semblables au cor d'Astolphe, auquel nul courage ne résistait leurs sons pénétrans iront porter l'effroi dans 'âme

---

* On pourrait même destiner à cet usage une cloche d'un son particulier : l'effet du son de cette cloche serait plus puissant encore.

des scélérats. Eux qui couraient devant l'échafaud, vous les verrez fuir ce tintement lugubre, messager de mort, sinistre signal; il les poursuivra, il s'insinuera jusque dans la moelle des os, comme un affreux pressentiment de leur propre sort. »

« Frappez les esprits; c'est là le côté faible de l'homme : on brave parfois le danger que les yeux peuvent mesurer. La nature s'effraie et succombe devant les périls qu'elle n'entrevoit qu'à travers le prisme de l'imagination... »

« Le spectacle de l'échafaud est passager. Le temple consacré à l'expiation des crimes sera durable et permanent. Qu'il soit entouré de cyprès funéraires qui en rappellent incessamment la destination. Monument d'autant plus terrible qu'il sera mystérieux et impénétrable; le bandit ne passera jamais à côté, sans éprouver un irrésistible frissonnement. »

La peine serait donc publique dans le sens qu'elle serait notoire, connue de tout le monde. Que si, cependant, ce temple de l'expiation, ces roulemens des tambours, ces cloches qui font retentir l'idée de la mort, ne semblent pas suffire pour rendre l'application de la peine capitale assez efficacement exemplaire, ne pas affecter assez fortement le sens de la vue, on pourrait ajouter à ces tristes solennités.

Au sortir de l'enceinte fatale, les mêmes ministres de la justice qui accompagnent aujourd'hui le condamné vivant, suivraient les restes du supplicié renfermés dans un cercueil que l'on irait placer sur l'échafaud à la place où l'on fait aujourd'hui les exécutions. Arrivés en ce lieu, en présence de certaines autorités, le magistrat chargé de la sûreté publique, lirait à haute voix la sentence qui viendrait de recevoir sa terrible exécution. Il ferait ensuite au peuple un récit de toutes les circonstances du crime; il ferait ressortir la perversité, l'immoralité de l'action, et adresserait en finissant, aux spectateurs, une allocution capable d'affermir les uns dans l'amour des lois protectrices de l'ordre social, et qui menacerait les autres de la sévérité des peines qu'elles réservent à ceux qui osent les enfreindre. La présence du cercueil, l'appareil funèbre, seraient là des preuves matérielles de ce qui vient de se passer, et aideraient puissamment à produire les émotions fortes, les impressions durables que l'on cherche à obtenir.

Enfin (et il en coûte à notre sensibilité de poursuivre), si l'on voulait administrer la preuve irrécusable de la triste réalité, si l'on voulait produire la certitude absolue, on pourrait aller jusqu'à placer les restes du supplicié dans un temple, et là les exposer aux regards des incrédules, si, après tout, il est permis d'en supposer.

Si ce mouvement, ce deuil, ce trajet du condamné, marchant à la mort, ce cercueil, l'identité de la personne constatée au sortir de la prison par des employés responsables, la présence de certains magistrats, quelque pénible que soit ce rigoureux devoir, le proces-verbal de l'exécution, si tant de garanties enfin n'ont pas suffi pour produire en vous la certitude absolue, eh bien ! le cadavre est là, entrez au temple, et dites en sortant : *Je l'ai vu.*

Point d'inconvéniens dans cette exposition, ni sous le rapport des principes, ni sous celui de la morale. On ne s'avisera pas sans doute de nous dire : « Vous retirez l'échafaud de la place publique pour épargner la vue du sang, et vous conduisez ensuite le public auprès du supplicié : vous êtes en contradiction avec vous-même. » Non du tout.

Et d'abord, nous nions que le public qui encombre la place de Grève se rende en foule au temple pour vérifier le fait. La preuve matérielle, irrécusable est là : elle suffit; chacun en est convaincu, satisfait; la certitude morale est produite par cela seul qu'on peut l'acquérir.

Puis ensuite est-ce la même chose de considérer la nature sans vie, ou de contempler un être qui respire, qui jouit encore de la lumière et qui va la perdre à l'instant par l'effet d'un coup fatal, ou par les efforts inhumains, barbares, de celui qu'on nomme *bourreau* ? Ce qui nous anime et qui nous émeut fortement, ce qui produit en nous cette horreur qui vient détruire l'effet répressif de la peine, c'est uniquement la vue de l'existence prête à finir, des souffrances imminentes, de l'agonie enfin, et nullement l'existence terminée, les souffrances passées.

Le canon de détresse retentit dans les airs; le vaisseau s'enfonce, un frêle canot reçoit les passagers. On les voit, les mains levées vers le ciel, tantôt sur le sommet d'une vague écumante, et tantôt replongés dans les abîmes de la mer. Peignez-vous l'agitation, les angoisses, l'anxiété de ce peuple qui couvre le rivage. Un cri se fait entendre! les malheureux naufragés ont disparu pour toujours. Comparez cette agitation, cette anxiété, quelquefois long-temps prolongée; comparez ces émotions avec celles qu'on éprouve à la vue des noyés à la Morgue.

Les deux faits ont produit la certitude absolue, mais l'un d'eux la fait naître dépouillée d'une infinité de circonstances douloureuses.

Le cadavre du supplicié fournit au temple la certitude absolue du fait. Les tristes solennités dont nous avons parlé se chargent de produire ces impressions fortes, durables, telles qu'il le faut pour l'effet de répression.

La peine capitale, appliquée comme on le propose, au lieu d'incorporer la loi dans le bourreau, au lieu de déverser une injuste horreur sur le législateur et le juge, serait pour le coupable ce qu'elle doit être, un pur moyen de destruction, et pour la société l'occasion d'une leçon utile, solennelle et morale.

Que ceux qui jugent de tout légèrement, suivant leurs caprices ou leurs vieilles habitudes, condamnent le projet que M. Urtis a publié avant nous et que nous avons peut-être médité en même temps que lui : nous appelons de ce jugement devant les hommes aussi capables d'adopter les vraies améliorations que de rejeter les innovations inutiles ou funestes.

CHAPITRE XI.

Du système pénitenciaire comme destiné à remplacer les effets répressifs de la peine de mort.

Si, en désespoir de cause, les adversaires de la peine de mort venaient nous dire : Admettons que votre peine ne soit ni injuste, ni barbare, nous en avons une autre pour la remplacer, qui, sans les inconvéniens de la peine de mort, en a tous les avantages; c'est l'emprisonnement solitaire; c'est l'emploi du système pénitenciaire. Si l'on faisait, disons-nous, cette dernière et bien faible objection à l'emploi de la peine capitale, nous répondrions sans hésiter : Non, malheureusement, l'emprisonnement solitaire n'a pas tous les avantages de la peine de mort! Le silence, la solitude, les privations du pénitencier, quelque dures qu'elles soient, ne paraîtront jamais à l'homme aussi terribles, aussi redoutables que la perte de la vie jointe à l'ignominie!

Qu'on raisonne à perte de vue ; qu'on ferme les yeux à la lumière, mais la question de savoir si le pénitencier est aussi répressif que l'échafaud est une question résolue. C'est une de ces vérités de sentiment, un de ces axiomes qui n'ont pas besoin de démonstration. L'esprit de parti peut seul chercher à égarer l'opinion publique dans les détours où il s'égare lui-même.

Nous ne reviendrons pas sur ce que nous avons dit de la puissance immense de la peine de mort. C'est le plus grand levier qu'on puisse employer pour relever la machine sociale chaque fois qu'elle est menacée de tomber en dissolution par la méchanceté contagieuse d'un de ses membres, et chaque fois qu'il s'en trouve d'assez arrogans, d'assez audacieux pour mépriser tout autre moyen de coërcition. Il s'en trouve, par malheur, de ces êtres endurcis au crime ; mais quelque audacieux qu'ils soient, ils ne le sont jamais assez pour mépriser au fond du cœur cette peine terrible.

Multi sunt qui mortem et requiem malorum contemnunt, et graviter expavescunt ad captivitatem est une erreur de Salluste, adoptée par M. Lucas et par tous ceux qui veulent faire du régime pénitenciaire un moyen exclusif de répression. C'est l'exception mise à la place de la règle générale. Que nous aimons bien mieux le bon sens de La Fontaine, quand il disait d'après Ésope :

> Plutôt souffrir que mourir :
> C'est la devise des hommes *.

Nous n'ajouterons qu'une seule observation.

L'espoir n'abandonne jamais l'homme tant qu'il ne voit devant lui qu'un mal réparable, ou qui peut cesser d'un instant à l'autre; son imagination se transporte à cet instant heureux, et cette considération diminue immensément l'idée qu'il s'était faite d'abord du mal dont on le menaçait. La mort est un mal irréparable, le plus grand de tous les maux !... Le pénitencier, au contraire, n'est, au fond,

---

* Horace a bien dit aussi, satire 7, livre 2 :

Quem neque pauperies, neque *mors*, neque vincula terrent.

Et dans l'épître 16 du premier livre, à la fin d'un dialogue imité d'Euripide :

. . . . moriar : *mors* ultima linea verum est.

Mais le poète-philosophe parlait ainsi du sage, de l'homme probe. Il se serait bien gardé d'attribuer des sentimens aussi nobles au vil et lâche assassin.

qu'une prison de laquelle on peut sortir par un de ces événemens si fréquens dans la vie humaine. Sans parler d'inondations, d'incendies ou d'écroulemens, les émeutes, les révolutions politiques, les invasions étrangères, sont des événemens qui ne reviennent que trop souvent. La faveur, la grâce, l'évasion... voilà encore des idées inhérentes à l'idée du pénitencier, comme l'idée de l'éternité est inhérente à l'idée de la mort.

Les évasions surtout sont trop fréquentes dans les bagnes, les prisons et les pénitenciers, pour que cet élément n'entre pas dans les calculs de l'homme pervers qui médite le crime. On rapporte comme un fait bien digne de remarque, comme un fait extraordinaire, que pendant un laps de quelques années il n'y a eu que peu ou point d'évasions dans le pénitencier d'Auburn. Dans les prisons ordinaires on a, depuis long-temps, perdu le compte des condamnés qui ont trompé la vigilance des gardiens, ou qui les ont gagnés par des largesses; et si à Auburn il n'y a pas eu d'évasions, il faut compter pour la cause principale l'extrême rigueur de discipline qui y règne. Là, le dernier des guichetiers peut administrer, de son chef, jusqu'à vingt-cinq coups de bâton au condamné pour le faire rentrer dans l'ordre. A Lausanne, pour maintenir la discipline, on a été obligé d'inventer un nouveau genre de supplice : on a construit une cage dont le plancher est composé de carrelets en chêne du diamètre de deux pouces, qui présentent leur vive arête pour tout marchepied au prisonnier : c'est presque le tonneau de Régulus *. Des cages et des donjons, mille fois pires que les demeures destinées aux lions et aux tigres; des coups meurtriers appliqués sur les épaules des malheureux condamnés, tels ont été les moyens auxquels on a été obligé d'avoir recours jusqu'ici pour maintenir la discipline, dans le but de prévenir les évasions **. Mais comme

---

* Nous avons emprunté la description de cette cage à M. Lucas lui-même : nous lui devons la justice de dire qu'il la regarde comme une rigueur excessive.

** N'ayant voulu considérer ici le système pénitenciaire que comme destiné à remplacer les effets répressifs de la peine capitale, nous ne nous arrêterons pas à constater les défauts qui ne se rapporteraient point à notre objet : tels, par exemple, que la barbare cruauté des moyens

on rencontre partout une grande répugnance à les employer, quelques difficultés que les constructions y opposent, et malgré les rondes de nuit et autres précautions, les évasions ne continuent pas moins.

Ouvrez les registres des prisons et des bagnes; lisez les rapports des sociétés des prisons, les Mémoires de Vidocq; lisez surtout l'histoire des récidives, et vous verrez si les évasions sont fréquentes; elles sont devenues proverbiales*: vous verrez jusqu'à quel point cet espoir d'évasion diminue l'effet préventif de tout emprisonnement; vous verrez aussi jusqu'à quel point on doit considérer l'évasion comme une alarme, comme une inquiétude pour la société, alarme qui est d'autant plus grande que le criminel était un plus grand coupable **. « Lorsque dix à vingt ans,

---

qu'on est obligé d'employer quand on applique ce système à des êtres incorrigibles dont on veut faire, à toute force, des hommes repentans.

* *C'est un échappé des bagnes*, dit le peuple.

** Qu'on ne vienne pas soutenir, après cela, que la réclusion débarrasse la société d'un criminel tout aussi bien que la mort; la fausseté de cette assertion demeure prouvée par une seule évasion.

dit M. Rossi, se seront écoulés sans qu'un seul condamné ait pu s'échapper; lorsque ce fait pourra être solennellement constaté, le moment sera venu*, peut-être, de réclamer l'abolition complète de la peine de mort. La protection de l'ordre a besoin de force; si on veut lui en ôter d'une main, il faut en ajouter de l'autre; il faut que les délinquans redoutent la prison : sans cela les hommes d'État ne peuvent se rendre à nos vœux; ils ne peuvent pas, en bonne conscience, compromettre la vie des innocens pour épargner celle d'un assassin. »

La seule question ici ne saurait être que celle-ci : tout l'effet répressif de la peine capitale est-il nécessaire au maintien de l'ordre social, à l'existence de la société, ou suffit-il, pour atteindre le même but, des effets moins répressifs du système pénitentiaire ?

Eh bien! non encore : Le système pénitentiaire n'est pas *assez* répressif. Voici pourquoi. Y a-t-il pour l'homme un plus grand bien que la vie? Non sans doute. Il faut donc as-

---

* Nous protestons de nouveau contre une telle supposition.

surer la jouissance de ce plus grand bien par la plus grande garantie possible : toute autre garantie qui ne serait pas la plus forte de toutes, reste au dessous de ce qu'exige le besoin, ou plutôt le devoir de conservation. L'homme qui n'assure pas son bien-être par tous les moyens en son pouvoir, commence par manquer à ses premiers devoirs. La société manquerait aux siens, si elle en faisait autant, si elle suivait de si funestes exemples.

Maintenant, quelle est la plus énergique des garanties? La mort de celui qui privera injustement un autre du plus grand des biens. Cette garantie n'est donc pas la perte de la liberté, la solitude, les privations du pénitencier, ou tout autre système de peine que vous voudrez supposer.

Quand nous pouvons assurer notre existence tranquille et commode par la perte de l'existence de tous ceux qui voudraient nous priver de la nôtre, nous faisons acte de folie en nous contentant de prendre un gage sur leur liberté, c'est à dire sur une modification seulement de cette existence qui devrait faire tout entière notre garantie.

La peine de mort pourra être chaque fois

plus rarement appliquée à mesure que les générations deviendront plus morales ; mais elle sera toujours nécessaire dans la loi : oui ! malheureusement nécessaire !... Cette conclusion, nous l'appuyons sur tout ce qui précède... Nous sentons bien tout ce qu'elle a de hardi, tout ce qu'elle soulevera de passions contre nous. Pour toute justification nous sommons nos accusateurs d'étudier la triste nature humaine !...

Vainement viendrait-on nous dire : « Les faits sont là ; ils sont bien plus concluans que les calculs de votre raison, quelque exacts que vous puissiez les supposer : l'emprisonnement solitaire suffit déjà, dans quelques pays, au besoin de répression. »

Si les faits sont là, s'ils sont nombreux, avérés, incontestables, applicables à tous les âges, à toutes les nations, à tous les degrés de civilisation et de mœurs ; si la question est en un mot résolue, que répondre ? Mais si, au contraire, les faits sont des essais sur lesquels on est revenu, si, au lieu d'être communs à tous les âges, à toutes les nations, à tous les degrés de civilisation, ils ne sont que des circonstances passagères, propres à un pays déterminé, placé dans une position particulière, qu'aurez-vous à dire à votre tour ?

Avant d'examiner ces faits, avant de dévoiler tout ce qu'il y a d'exagéré, d'erroné dans les conséquences qu'on en tire, rappelons que la nécessité de la peine de mort se fonde aussi sur des faits, sur la nature même de l'homme, nature qui changera plus difficilement encore que les circonstances passagères des pays qu'on nous cite. Qu'on nous permette d'insister sur ce que le pouvoir social ne saurait avoir le droit de priver l'homme de la garantie que la vie des autres hommes lui donne pour la conservation de la sienne. Nous avons déjà dit que si le législateur voulait un jour se dessaisir du droit de mort, chacun aurait acquis la faculté de l'exercer pour son compte, ce droit imprescriptible. Nous avons vu enfin que la peine de mort est nécessaire tant que le crime est possible que lors même que soixante à cent ans se seraient écoulés dans un pays sans un seul assassinat, le pouvoir social, sous prétexte d'agir d'après l'expérience, n'aurait pas le droit d'abolir la peine capitale, pas plus que de démanteler des places fortes et de briser les armes propres à protéger le pays contre une invasion étrangère : soixante, cent années prouvent qu'une chose ne s'est pas faite, mais non qu'elle ne se fera pas. Que la guerre devienne impossible, détruisez, rasez vos places fortes; que le crime devienne impossible, abolissez la peine de mort. La peine de mort, dans le Code, n'emporte pas la nécessité de l'appliquer quinze à vingt fois par an, pas plus que les places fortes et les arsenaux garnis n'imposent l'obligation de faire la guerre.

Quels sont donc maintenant les pays qu'on nous cite? Les États de l'Union d'abord. Là, le système pénitentiaire est en vigueur; la peine de mort y est rarement appliquée. Oui! mais elle existe ; nouvelle preuve que le système pénitentiaire n'a pu suppléer dans tous les cas à la peine de mort, n'a pu suffire entièrement au besoin de répression. Nous pourrions nous borner à ce peu de mots pour ce qui regarde les États-Unis, puisque nous ne prétendons pas que les effets répressifs ne soient pas suffisans dans bien des cas. Au contraire, ces effets répressifs nous les reconnaissons, seulement nous ne pouvons leur accorder une aussi grande portée que d'autres leur accordent.

Mais enfin veut-on savoir pourquoi le *Solitary confinement* produit dans les États-Unis des effets qu'il ne produirait pas ailleurs ? C'est tout simplement que là il n'y a que peu de grands crimes à punir ; c'est que là les hommes ont un intérêt infiniment moindre que partout ailleurs à commettre des crimes : nous le prouvons par M. Lucas lui-même. Après avoir démontré, dans plus d'un endroit de ses ouvrages, que la misère et l'ignorance sont la source la plus abondante des crimes ; il dit, en parlant des États-Unis[*] : « Il me suffit de dire qu'il est rare d'y rencontrer un pauvre, pour dire qu'il est rare de rencontrer un crime. » On a aussi affirmé que les lumières, l'instruction aux États-Unis, sont tellement répandues, qu'on trouve un écolier sur quatre habitans. Peu de pauvres, un écolier sur quatre habitans, et malgré tout il s'y commet des crimes !...

On connaît l'étonnante prospérité des États

---

[*] Du Système pénal, page 177.

de l'Union : leur agriculture, leur commerce, leur industrie, sont portés au plus haut point où ils soient jamais parvenus chez aucune autre nation *. La richesse publique et particulière, l'industrie, la liberté, n'enfantent pas les crimes, fruit ordinaire des besoins, de la misère, de la dépravation, de la servitude.

Si donc tous les moyens de la justice de prévoyance, c'est-à-dire toutes les améliorations matérielles mises en vigueur aux États-Unis par la force des circonstances, suffisent à retenir 99 citoyens sur 100 : eh bien! menacez encore ce pervers du plus grand de tous les maux; retenez par le sentiment de la crainte cette âme farouche, que les bienfaits, le bonheur, n'ont pu désarmer.

La richesse, la liberté, l'instruction, réussissent si bien, qu'il ne se commet plus dans ce pays que dix ou vingt crimes par année : eh bien! menacez de la mort les criminels, et le nombre en diminuera infailliblement.

Un moyen n'empêche point l'autre. L'ai-

---

* Voyez le dernier discours d'ouverture des États par le président des États-Unis.

sance, l'instruction, le bonheur de l'homme, de bien, se concilient parfaitement avec la plus sévère punition des méchans : la terreur achevera de faire ce que des circonstances heureuses, ou sagement amenées, n'ont pu accomplir entièrement.

Par malheur la prospérité dont les États de l'Union jouissent dans ce moment ne sera point éternelle ; non que nous puissions assigner aucune durée à cette prospérité ; non que nous puissions dès aujourd'hui prévoir les causes de la décadence qui doit inévitablement suivre cet état florissant : mais parce que telle est la loi de la nature ; telle est l'histoire des peuples, que l'événement n'a jamais démentie. Aussi, du moment que ces causes de prospérité nationale, de moralité humaine, disparaîtront ou décroîtront, dès ce moment les causes excitant aux crimes reprendront leur funeste empire, et le système pénitentiaire cessera d'avoir, dans ce pays même, la portée qu'il a aujourd'hui. Que si, au contraire, à partir de notre époque, les nations sont destinées à démentir l'histoire des peuples par l'influence des perfectionnemens toujours croissans de l'organisation sociale; que si, par suite de ces perfectionnemens successifs, on arrive à rendre les membres d'une même cité tous instruits, riches et heureux suivant leurs capacités; que si, enfin, par suite de ce changement, on parvient à faire disparaître les crimes de la terre, c'est-à-dire, que si, par la force des habitudes, on parvient à changer la nature humaine telle qu'elle se montre dans quelques êtres, nous ne prétendons pas que, même alors, le maintien de la peine de mort soit une nécessité. Mais laissons là les temps à venir, les nouveaux siècles d'or; revenons modestement à l'époque actuelle ; prenons la société telle qu'elle est, en attendant qu'on l'organise telle qu'elle pourrait être, ou telle qu'on suppose qu'elle le sera.

Si, reportant maintenant nos regards sur l'ancien hémisphère; si, abandonnant la question générale, nous considérons uniquement ce qui pourrait nous convenir à nous, peuples de l'Europe, que trouvons-nous de semblable à ce qui se passe dans la partie qu'on nous cite du Nouveau-Monde? On convient qu'il y a peu de crimes aux États-Unis; que ce peu de crimes y est de nature à ne pas prouver, le plus souvent, la dépravation absolue du cœur humain. Eh! ne sont-ce pas là des circonstances momentanées, particulières à ce pays? Pouvons-nous reconnaître de tels faits en France pour baser ensuite nos moyens de répression?

« Dans notre vieille Europe, dit M. Urtis, où le superflu est un besoin plus pressant que le nécessaire, où pullule une foule d'oisifs n'ayant ni feu ni lieu, et auxquels le spectacle des jouissances d'autrui rend la misère plus poignante; là, le crime doit être, et est effectivement le fruit du calcul et d'une démoralisation complète : les méchans y forment une population compacte et distincte; ils vivent en bandes organisées; ils apportent pour leur mise en commun leurs vices réciproques, et par une sorte d'enseignement mutuel, ils se perfectionnent et s'endurcissent aux forfaits. »

On nous présente encore l'exemple de Genève. « Pendant douze ans, dit-on, il ne s'y est commis *qu'un seul* assassinat [*]; mais de

---

[*] Dans le moment où nous écrivons, une sentence de mort vient de recevoir son exécution dans le canton d'Uri.

ce fait est-il permis de conclure, comme on l'a osé, que l'absence du supplice a adouci les mœurs dans ce pays, et que le régime pénitentiaire suffit entièrement à la répression de tous les crimes, à l'amendement de tous les coupables? Pourrait-on prendre le change à ce point? C'est précisément le contraire de ce qu'on pense. Ceux qui raisonnent ainsi n'ont fait rien moins que de prendre l'effet pour la cause et la cause pour l'effet, c'est-à-dire, méconnaître l'existence d'un fait antérieur pour l'attribuer à un fait postérieur. C'est parce que les mœurs y sont douces, que la peine de mort est moins souvent applicable à Genève; c'est parce qu'il s'y commet peu de crimes, et que ces crimes ne prouvent pas le dernier degré de la dépravation, que le système pénitentiaire produit des effets de répression, dont on doit tenir compte, mais qui ne sont nullement exclusifs de tout autre moyen de prévenir les crimes.

Si l'on voulait avoir la preuve de cette vérité, de la douceur des mœurs, de l'honnêteté en Suisse, on la trouverait dans son histoire, dans ses institutions libres, dans le genre de vie de ses habitans, dans l'élément de prospérité de cette réunion de familles, car c'est ainsi qu'on pourrait définir les cantons de la Suisse.

La probité, la douceur des habitans de la Suisse, sont non seulement vraies, mais tellement connues, tellement répandues, qu'elles ont passé dans notre théâtre, nos romans, nos contes d'enfans : c'est en Europe une croyance populaire qui n'a pu s'établir sur le récit d'un voyageur ami du merveilleux; ce serait bon pour la Chine ou pour la Nouvelle-Hollande : mais la Suisse est trop près de nous pour que semblable croyance ne soit fondée sur rien, pour qu'un tel fait puisse être révoqué en doute. Que les mœurs, les habitudes aient un peu changé, surtout dans les grandes villes, soit; mais le caractère national, le fond des mœurs dans le pays, reste tel qu'il était.

La Suisse est une nation essentiellement agricole; son territoire, généralement fertile, ne l'est pas, il est vrai, dans quelques cantons, mais il est toujours très propre à l'éducation des bestiaux. Dans ces cantons pauvres, même les hommes sont habitués à se contenter du peu qu'ils ont. « Chez une pareille population d'hommes, dit M. Charles Lucas, qui ne sentent ni l'aiguillon du besoin ni l'attrait du superflu, il faut avouer que l'absence, dans ce triste monde extérieur qui les environne, de tout ce qui allume nos passions, est bien propre à rendre le crime plus rare. »

« Il est encore, dit un peu plus loin M. Lucas, une observation à faire sur les populations agricoles et sur les populations industrielles. Outre l'influence si souvent remarquée de l'agriculture sur les mœurs, les populations agricoles ont cet avantage, que ce qu'il y a de peu variable dans leurs revenus contribue à leur donner des habitudes régulières ; tandis que les populations industrielles, livrées aux variations continuelles dans la hausse et dans la baisse des salaires, selon le flux ou reflux de cette mer orageuse du monde commercial, sont sans cesse portées à étendre ou obligées à restreindre la sphère de leurs consommations ; et de ces passages trop fréquens du superflu au nécessaire, du nécessaire au superflu, naît une vie irrégulière et désordonnée, où il y a sans cesse des habitudes à quitter ou à reprendre. Si malheureusement il survient un de ces reviremens trop prompts et trop brusques, qui replongent ces populations, de l'aisance dans le besoin, et au dessous même peut-être de ses strictes satisfactions, alors la source des crimes est ouverte jusqu'à ce que le souffle de la prospérité revienne la tarir.... »

C'est ici un excellent tableau de la Suisse comparée, sous le point de vue qui nous occupe, à la France, à l'Angleterre, ou à toute autre nation de l'Europe. Nous ne répéterons pas ce que nous avons déjà dit à l'occasion des États-Unis. Chacun doit voir avec évidence que, même en Suisse, la peine capitale, réservée pour les grands crimes, viendrait ajouter aux garanties morales que l'ordre social trouve déjà dans l'innocence et la douceur des mœurs, dans les élémens de bonheur individuel qui y existent; et par conséquent, puisque la peine de mort augmente les gages de sécurité qui ne sauraient jamais être ni exorbitans ni trop nombreux, la peine de mort est nécessaire à Genève comme partout ailleurs.

D'ailleurs, combien de lois, d'institutions, conviendraient à un tel pays, qui seraient intempestives et funestes dans les autres!.... Mais non : il faut que ce qui est, ou peut être bon à Genève, le soit aussi partout. On veut abolir à Genève, aux États de l'Union la peine de mort, donc on peut l'abolir partout sans inconvénient; on la remplace par le système pénitentiaire, donc il est partout suffisamment répressif!....

Allez dans tout autre pays faire pareille expérience. Supposez, pour un moment, une contrée où l'on soit assez démoralisé pour commettre dix assassinats par mois, arrivez, nouveau législateur, votre projet de réforme à la main; dites aux brigands qui courent les champs : « Je ne suis point barbare comme mes prédécesseurs ; la peine de mort est abolie : si vous ne rentrez pas dans le devoir, si vous commettez de nouveaux crimes, au lieu de vous égorger, on aura soin de corriger en vous votre immoralité passagère par l'instruction, les conseils salutaires, par les secours de la religion, par un régime diététique, par le travail, enfin par la perte temporaire de votre liberté!» Belle menace pour des scélérats, pour des bandits, des forcenés, qui commencent par mépriser l'instruction, les conseils, la religion!.... Pensez-vous, de bonne foi, qu'avec votre pénitencier et votre abolition de la peine de mort, vous parviendrez à n'avoir dans un tel pays *qu'un seul* assassinat dans douze années, comme à Genève, où la menace de mort réprimait sans doute les élans de prospérité que d'autres causes n'avaient pu détruire?

Non, encore un coup; la question n'est pas résolue par le fait : si le fait était là, M. Lucas n'aurait pas eu à se donner tant de mal. Les moyens de publicité ordinaires nous l'auraient fait connaître; il était assez important pour cela. Non : comme système exclusif de répression, le système pénitentiaire ne l'est pas assez; il ne suffit pas pour contenir les hommes dont l'âme et le cœur sont entièrement dépravés.

Que si, pour rendre ce système répressif, il faut le convertir en une torture continuelle, que la mort doit suivre dans un espace plus ou moins long, alors ce supplice, sans être plus exemplaire, sans être plus redouté que la mort (il ne le sera jamais autant), deviendra cent fois plus cruel que la peine capitale.

C'est alors qu'on organise un supplice barbare, parce que, sans produire le bien d'épouvanter les méchans, sans empêcher de nouveaux crimes, l'emprisonnement solitaire peut être d'une rigueur horriblement excessive pour celui qui le subit.

Dans sa rigueur, l'emprisonnement solitaire, pour nous du moins, est cruel sans être exemplaire, sans être assez répressif pour les grands crimes : que serait-ce donc si vous en adoucissiez le régime, et que vous le présentiez cependant aux méchans comme unique moyen de répression? Ce serait une bien faible barrière. La portée répressive du système pénitentiaire ne saurait s'étendre aussi loin. Contentons-nous qu'il suffise à prévenir de moindres crimes et à amender de moins incorrigibles coupables. *Enfin la soupe des coquins vaut mieux que la mienne*, disait un jour un bourgeois de Genève. Qu'on trouve ce mot, si l'on veut, peu humain, partant d'un cœur jaloux; mais qu'on convienne au moins que pour lui, pour ce bourgeois, le régime pénitentiaire ne lui présentait pas l'idée d'un châtiment bien redoutable; qu'il n'était pas très répressif puisqu'il l'enviait en quelque sorte : c'est là ce que disait un bourgeois de Genève. Eh ! que de malheureux en France, au cœur d'un hiver rigoureux, en proie aux affreuses privations, aux tourments de la misère, n'envieraient pas, dans plus d'un cas, la soupe du pénitencier!...

En résumé, si l'on n'opposait que le pénitencier, au lieu d'échafaud, à des hommes entièrement démoralisés, comme il y en a, pervertis, endurcis aux forfaits, les crimes augmenteraient dans certains pays, nous osons le prédire, d'une manière effrayante, tant qu'on ne détruira pas les causes qui en produisent le plus grand nombre.

Défenseurs du nouveau système, faites d'abord qu'il n'y ait plus sur la terre d'êtres entièrement démoralisés, dépravés à tout jamais, dont le retour à la vertu soit rendu impossible, non pas tout simplement parce qu'on le dit, mais parce que ces mêmes moyens d'iuvestigation qui nous conduisent, dans cent autres cas, à la connaissance de la vérité, le prouvent. Faites au moins que s'il y reste, de ces êtres dépravés, ils craignent autant le travail et la perte de la liberté, qu'ils craignent la perte de la vie : abolissez alors la peine de mort; remplacez-la par le système pénitentiaire : c'est alors, mais alors seulement, que l'application de cette peine sera injuste et inutile.

CHAPITRE XII.

Du système pénitentiaire considéré comme moyen auxiliaire de répression.

Les adversaires de la peine de mort, après l'avoir combattue, et croyant l'avoir renversée, devaient naturellement chercher à la remplacer par d'autres peines. Après avoir affaibli le pouvoir social, après l'avoir désarmé, ils devaient sentir eux-mêmes le besoin de le raffermir pour éviter sa ruine totale. Le système pénitentiaire était destiné à remplir cette tâche. On vient de voir que malheureusement elle est au-dessus de sa puissance, au delà de sa portée. Évidemment on demandait à ce système plus qu'on ne pouvait raisonnablement en attendre sous le double rapport de l'amendement, qui n'est pas toujours possible, et sous celui de la répression, dont il ne remplit pas le but assez efficacement.

Mais aussi, pour être juste, on doit se

hâter de reconnaître qu'autant ce système est impraticable, déraisonnable même, quand on l'étend au delà de ses limites, autant il est praticable et utile quand on l'y restreint. C'est, en effet, une grande et belle idée, c'est une idée vraiment philanthropique, que celle de chercher à guérir les maux, les vices du cœur humain, toutes les fois qu'il en est encore temps ! Pourquoi faut-il que tant de siècles se soient écoulés avant qu'on ait trouvé ce sublime principe : « Rien n'est plus humain et plus utile que de chercher dans la peine l'amendement du coupable. » On gémit sur le sort de l'humanité, l'imagination se révolte à l'idée que, dans cette belle France qui se vante chaque jour de marcher à la tête des nations, qui est si remarquable par la douceur, la bonté de ses mœurs, on n'ait encore rien fait pour l'amendement des condamnés; qu'on n'ait pas introduit dans les prisons et dans les bagnes une partie au moins du système pénitentiaire ; qu'on n'en ait pas fait une application complète aux maisons de détention.

« Même sous l'empire des Codes actuels, où *les deux tiers* des peines ne sont que temporaires, la réforme doit être le caractère essentiel et fondamental de la répression; car il faut bien s'occuper de l'amendement de ceux qui n'ont été séquestrés du sein de la société que pour y rentrer un jour, afin qu'ils n'y apportent plus les mêmes habitudes vicieuses: autrement la détention ne consisterait qu'à suspendre l'effet pendant un certain temps, au bout duquel elle rétablirait la cause *.»

Rien de plus évident. La réforme du coupable est une condition nécessaire de toute séquestration temporaire de la personne. Le législateur qui ne cherche pas à corriger les individus momentanément privés de leur liberté et destinés à reparaître au milieu de leurs concitoyens, ne s'acquitte que d'une faible partie de son devoir, d'assurer la tranquillité sociale ; tandis qu'en profitant du temps de détention, il lui est possible de tranquilliser pour toujours la société à l'égard du condamné.

Mais quels sont maintenant les individus que l'on peut avoir espoir de corriger, et qui,

---

* M. Lucas.

par conséquent, peuvent un jour reparaître au milieu de leurs concitoyens? Assurément ce ne sont pas les vétérans du crime, ou ceux qui ont montré, au moment de le commettre, non l'aveuglement d'une passion, mais la noirceur d'une âme tout-à-fait pervertie. A part ces malheureux êtres, une fois cette exception faite, tous les autres criminels ou coupables doivent être compris parmi ceux qu'on doit s'efforcer de corriger.

Quelle large part pour l'emploi du système pénitentiaire! Toutefois la possibilité d'amendement n'est pas à elle seule, suivant nous, la limite de cet emploi. L'amendement du coupable mérite toute la sollicitude du législateur, tant qu'il trouve dans les moyens d'amendement assez de vertu répressive, assez de motifs sensibles pour détourner du crime ceux qui seraient tentés de le commettre. Mais quand ces conditions ne se trouvent pas réunies, le besoin de l'exemple répressif exige que tout le reste lui soit sacrifié.

Espérons que M. Lucas profitera des conseils de tant d'hommes éclairés qui aiment l'humanité autant que qui que se soit, qui se sont voués à l'étude de la législation pénale, sans d'injustes préventions, mais avec la connaissance profonde du cœur humain tel qu'il est; espérons que, s'il ne renonce pas à ce qu'il y a d'outré dans le système qu'il regarde comme applicable à tous les cas, comme suffisant à tous les besoins de la répression, M. Lucas continuera du moins d'employer l'influence de son talent, de sa position, les efforts de son ardente persévérance, à procurer à la France le bien immense qui doit résulter de l'adoption du système réduit à ses limites naturelles.

Plus tard, s'il le croit alors possible, qu'il cherche à introduire le système pénitentiaire comme moyen exclusif; mais que, pour le moment, il se contente de l'avoir comme auxiliaire : c'est assez mériter de son pays et de l'humanité entière.

Ceux des coupables qui sont ou peuvent être encore sensibles à l'estime publique; ces hommes égarés qui redoutent l'infamie, qui n'ont cessé de marcher dans la ligne du devoir que par l'effet momentané d'une passion, d'un sentiment quelquefois honorable, quoique dénaturé, ou d'une faiblesse que souvent ils ne s'expliquent pas eux-mêmes; ceux enfin qui, en commettant le crime ou le délit, n'ont fait que mépriser tel ou tel principe de morale, mais chez lesquels rien encore n'indique l'extinction absolue de tous les autres, l'absence de tout motif de retour à la vertu, la perte absolue des garanties que tout homme pur donne à la société : tous ces individus sont des coupables dont on ne doit pas désespérer, que l'on doit se hâter de corriger au lieu de les corrompre, de les pervertir par l'emploi des peines auxquelles on les soumet encore aujourd'hui.

Envoyez au bagne cinquante voleurs : à leur libération, plus de la moitié, peut-être, sont devenus des assassins, non qu'ils aient assassiné, mais parce qu'ils ont acquis dans ce lieu funeste toute la dépravation, toute la méchanceté nécessaire pour commettre un tel crime aussitôt que l'occasion viendra se présenter.

Marquez du sceau de l'infamie cinquante malheureux qui n'ont été poussés au crime du vol que par l'extrême besoin et par le manque d'instruction : au lieu de corriger des voleurs de circonstances, vous faites des voleurs de profession; vous leur donnez un brevet ; vous faites des êtres avilis qui ne peuvent plus vivre à l'avenir que de vol et de brigandage : repoussés partout, partout pourchassés, il ne leur reste plus que des moyens illicites pour conserver des jours que leurs semblables ont voués à l'ignominie, mais qu'ils destinent à la vengeance.

Avilissez les hommes, et ils deviennent vils; une fois avilis, tous les moyens sont bons pour eux : craignez tout de pareils ennemis.

Le système pénitentiaire se propose, au contraire, de régénérer les coupables, de les rendre à la société, après leur libération, aussi moraux, aussi actifs, aussi industrieux que leurs semblables : les voies que ce système emploie sont on ne peut plus propres à atteindre un si louable but.

La solitude, le travail, et l'instruction morale, intellectuelle et religieuse, avec un régime sobre de nourriture, tels sont les moyens qui doivent rester en défaut devant l'incorrigibilité de quelques coupables, à la perversité desquels on ne saurait opposer que l'échafaud, mais qui ne peuvent manquer de produire, et qui ont déjà amené d'heureux résultats sur les coupables ordinaires.

Les pénitenciers ou maisons de correction sont divisés en cellules, et en ateliers assez vastes pour contenir un certain nombre de condamnés qu'on veut exercer au même métier ; car c'est le système cellulaire avec travail et classification le jour, qui est, avec raison, regardé comme le plus propre à conduire au but qu'on se propose.

Chaque reclus couche dans sa cellule, séparé de tout autre ; et, par ce seul fait, on voit déjà disparaître ces vices exécrables, ces vices abominables qui consomment la démoralisation des prisonniers, qui font de nos prisons des lieux de la plus infâme débauche. Le jour, les condamnés sont tenus de travailler dans des ateliers où règne l'ordre le plus parfait, où ils sont obligés de garder le silence le plus absolu : leurs regards sont épiés ; quelquefois même ils ne se voient pas les uns les autres, par la position qu'on leur fait prendre. Voici encore de moins deux causes de corruption de nos prisons : l'oisiveté, qui engendre tous les vices, et l'enseignement mutuel du crime, si fidèlement suivi, et si parfaitement professé dans nos prisons par les plus habiles,

les plus pervers et les plus impudens des scélérats.

Des heures fixes pour les repas, le coucher, le lever, pour la propreté du corps, à laquelle on tient, leur donnent des habitudes d'ordre et de décence aussi favorables à leur santé qu'elles sont utiles à l'amélioration de leur état moral.

Une nourriture frugale, mais suffisante, entretient les forces du corps sans que l'abstinence vienne produire le dépérissement, ou le superflu, les désirs déréglés. Les boissons fortes, permises dans nos prisons, où tout est permis pourvu qu'on paie, sont là irrévocablement proscrites avec leurs funestes effets.

Une surveillance continuelle, de tous les instans, n'y laisse point d'entrée au vice, tandis que les occupations non interrompues des condamnés leur en ôtent jusqu'à la pensée.

Une discipline à la fois sévère et ferme, mais éloignée de la cruauté barbare de celle qui régit la plupart de nos prisons, y maintient l'ordre que tout le reste concourt à protéger*. Tous les pénitenciers, d'ailleurs, peu-

---

* Nous supposons ici qu'il ne s'agit de contenir dans

vent être confiés à des noms honorables, à des hommes qui aiment l'humanité, et qui aspirent à s'en faire aimer, même dans l'état malheureux où on la leur met entre les mains; tandis que nos prisons ont souvent été confiées à la garde d'un homme dur et brutal, quelquefois d'un forçat libéré, ou d'un aspirant à la place de bourreau, parce qu'il est peu d'hommes respectables qui veuillent s'en charger.

Jusqu'ici nous n'avons fait, pour ainsi dire, que montrer le système pénitentiaire écartant les maux et les inconvéniens. C'est peu que d'énumérer de tels avantages; il faut maintenant montrer ceux qui lui sont plus propres, qui le rendent si éminemment utile à la réforme des condamnés, amendement certain et complet toutes les fois qu'il est possible.

Les premiers temps de sa captivité, le con-

---

le devoir que des hommes égarés, des coupables qui n'ont pas atteint le dernier degré de la dépravation et de la férocité. Pour ceux qui sont arrivés à ce point, quand on a tenté follement la correction, il a fallu employer comme moyen de discipline, des châtimens barbares.

damné les passe dans le recueillement de sa cellule; le silence et la solitude, telle est la vie du condamné pendant des mois entiers. Quelle situation plus propre à le faire rentrer en lui-même, à lui retracer les circonstances de son crime, à le faire réfléchir sur les conséquences fatales qu'il a entraînées et pour lui et pour l'offensé, ou la victime! Quoi de plus propre à appeler les remords, à préparer le repentir!

Séparé du reste des hommes, n'ayant pour toute distraction que quelques livres de piété et des maximes de morale écrites sur les parois de sa cellule; livré à ses rêveries, aux inspirations de sa conscience, n'est-il pas dans la disposition la plus favorable pour recevoir utilement les consolations et les encouragemens de la religion!... En vain a-t-on voulu nier la puissance des remords dans la solitude; en vain a-t-on dit que le méchant n'emploira sa méditation que pour devenir plus pervers encore : cela n'est vrai que de l'homme entièrement perverti, démoralisé, mais heureusement le nombre n'en est pas fort grand.

Dans chaque pénitencier, un ou plusieurs

pasteurs, choisis parmi les plus dignes, et non parmi les plus fanatiques, remplissent auprès des condamnés la plus belle des missions : ils viennent dans ces fréquentes visites; porter, par leur douceur, par leur exemple, le dernier coup au vice, et inspirer au condamné l'amour de la vertu. Sans parler des ressources que le prêtre trouve dans son ministère, dans ce qui a fait l'objet de ses méditations pour arriver à l'amendement de son ami malheureux, car il ne l'appelle plus le condamné, dans ces entretiens intimes que rien ne gêne, que tout tend à rendre intéressans, dans ces entretiens paisibles et touchans où règnent la confiance et la franchise, le ministre de Dieu fait sentir au coupable le respect dû à ses semblables, en lui montrant le respect qu'ils ont eu pour sa propre vie; il lui retrace la sainteté des devoirs qu'il a violés ; il peint, en traits de flamme, l'énormité du crime qu'il a commis; il lui retrace tout ce qu'il a de hideux....

A peine a-t-il fait sur le coupable une impression profonde, à peine a-t-il affligé, navré son cœur d'amertume, qu'il commence à répandre le baume de la consolation : il lui montre la fragilité des mortels, lui en cite des exemples, et lui fait enfin sentir qu'il n'y a point de faute que le repentir n'efface même aux yeux des hommes.

Plus tard, il lui laisse entrevoir le jour de son retour à la société, de sa réhabilitation ; il fait luir à ses yeux l'époque où il pourra conquérir l'estime publique, à laquelle tout homme est plus ou moins sensible, à l'exception du scélérat à tout jamais dépravé.

Dans chaque établissement, il est une chapelle où les prisonniers sont réunis, les dimanches et les fêtes, pour entendre les exhortations du chapelain. Nous ne pouvons nous empêcher de transcrire à ce sujet quelques lignes de M. Lucas.

« Sous le rapport de l'instruction morale et religieuse, dit-il, le pénitencier de Lausanne offre l'état le plus satisfaisant. Chaque cellule est pourvue de livres saints, de catéchismes, de psautiers, et une petite bibliothèque fait circuler un certain nombre de livres religi[eux] et moraux, ainsi que quelques ouvrag[es] [d']instruction usuelle.... [f]uneste plutôt qu[e] [...] [...] est si ingénieusement disposée, que les quatre divisions dont se compose la population des condamnés des deux sexes, arrivent avec leurs surveillans dans le plus grand ordre, et se classent pour entendre l'office divin dans des quartiers séparés, d'où ils ne peuvent ni se voir ni se communiquer. Il y a deux services le dimanche et un le jeudi. J'ai été moi-même témoin du service du dimanche, et certes, je conserverai toujours l'impression que fit sur moi cette attitude calme et silencieuse de tous les prisonniers à leur arrivée dans la chapelle, ces prières récitées dans le recueillement, ces psaumes et ces cantiques chantés en chœur, et, par-dessus tout, cette émotion si vive, et ces larmes même pendant l'exhortation du digne chapelain. On voyait que cette voix leur était connue, qu'elle leur allait au cœur pour y remuer le repentir sans y jeter l'humiliation, et sans y étouffer l'espé-

sa propre vie; il lui retrace système pénitentiaire ... voirs qu'il a violés; il peint, ... des ministres tels que me, l'énormité du crime qu'il a ... nées son succès en ... retrace tout ce qu'il a de hideux.

Et ... peine a-t-il fait sur le coupable une ... morales du Ces ... rofonde, à peine a-t-il affligé, navré ... aître, chapelain so... ..., qu'il commence à recharge, dans chaque ... , de l'instruction intellectuelle des prisonniers, et par les conseils du directeur, dans ses visites, dès qu'il les croit utiles ou nécessaires. La lecture, l'écriture et le calcul forment l'enseignement que cet employé est chargé de leur transmettre, et qu'ils reçoivent, pour la plupart, avec avidité et reconnaissance.

Ce n'est pas tout encore : chaque condamné apprend un métier ou perfectionne celui qu'il avait. A cet effet, des maîtres et des moniteurs sont établis dans chaque atelier où nous avons vu que les prisonniers travaillent On leur prépare par là les moyens de pourvoir à leur existence, lorsque, à la sortie du pénitencier, ils rentreront dans la société. On leur procure ainsi les moyens d'éviter à l'avenir toutes les tentations qu'une situation malheureuse entraîne, que la misère engendre : c'est un bienfait inappréciable dans ses résultats.

L'institution du pécule est encore une idée des plus heureuses: elle existe aussi dans quelques unes de nos maisons de détention, mais avec des imperfections et des abus qui la rendent presque toujours funeste plutôt qu'utile. On ne devrait pas souffrir que le pécule, comme dit M. Ch. Lucas, « soit subordonné au taux des salaires, tel qu'il est en dehors de la prison, en sorte que le plus coupable soit souvent le mieux rétribué, uniquement parce qu'il exerce un métier plus lucratif... » On doit égaliser en général les salaires des travaux, de telle sorte que le travail soit plus ou moins productif, *uniquement* d'après l'aptitude et le zèle du détenu : c'est ce qu'il est facile de faire dans un pénitencier; et c'est alors que le taux du pécule est, parmi les prisonniers, la mesure morale de leur régénération.

Une partie du fruit de leur travail, quoique bien faible, et pour des usages déterminés, pour des œuvres de bienfaisance, est mise à la disposition du condamné, comme récompense immédiate de ses habitudes laborieuses, et comme l'attrait nécessaire pour l'y faire persévérer. Le reste est tenu en réserve pour lui être rendu au moment de sa sortie de l'établissement. Ainsi, les bénéfices de son travail, sagement réservés, viennent encore pourvoir aux embarras de sa rentrée au sein de la société, où il n'a plus ni amis ni protecteurs, ni toit peut-être pour y passer sa première nuit. Cette partie de son pécule mise en réserve devient son capital, au moyen duquel il lui est possible de subvenir aux frais d'un nouvel ou premier établissement.

Des certificats de bonne conduite dans le pénitencier lui sont délivrés à sa sortie, et dont il peut faire usage au besoin, au lieu que nos malheureux galériens sont obligés de porter pour tout certificat, leur vie durant, la marque, le stigmate de leur infamie. Je terminerai encore cet exposé par les intéressans détails que nous donne M. Ch. Lucas.

« A son entrée dans la prison de Lausanne, un compte moral est ouvert à chaque détenu; ce compte se compose de tous les détails qui peuvent servir à le bien faire connaître. On y trouve son nom, son âge, son lieu d'origine, un extrait de son jugement, sa position de famille, son crime, sa peine, le nombre annuel de ses journées de travail, de repos, de maladie, de cellule, de geôle, le pécule qu'il a gagné, l'emploi qu'il en a fait dans les cas permis, des notes abrégées sur les récompenses comme sur les peines dont il a été l'objet, en un mot, le tableau de sa vie pendant toute la durée de sa détention. L'administration, ainsi éclairée par cette arithmétique morale, est à même d'apprécier pour ainsi dire mathématiquement la conduite du prisonnier; et son jugement est tout bonnement une addition qui résume pourtant toute la durée de la détention du prisonnier, tous les momens, tous les faits, toutes les circonstances de sa vie. C'est ainsi que cette sage institution est un obstacle insurmontable à l'hypocrisie* et à la faveur; car, d'un côté, elle prend et juge l'homme toujours sur le fait, et non sur l'apparence; et, d'un autre côté, c'est moins un jugement qu'elle laisse à prononcer aux comités de grâces, qu'un simple résultat qu'elle appelle à constater. Quand le détenu est arrivé à l'expiration de sa peine, on consulte son compte moral, et alors on lui délivre, suivant le cas, un certificat de *conviction* ou d'*espérance*. Le premier atteste sa bonne conduite durant la détention, le second certifie qu'il y a lieu d'espérer qu'il se conduira bien. A dater de cette époque de son élargissement, son compte moral se continue encore pendant

---

* Il n'est malheureusement pas aussi insurmontable que M. Lucas le pense.

cinq ans : la commission de détention s'adresse aux pasteurs des communes que les libérés vont habiter, et entretient avec eux une correspondance sur leur conduite pendant ces cinq années. »

Ainsi, comme on le voit, le système pénitentiaire, semblable au père de famille qui émancipe son enfant, et se réserve encore des droits sur lui, étend sa sollicitude sur le condamné même après qu'il a subi sa peine.

Qu'on juge maintenant si le système pénitentiaire n'est pas très propre à la régénération des condamnés; qu'on juge s'il ne peut empêcher le plus grand nombre de récidives. Qu'on le compare au régime de nos prisons, et qu'on rougisse de le voir établi partout ailleurs qu'en France.

Nous sommes loin cependant d'avoir retracé tous les avantages du système pénitentiaire dans ce court chapitre; aussi n'est-ce pas à ceux qui l'ont étudié et approfondi que nous l'adressons. Pour être utile à ce genre de lecteurs, il faudrait pouvoir dire plus et mieux que l'auteur du *Système pénitentiaire en Europe et aux États-Unis*, dont nous recommandons la lecture, et où nous avons nous-même puisé la plupart de nos connaissances sur cet objet : c'est plutôt dans l'intérêt du système, afin de le populariser; c'est en faveur de ceux qui ne le connaissent pas, que nous nous sommes hasardé à faire cette courte et simple analyse.

Nous avions d'ailleurs aussi une autre raison pour en parler.

C'est que, puisqu'il entrait strictement dans notre sujet de réfuter l'exagération de ce système, qu'on oppose à la peine de mort, de prouver combien il est insuffisant comme répression exclusive, comme exemple pour les grands crimes, de démontrer qu'il reste souvent en défaut devant l'incorrigibilité de certains scélérats endurcis aux forfaits, il y avait une sorte de nécessité à chercher à le montrer du bon côté, à le recommander, bien qu'il se recommande lui-même; il y avait enfin justice à lui rendre, après l'avoir ramené à ses justes limites.

CHAPITRE XIII.

De quelques perfectionnemens dont le système pénitentiaire est susceptible.

Au moment où de savans magistrats, chargés par le gouvernement d'explorer sur les lieux les effets du système pénitentiaire, arrivent dans nos murs; au moment où ils vont publier le résultat de leurs observations, le fruit de leurs méditations, il doit paraître hardi d'écrire sur le même sujet. On semble vouloir anticiper sur de si graves et de si utiles travaux; on a l'air de chercher à distraire le public de cette attente, qui ne manquera pas sans doute d'être justifiée. Quoi qu'il en soit, nos intentions sont trop pures, trop empreintes du sentiment de l'intérêt public, pour que nous n'osions pas encourir, s'il le faut, le reproche de témérité aussi bien que tout autre reproche. Nous croyons remplir un devoir indépendant de l'époque, en signalant certains vices actuels du système pénitentiaire, et en indiquant quelques moyens de les faire disparaître.

Ce chapitre nous semble la suite nécessaire du précédent.

Nous sommes-nous trompé en proposant des perfectionnemens chimériques hors de la portée de l'homme, en cherchant à éviter des maux inévitables? C'est là une question que nous ne déciderons pas. Ce qui précède, cependant, doit nous justifier pleinement du reproche d'aimer les chimères et les perfections absolues : nous serons, au surplus, les premiers à condamner nos théories à cet égard aussitôt qu'on nous en fera connaître l'erreur. Venons au fait.

Nous avons exposé, dans le chapitre précédent, les avantages du système pénitentiaire. Ces avantages, comparativement à ceux des autres systèmes des peines, sont incontestables et immenses.

Nous en avons déjà aussi tracé les limites. Il devient cependant indispensable de revenir sur cet objet, ainsi que de rappeler quelques considérations importantes sur lesquelles nous n'avons pas assez insisté.

L'amendement ou la correction et la répression s'opèrent simultanément. Mais la correction n'est pas la répression, et les mêmes moyens qui servent à l'une ne produisent pas toujours l'autre. Une leçon de morale donnée au coupable le corrige peut-être; elle ne neutralise pas très-certainement, pour les autres hommes, les appâts du crime. Pour ceux qui ne cherchent dans le système pénitentiaire que ses effets sur l'individu, qui ne le comprennent que comme un moyen de correction, la distinction que nous établissons doit leur paraître pour le moins superflue. Il en sera tout autrement de ceux qui n'auront pas oublié que la justice pénale, quand elle sévit, n'a d'autre but que celui de prévenir les actes nuisibles, de quelque part qu'ils viennent.

L'amendement du coupable mérite toute la sollicitude du législateur, tant qu'il trouve dans les moyens d'amendement assez de vertu répressive, assez de motifs sensibles pour détourner du crime ceux qui seraient tentés de le commettre.

Lors, au contraire, que les moyens à employer pour obtenir l'amendement sont de nature à ne pas pouvoir servir de motifs sensibles pour détourner du crime ceux qui seraient tentés de le commettre, alors le législateur est obligé de s'éloigner des moyens d'amendement tout autant qu'il en faut pour produire l'effet de répression. Nous avons même vu que, lorsque la répression est devenue tellement importante par l'énormité du crime, que toute autre considération doit disparaître, alors, non seulement le législateur peut s'éloigner des moyens d'amendement, mais même qu'il doit les abandonner tout-à-fait en faveur du but essentiel des peines.

Nous avons vu aussi que la qualité de rémissible ou réductible est dans les peines de la plus haute importance ; que lorsqu'elles possèdent cette qualité, elles se prêtent à ce qu'on arrête l'effet de la peine quand on reconnaît que le délinquant a déjà payé tout son dû. La peine doit être, pour chaque cas, la peine juste, la peine méritée, c'est-à-dire, celle qui répare toute la somme du mal causé; c'est le paiement complet de la dette contractée envers la société par le fait du délit: mais, par cela même, elle ne doit pas aller au delà; elle ne doit pas coûter au coupable la plus légère privation en sus : de même que dans les dettes d'argent on n'a pas le droit d'exiger un seul centime de plus que ce qui est strictement nécessaire pour opérer l'extinction de la dette.

La somme du mal causé, voilà la dette du coupable. En analysant, comme nous avons déjà eu occasion de le faire, cette formule synthétique, nous trouvons que le mal causé se divise d'abord en *mal physique* et *mal moral*. On sait comment on répare le mal physique quand il est susceptible de réparation : les dommages-intérêts sont pris sur les biens du coupable, et, s'il n'y en a pas, ce serait à la société à les payer pour son compte, comme elle répare les événemens de force majeure. Qu'une contrée soit subitement inondée, qu'une ville soit en un instant réduite en cendres, la société entière doit venir au secours des malheureuses victimes de tels événemens. Mais écartons tout ce qui se rapporte à la réparation du mal physique, puisque cela n'a point de rapport à notre objet.

Le *mal moral* se divise encore en mal que le délit produit comme motif d'alarme et d'inquiétude, et en mal produit par le délit comme exemple capable de corrompre et d'entraîner dans le crime des membres de la société encore purs.

Voici donc la dette bien clairement expliquée; venons aux moyens de paiement.

D'abord, dans le cadre que la loi trace au juge, elle peut bien apprécier des circonstances générales, des modifications visibles, apparentes, telles, par exemple, que l'âge, le sexe, etc., etc.; mais elle est obligée de s'arrêter à ce point.

Le juge va plus loin : il peut apprécier, pour ses décisions, des modifications individuelles, des variétés propres à chaque individu, mais c'est aussi lorsqu'elles sont apparentes, visibles à ses yeux, qui sont, s'il est permis de s'exprimer ainsi, plus clairvoyans que ceux de la loi. Mais est-il possible au juge d'apercevoir dans chaque cas les individualités cachées, inapparentes, et qui doivent rester inconnues jusqu'à ce qu'un stimulant, un principe d'excitation vienne les faire connaître? Non certes : malgré son avantage sur les décisions générales de la loi, sa justice ne va pas aussi loin.

Et, cependant, ces individualités, ces spécialités inapparentes au moment de l'application de la loi, il faut les connaître, il faut les apprécier pendant la durée de la peine, sans quoi on devient injuste envers celui qui la subit; on lui fait payer plus qu'il ne doit, on est gratuitement cruel.

Ces inconvéniens, c'est le système pénitenciaire qui est appelé à les faire disparaître; ces injustices, c'est ce système qui peut seul les réparer. Ne parlons donc point de tous les autres; ils ont encore à se purger de trop de vices grossiers pour qu'ils aspirent à rien perfectionner : il faut faire bien avant de faire mieux.

Une indication si générale, et par conséquent si vague, resterait sans utilité aucune, si nous ne faisions pas voir de plus près le vice ou le défaut du système que nous voudrions perfectionner.

Prenons un exemple : c'est le moyen le plus sûr de se faire bien comprendre. Nous n'avons jamais balancé à tout sacrifier à la clarté.

Supposons que la loi établisse six années de pénitencier, plus les dommages-intérêts, dont nous n'aurons pas à nous occuper, pour le crime de vol à main armée, avec effraction, la nuit, dans une maison habitée. Ce sont là les circonstances générales que la loi peut apprécier.

Que veut dire cette partie de la loi, «Le maximum sera de six années?»

Cela veut dire bien évidemment que le législateur a pensé qu'en général, sans faire d'application à aucun individu déterminé, le *mal causé à* la société, 1° par l'alarme résultant de l'idée que le coupable pouvait se livrer à de pareils attentats ou à d'autres; 2° par l'exemple séduisant s'il restait impuni; que ce mal, disons-nous, peut être réparé par la séquestration du coupable du sein de la société pendant l'espace de six années. En d'autres termes, le législateur a pensé que les six années que le coupable va passer au pénitencier suffisent, dans tous les cas, pour détruire le mauvais effet de l'exemple, ou, ce qui revient au même, pour inspirer aux autres hommes assez de motifs sensibles de s'abstenir du crime, et pour que le coupable, mettant à profit le temps de réclusion, puisse rentrer un jour dans la société sans y être un sujet d'alarme.

Venons maintenant au cas particulier. Le législateur a parlé, la loi a reçu sa sanction de l'approbation générale; et cependant un membre, parmi les acceptans, méconnaissant ses vrais intérêts, ou ne pouvant maîtriser ses passions vicieuses, enfreint la loi : il vole à main armée, avec effraction, la nuit, dans une maison habitée.

Un juge est désigné pour appliquer la loi : il examine d'abord si, dans le cas qui lui est soumis, se trouvent réunies les circonstances générales de la loi citée : il les trouve toutes; mais il y trouve plus que cela : il trouve des circonstances que la loi n'a pu apercevoir.

Le voleur, par exemple, est un homme poussé par le besoin plus encore que par sa perversité; il a atteint la majorité fixée pour les crimes, mais il ne fait que de l'atteindre; il a tout respecté dans la maison, excepté l'objet dont il voulait s'emparer, etc., etc., etc. Voici des circonstances propres au cas, propres à l'individu. Le juge alors, ayant pour prononcer des données dont la loi manquait, condamne notre voleur à quatre années de pénitencier, c'est-à-dire, qu'il déclare, au nom de la société, que quatre années de privation de liberté suffiront pour contenir les autres hommes, pour les empêcher de se livrer à des vols tels que celui qui a été commis; et, de plus, que ces quatre années, bien employées, suffisent pour que le coupable puisse revenir au sein de la société sans y être un motif d'alarme et d'inquiétude.

Le nombre quatre a donc été produit par deux facteurs :

1º Le besoin de répression, c'est-à-dire le besoin d'empêcher de nouveaux délits de la part des autres hommes;

2º Le besoin de correction, c'est-à-dire le besoin d'empêcher de nouveaux délits de la part du coupable.

Quelle est maintenant la part de chacun des deux facteurs dans le nombre quatre?

Évidemment, si la société avait autant d'intérêt à se délivrer des attaques que pourrait lui faire par la suite le coupable, que de celles que lui feraient les autres membres si le crime restait impuni, on pourrait dire alors que les deux facteurs avaient influé de la même manière dans la composition du nombre quatre. Mais comme il est bien évident, au contraire, que la société cherche plus efficacement à se préserver des attaques de tous les autres individus, que de celles du coupable, qui, après tout, n'est qu'un seul individu, dès lors on ne saurait douter que le facteur *répression*, *intimidation*, ne l'emporte dans le produit quatre années de pénitencier.

Malheureusement c'est ce dernier facteur *répression*, qui est fixe, invariable, parce qu'il doit se rapporter à des êtres dont on ne connaît pas les individualités.

Mais, bien que nous ayons dit que le facteur *répression* l'emporte, nous n'avons pas poussé l'image jusqu'à croire que le nombre quatre se soit formé par la voie de la multiplication ; nous voulons dire seulement que la part qu'on assignerait à ce facteur, étant la plus importante et fixe en même temps, ne saurait souffrir aucune diminution.

Ainsi, dans le cas qui nous occupe, si le juge a pensé qu'il faut trois années de pénitencier pour la répression, pour empêcher les autres hommes de commettre des vols pareils à celui qui a été commis, nous disons que jamais, sous aucun prétexte, ce terme ne pourra être abrégé.

Le second facteur *correction*, c'est-à-dire, besoin d'empêcher que le coupable ne soit pour la société un motif d'alarme, ce facteur, au contraire, est essentiellement variable, même après le prononcé du jugement, parce que ce n'est qu'en appliquant la peine au coupable que de nouvelles individualités apparaissent, que de nouvelles garanties peuvent être données par le coupable à la société.

Mais la correction n'est point l'ouvrage d'un jour; même, quand elle le serait, la société ne le croirait pas, et continuerait d'être alarmée si le coupable était mis de suite en liberté. Il faut nécessairement un certain laps de temps pour que cette certitude de l'amendement puisse être acquise.

Supposons que, dans notre cas, le juge, appréciant les individualités apparentes, décide que le coupable ne pourrait donner les garanties que la société exige de lui qu'au bout de quatre années, ce temps de quatre années serait, comme nous l'avons dit, nécessairement variable.

Le temps de répression, au contraire, est une donnée expérimentale fondée sur les qualités de l'espèce, qui ne peuvent manquer dans les individus, sans quoi l'espèce elle-même serait tout autre. Le temps assigné à la répression n'est que le résultat de cette observation : « Pour empêcher les méchans de commettre telle ou telle action, il faut les menacer de telle ou telle privation. » Cette expérience a pu être acquise ; l'étude du passé, les données de la statistique judiciaire, qui établissent des rapports entre les délits et leur mauvais exemple, entre les peines et leurs effets de répression, doivent avoir appris au legislateur à fixer approximativement ce facteur de répression dans les limites du maximum et du minimum de la loi. Ces expériences, il est vrai, ne sauraient être faites que dans une suite d'années, sous l'empire d'une même législation pénale, régulièrement exécutée ; elles exigent de la part de ceux qui recueillent ces données une connaissance approfondie des qualités essentielles des hommes de l'époque, et du pays où l'on vit : mais enfin ces expériences sont possibles ; elles sont la base de toutes les législations, chez tous les peuples, et nous ne voyons pas comment on pourrait remplacer par d'autres moyens ce qu'elles auraient d'imparfait.

Sans doute ce facteur répression ne serait point fixe éternellement, pour toute la suite des siècles, mais il le serait pour une époque. Il est évident que la génération à laquelle on applique le résultat des expériences faites n'est pas la même que celle sur laquelle ces expériences ont été faites. La civilisation fait des progrès dont il faut tenir compte; mais elle n'est pas non plus tellement différente, qu'on ne puisse pas dire de celle-ci tout ce qu'on disait de la précédente, à quelques modifications près : aussi la législation pénale des peuples change-t-elle toujours avec les mœurs et les qualités essentielles des races qui se succèdent.

Ces mêmes données de l'expérience, qui ont servi au législateur, éclaireraient aussi le juge dans la part qui lui est dévolue, dans l'évaluation du facteur répression, qui doit nécessairement entrer dans son jugement.

Quant au temps de correction, il n'en est pas de même. Le juge assigne une durée d'après les individualités apparentes; mais, comme il sait qu'il peut s'en présenter de nouvelles lors de l'application de la peine, et que ces individualités doivent influer sur la correction ou l'amendement, alors il ne prétend pas que son jugement soit sans appel; il déclare, au contraire, ce second temps variable.

Dans notre cas, le facteur quatre s'est formé

de deux durées simultanées : l'une de trois années (la répression), l'autre de quatre années (la correction), comme la somme de deux lignes droites de différente longueur qu'on appliquerait l'une sur l'autre.

D'après tout ce qui vient d'être dit, le juge enverrait le coupable au pénitencier, avec la note ou la sentence suivante : Trois années de temps fixe; plus une année de temps variable : somme, quatre années de régime pénitentiaire.

Dans l'état actuel où se trouve le système pénitentiaire, on n'a point disséqué, analysé par ses motifs, du moins à notre connaissance, la sentence du juge; on n'a point divisé la durée de la détention en temps fixe et temps variable; tout le temps est fixe. On a eu en vue d'abord la répression; puis on y a joint l'heureuse idée de mettre à profit ce temps de répression pour opérer l'amendement du coupable.

Mais qu'il est facile d'apercevoir les inconvéniens de cet état de choses? Le système pénitentiaire d'aujourd'hui n'est, dans bien des cas, qu'un tissu d'injustices, aussi bien que les autres systèmes de peines, quoique les injustices soient d'une nature différente.

Dans notre cas, si nous supposons que l'individu envoyé au pénitencier donne au bout de trois ans deux mois des preuves irrécusables d'un changement moral, total et complet; si la société en acquiert la certitude par les mandataires qu'elle a préposés à cet effet; si elle s'assure ainsi que le coupable ne fera pas le mal, même quand il en aura l'occasion, de quel droit, nous le demandons, retiendra-t-on le condamné au pénitencier? Il a payé sa dette; il a complétement satisfait la société, en servant d'abord d'exemple répressif, et en prouvant ensuite qu'il a abjuré la volonté de mal faire. Que lui demande-t-on de plus? pourquoi, dans quel but, de quel droit prolonger sa détention d'un jour, d'une minute?...

Tout condamné qui se présenterait au pénitencier avec un jugement tel que celui de notre cas, devrait avoir la possibilité d'abréger sa peine, dans ce qui ne concerne pas le temps de répression, comme il a la possibilité de donner à la société l'assurance qu'elle lui demande, l'assurance qu'il ne fera plus de mal. Toute détention au delà du temps nécessaire pour acquérir cette assurance, et qui ne serait pas exigée par le besoin de répression, est une violation manifeste des droits du condamné, une injustice criante à laquelle il est urgent de porter remède.

Maintenant que la difficulté est trouvée, et avant de passer aux moyens de la résoudre, qu'il nous soit permis de nous arrêter un instant pour examiner jusqu'où elle s'étend.

Dans tous les jugemens, y aura-t-il une partie variable? seront-ils tous semblables à celui que nous avons énoncé ci-dessus? C'est la seule question pour le moment.

Eh bien! non: il n'y aura pas dans tous les jugemens une partie variable, et le mal réel que nous avons signalé s'étend peut-être moins qu'on ne pourrait le penser : nous nous en félicitons bien sincèrement.

Nous avons vu qu'il y a toujours deux facteurs pour les jugemens : ces deux facteurs, ces deux durées, peuvent se combiner des trois manières suivantes :

1° La durée fixe, moindre que la durée variable;

2° La durée fixe, égale à la durée variable;

3° La durée fixe, plus grande que la durée variable.

Toutes les fois donc que le juge pensera que, dans le cas qui lui est soumis, le temps nécessaire à la correction du coupable sera plus court que le temps nécessaire à la répression, il n'y aura pas lieu au perfectionnement que nous voulons apporter au système pénitentiaire, parce qu'il n'y aura pas d'injustice à l'employer tel qu'il existe aujourd'hui. En reprenant les chiffres de notre exemple, on pourrait représenter un jugement tel que ceux dont il est ici question, ainsi qu'il suit :

Temps fixe de répression ou d'intimidation quatre années; temps pendant lequel le condamné peut se corriger, d'après les individualités aujourd'hui en présence, trois années.

La seconde espèce de jugement a lieu lorsque le juge pense que le temps de répression doit être d'égale durée que le temps nécessaire à l'amendement du coupable. Un tel jugement peut s'exprimer ainsi :

Temps fixe, quatre années; temps variable, quatre années.

Enfin la troisième espèce de jugement a

lieu lorsque le temps variable est plus long que le temps fixe. Un jugement de cette espèce peut s'écrire ainsi :

Temps fixe, trois années ; temps variable, une année ; total quatre années. Ou bien,

Temps fixe, trois années ; temps variable, quatre années.

Ainsi, en résumé, ce n'est que dans ce troisième cas que le système actuel s'expose à commettre des injustices, mais des injustices d'autant plus criantes, que, suivant nous, il lui est plus facile de les éviter.

Mais, bien que ce ne soit que dans un seul de ces trois cas que le système pénitentiaire admette des perfectionnemens, on ne doit point oublier que ce cas est peut-être le plus ordinaire, le plus fréquent ; car la société, par l'organe du juge, ne saurait assigner un temps trop bref à l'amendement du coupable. L'amendement n'est pas toujours facile à obtenir. Ah ! qu'il est difficile de changer ses habitudes, surtout quand elles sont vicieuses !

Au reste, nous n'insisterons pas sur la question de savoir lequel des deux temps (le temps de répression et le temps d'amendement) sera le plus long ordinairement. Il faudrait ici descendre à des détails qui ne sont pas de notre sujet; il faudrait surtout avoir des connaissances pratiques qui nous manquent, des connaissances positives expérimentales sur l'effet répressif du régime pénitentiaire pendant des durées données, et sur son efficacité de correction pendant ces mêmes durées. Nous nous bornerons donc à répéter que toutes les fois que le juge, d'après les qualités individuelles des coupables, pensera que le temps de répression doit être plus court que le temps destiné à l'amendement, alors, si le coupable s'est corrigé plus tôt que le juge ne l'avait d'abord pensé, il doit être mis en liberté aussitôt qu'il a accompli le temps de répression ; toute autre détention est arbitraire, illégitime et nuisible.

En défendant ainsi la cause des condamnés qui ont déjà payé leur dette, nous ne craignons pas certainement d'être désavoués par eux. Il n'en serait peut-être pas de même si nous raisonnions dans l'hypothèse des jugemens de la première espèce, ceux où le juge a pensé que le temps de répression doit être plus long que le temps présumé nécessaire à la correction. Aussi nous répondrons sur-le-champ aux observations qu'un tel condamné pourrait nous faire.

« Le juge a pensé, nous dirait-il, que je pouvais corriger mon penchant au mal dans tant de temps : ce temps s'est écoulé, et j'ai en effet donné à la société l'assurance que je ne lui ferais point de mal, même quand j'en aurais l'occasion ; je me sens aussi digne que vous de la liberté : pourquoi voulez-vous qu'on me retienne jusqu'à ce que j'aie accompli le temps nécessaire à intimider les autres hommes par le spectacle de mes souffrances ? Vous cherchez à tirer de moi un parti que vous n'avez pas le droit de tirer ; vous êtes inique et injuste envers moi, par intérêt pour vous et pour les autres hommes ! »

Et d'abord, si une telle objection restait debout, elle aurait une bien grande portée ; il n'y aurait plus de peines possibles : mais, quoique spécieuse, elle est sans fondement.

Dans quel but a-t-on puni l'homme qui parlait tout à l'heure ? Que s'est proposé la société en punissant ? Elle a cherché à se préserver des atteintes que le coupable pouvait lui porter de nouveau, et avant tout, elle a cherché à se préserver des attaques des autres hommes, qu'une folle indulgence ou une punition trop douce n'aurait pas servi à retenir dans le devoir. La seconde partie de son but, la société l'a atteint par l'amendement du coupable; mais si l'exemple répressif n'est pas encore donné, le but tout entier est-il atteint? la dette du coupable est-elle entièrement payée? Non, sans doute, le but n'est pas atteint, et c'est en vain que le coupable vient alléguer qu'on le choisit injustement pour produire un effet qui ne profite qu'aux autres et point à lui. Le législateur ne l'a pas choisi : il s'est choisi lui-même par son crime; il s'est engagé à le réparer entièrement, et maintenant il n'offre qu'une partie de cette réparation. « Oui, lui dirait-on, vous vous êtes choisi vous-même pour accomplir la condition pénale de l'infraction de notre pacte, n'accusez que vous-même : la société agit envers vous comme envers tous les autres membres; elle est juste, impartiale; c'est vous qui avez cessé de l'être.»

On sait que la société n'a d'autres moyens directs d'agir sur l'homme près de devenir coupable, que ceux que nous avons attribués à la justice de prévoyance*. On sait aussi que

---

* Les améliorations matérielles de l'état social : aisance, instruction, moralité.

quand ces moyens de prévoyance demeurent insuffisans, la société emploie les seuls qu'elle ait à sa disposition, qu'ils soient directs ou non. Si le législateur, chargé de *prévenir* les actes coupables, pouvait suivre toutes les pensées des individus qui composent la société; s'il pouvait descendre dans le cœur de chacun, il aurait le droit d'arrêter dans sa marche l'homme déjà coupable par l'intention, sans attendre qu'il le devienne par l'acte. Mais, comme évidemment on ne saurait supposer au législateur tant de perspicacité, obligé de prévenir les actes coupables, comme nous venons de le dire, il n'a plus qu'à agir d'une manière indirecte sur ceux qu'il ne connaît pas, et qui, cependant, existent dans le sein de la société avec des intentions malfaisantes.

Cette nécessité reconnue, cette impossibilité d'agir autrement non contestée, reste à savoir si les membres de la société consentiront à ce que le législateur tire du coupable l'exemple répressif, l'exemple capable de neutraliser les appâts du crime. Or, évidemment ils y consentent, ils y doivent consentir par calcul de pur égoïsme : nous l'avons vu, ils peuvent aller jusqu'à engager leur vie pour mieux la conserver.

Le coupable dont il est ici question a adhéré à un tel pacte; il en a accepté toutes les conséquences. Tant qu'il était innocent, il a joui de tous ses avantages, puisque jusqu'à l'époque de son crime il a été protégé par l'exemple que d'autres coupables ont donné à son profit; il sera encore protégé par ce même pacte, après qu'il aura subi sa peine, et même pendant qu'il la subit : comment pourrait-il, après tout, se refuser à accomplir ses engagemens, à rendre aux autres ce qu'il en a reçu? Il ne tenait qu'à lui de ne pas se trouver dans le cas de donner l'exemple répressif. Les hommes n'ont point dit : « Tel homme supportera les conséquences fâcheuses de notre pacte; » ils n'ont point proposé la société du lion. Les hommes, et le coupable parmi eux, ont prononcé ces mots : « Que celui de nous qui enfreindra la loi, rétablisse son empire par l'exemple de son châtiment. » Par l'effet de son crime, l'homme a déterminé ce qu'il y avait d'indéterminé dans ces paroles; il a rendu applicable à lui seul ce qui s'adressait à tous; il s'est enfin choisi lui-même : il doit donc plus que son amendement, il doit l'exemple répressif.

Revenons maintenant au troisième cas des jugemens, à celui que nous croyons devoir être le plus fréquent.

Le juge envoie le condamné au pénitencier, non pas comme aujourd'hui, avec ordre qu'on le retienne pendant un temps donné, sans que ce temps puisse jamais être abrégé; le juge l'envoie au pénitencier, avec une sentence ainsi formulée : 3 années fixes, 1 année variable; total, 4 années.

Qui maintenant aura dans le pénitencier la faculté de diminuer le temps de détention dans les limites tracées par le juge?

Quels moyens de reconnaître que l'amendement du coupable est certain et complet?

Ce sont là deux questions que nous ne prétendons pas résoudre complétement. Nous les avons posées les premiers peut-être, notre tâche est remplie, notre tribut payé.

Au moyen de nos analyses, nous signalons des défauts, des vices, et ce n'est que très rarement que nous nous hasardons à proposer des moyens d'obvier aux inconvéniens que nous avons reconnus. Il y a plus: nous n'avons jamais prétendu qu'il soit possible de faire disparaître toute espèce d'inconvénient. Conséquens avec nous-même, nous n'affirmons pas que les imperfections du système pénitentiaire, que nous avons signalées, doivent disparaître entièrement. Il se peut que, dans les applications, c'est-à-dire dans la résolution des deux questions que nous venons de poser, ces perfectionnemens rencontrent des difficultés insurmontables. Après cette profession de foi renouvelée, qu'il nous soit permis de dire un mot sur la question.

Qui dans le pénitencier d'aujourd'hui serait chargé de réduire, s'il y a lieu, le temps de détention dans sa partie variable?

Seraient-ce les directeurs actuels? Mais ils sont aujourd'hui presque exclusivement chargés de la discipline, de l'ordre matériel de l'établissement, ordre qui, sans doute, est de la plus haute importance. Chargerait-on de ce soin l'ecclésiastique ou le pasteur? Mais leurs fonctions sont déjà tout autres. Il n'y a pas de fonctionnaire, suivant nous, à qui on puisse aujourd'hui confier cette partie si délicate, celle qui a pour but de réduire la peine. Il faudrait en créer un tout exprès.

Nous voudrions que les chefs actuels restassent exclusivement occupés de ce qu'ils font aujourd'hui, et nous voudrions voir au dessus d'eux un premier chef, avec rang des plus distingués dans la magistrature, vivant au pénitencier, s'occupant exclusivement d'étudier les condamnés, pour les juger ensuite, assisté d'un *conseil* ou tribunal, formé ou de magistrats nommés *ad hoc*, ou d'employés de l'établissement, tels que le directeur en second, le pasteur ou ministre de la religion, les maîtres, etc.

Cette charge que nous voudrions créer étant sans doute très pénible, il faudrait la rétribuer largement; devant être remplie par un homme d'un mérite éminent, il faudrait la rendre très honorable; il faudrait, comme nous l'avons dit, lui donner un rang distingué dans la magistrature.

Le conseil du pénitencier présidé par le magistrat-directeur, sur des renseignemens bien amples et bien positifs, prononcerait, après de mûres délibérations, si le condamné qui a déjà accompli son temps de répression mérite ou non d'être rendu à la société; si des qualités individuelles, dont on n'a pu avoir connaissance qu'au pénitencier, sont venues produire la certitude morale que le détenu ne fera plus le mal quand même il en aurait l'occasion; si l'amendement est, en un mot, certain et complet : les droits de la société cessent quand on est arrivé à ce point.

L'arrêt rendu par ce conseil s'appellerait *second jugement*, et s'il était favorable, le condamné serait immédiatement mis en liberté.

Le jugement de ce conseil ne pourrait, dans aucun cas, être provoqué ni par le détenu qui aurait déjà subi le temps de répression, ni par sa famille ou ses amis. Le condamné ne réclame pas un droit : son droit ne commence que lorsque la société a acquis l'assurance qu'il s'est corrigé, et cette assurance elle-même ne commence que lorsque le second jugement est prononcé.

Ce jugement serait provoqué uniquement par le premier magistrat, ou par le premier magistrat à la requête de la majorité du *conseil de libération*; car c'est ainsi qu'on pourrait le nommer.

L'autorité ou le nombre de voix, que le premier magistrat devrait avoir dans ce conseil, est une question de détail que nous laissons aux praticiens.

Quant aux élémens qui serviraient à former ce second jugement, quant aux informations qui serviraient à éclairer les juges sur l'état de moralité du condamné, le système pénitentiaire a déjà beaucoup fait. On sait qu'à son entrée dans le pénitencier un compte moral est ouvert à chaque condamné ; que ce compte se compose de tout ce qui peut servir à le faire connaître : que ce compte est, en un mot, le tableau de la vie du condamné pendant toute la durée de la détention. Si maintenant on y ajoutait les observations personnelles du magistrat directeur, ses observations de tous les jours, parce que c'est son unique occupation, parce qu'il suit le condamné partout, parce qu'il le prend sur le fait la nuit et le jour ; si l'on remarque combien ces observations peuvent être désintéressées parce que ce magistrat n'est chargé de rien autre chose que d'observer, d'étudier le condamné, (il n'a pas à le retenir dans l'ordre, à veiller à sa nourriture ; il n'a qu'à le connaître) : si l'on réunit, disons-nous, tout ce qu'il y a de fait à ce que nous proposons qu'on fasse, on verra que les élémens pour porter une décision avec entière connaissance de cause sont complets, satisfaisants. La société peut, par ce moyen, sans compromettre sa tranquillité, rendre à la liberté l'individu qui en est digne et éviter les nombreuses injustices qu'on commet en son nom aujourd'hui dans les pénitenciers.

Les pénitenciers sont donc souvent injustes envers les condamnés; mais ne le sont-ils pas aussi quelquefois envers la société? Les pénitenciers actuels font-ils en faveur de la société tout ce qui leur est permis de faire, tout ce que la société a le droit d'en attendre? Non sans doute; et c'est là une autre et bien grave imperfection du système tel qu'il existe aujourd'hui.

Que fait-on aujourd'hui au pénitencier comme au bagne, quand le condamné a déjà subi le temps de détention que le juge avait fixé? Qu'il ait ou non abjuré la volonté du mal, on le rend à la liberté. Ainsi le pénitencier, comme le bagne, lance au sein de la société des êtres qui n'y rentrent que pour lui faire la guerre, des êtres d'autant plus à craindre qu'ils sont plus exaspérés. Que le bagne se résigne à rendre à la société un si triste service, mais le pénitencier doit aspirer à éviter de si graves inconvéniens.

Qu'un homme se rende coupable, il est puni : on lui applique une peine dans le but,

1° d'empêcher les attaques que l'impunité produirait infailliblement de la part des autres hommes ;

2° d'empêcher ses récidives.

Par hypothèse le juge l'envoie au pénitencier avec une sentence ainsi conçue :

3 années de temps destinées à la répression, plus 1 année destinée avec les trois autres à l'amendement du coupable ; total : 4 années de pénitencier.

Le coupable fait en effet d'abord trois années de pénitencier : il y éprouve des privations ; ses souffrances servent d'exemple aux autres hommes. Cette partie de la dette est complétement payée, que le coupable se soit corrigé ou non.

Mais l'expiration des quatre années arrive et le coupable ne s'est pas amendé ; bien plus, par hypothèse, son immoralité est restée la même ou elle s'est augmentée. Si vous le renvoyez dans cet état, aurez-vous empêché la possibilité des récidives? lui aurez-vous fait acquitter la seconde partie de sa dette? Que pourrait alléguer en sa faveur un tel condamné? Ne retient-on pas les fous dans des maisons d'asile, les animaux féroces dans des cages de fer, pourquoi ne retiendrait-on pas les méchans au pénitencier tant qu'ils n'abjurent pas les méchancetés?

« Vous me jugez par mes actes à venir; vous me punissez des fautes que je n'ai pas encore commises. » Vaines clameurs! « Non, du tout; je ne vous juge que par vos actes présens, par vos faits du moment; ils me révèlent, aussi sûrement que les calculs astronomiques révèlent l'instant de la jonction des astres, ce que vous serez, ce que vous ferez un jour, si je vous accorde une liberté dont vous n'êtes pas encore digne; la société a droit d'agir envers vous d'une manière préventive, parce que vous la menacez du fond de votre geôle; ou plutôt elle n'agit qu'après vous; elle pare les coups que vous voulez lui porter. » Telle serait la réponse invincible du législateur au condamné.

Les faits doivent sans doute précéder la punition; mais ces faits ne sont pas toujours des faits accomplis. « Attendez! je ne vous ai pas encore assassiné. » Telle serait le cri de l'assassin au moment de consommer son crime, se voyant menacé à son tour. Que fait l'homme assailli? il tue l'homme qui a *manifesté* l'intention de l'assassiner. Il est approuvé par tout le monde.

L'homme qui manifeste sa volonté d'assassiner, celui qui n'est point encore corrigé de sa méchanceté, qui menace du fond de sa geôle, le tigre dans sa ménagerie, ces trois êtres sont dans des positions qui ne diffèrent que par le plus ou le moins. Il faut agir de même envers eux, à la seule différence du plus ou du moins.

L'homme du pénitencier n'a pas commis de nouveaux crimes, eh bien! nous ne demandons pas de nouvelle punition. Il y a seulement menace de sa part, nous voulons seulement parer ses coups; c'est de stricte justice. Que si pour nous défendre il faut le tenir séquestré dans un pénitencier, nous sommes parfaitement dans notre droit pour l'y retenir. Qu'il se corrige, qu'il cesse de menacer, et nous cesserons de nous prémunir; nous cesserons d'élever une barrière entre son bras et nous.

« Si la liberté, dit M. Lucas, n'est pas corrigée au bout de l'an de sa condamnation à la réclusion, il n'y a pas plus de raison de l'émanciper au dernier jour de cette année qu'au premier ; mais il y a, au contraire, même motif de la retenir*. »

Mais puisque nous ne voulons plus punir, puisque nous ne voulons que nous défendre, le régime sous lequel le détenu continuera de vivre doit être tout différent de ce qu'il était. Le but unique de cette nouvelle détention est la correction, l'amendement ; il faut donc commencer par faire disparaître tout ce qui n'était que *répressif* pour ne conserver que ce qui tend au but qu'on veut atteindre. Douceur dans le traitement, commodité, aisance, tout doit s'améliorer, excepté ce qui regarde la privation de la liberté : cette partie de la détention doit rester la même jusqu'au changement moral du détenu. Consolations, encouragemens, exhortations, exemples, tout doit être prodigué ; les visites du magistrat-

---

* Page 280. Système pénal.

directeur, du chef en second, du ministre de Dieu, deviennent plus fréquentes; les derniers moyens, les dernières ressources sont mis en usage.

Alors de deux choses l'une : ou le coupable se corrige, sinon parfaitement, au moins assez pour qu'on puisse le rendre à la liberté, ou il reste tel qu'il était.

Dans le premier cas, la société le reçoit dans son sein : dans le second, le pénitencier retient le condamné, s'il est fou, parce qu'il est fou ; s'il est méchant, parce qu'il est méchant, et sans qu'il soit besoin d'autres raisons que celles que nous avons précédemment données.

Pour l'une ou l'autre de ces décisions le conseil de libération, dont nous avons parlé, exercerait ses fonctions.

A l'expiration du terme présumé de sa captivité, chaque condamné aurait droit à être jugé; ici, il a les présomptions pour lui, et ces présomptions seront, dans la plupart des cas, des vérités. Sans y être provoqué, le conseil prendrait l'initiative, et, par une simple déclaration d'amendement, ouvrirait au détenu les portes du pénitencier, lorsqu'en effet l'amendement résulterait des faits, des actes positifs ou négatifs du détenu. Oui! les faits négatifs devraient compter au détenu, car il reste sans doute peu de chose pour bien faire à l'homme qui, pendant un laps de quelques années, s'est abstenu de faire le mal. Il faudrait une dissimulation bien profonde, une hypocrisie bien étudiée pour contrefaire pendant des années entières l'homme calme, doux, résigné et convaincu de son tort. D'ailleurs sur quoi fonder la présomption de l'immoralité du condamné si rien ne la démontre? Nous voulons la plus stricte justice.

Mais l'homme, au contraire, qui insulte, qui menace ses gardiens, qui les maltraite par des voies de fait; mais l'homme qui se livre à tous les désordres que sa position lui permet, qui se montre aussi immoral qu'il peut l'être, cet homme justifie complétement notre méfiance. Rien ne vient nous garantir qu'il ne montrera pas sa méchanceté par des actes d'une plus grande immoralité; tout prouve, au contraire, qu'il n'attend que l'occasion pour se livrer sans réserve à tous les débordemens de son funeste penchant au mal. Le conseil le juge et le retient au nom de la société.

Le conseil de libération jugerait de nouveau le condamné tous les trois mois, tous les six mois, ou tous les ans, suivant la gravité des cas, jusqu'au jugement qui amènerait l'élargissement du détenu.

Nous ne voyons parmi les inconvéniens de théorie qu'un seul mais bien grave inconvénient, c'est l'arbitraire inquisitorial que l'on aurait confié *au conseil de libération*, puisqu'il serait souverain à prononcer sur le moment où chaque détenu serait rendu à la liberté. La difficulté, cependant, ne nous paraît pas insurmontable.

D'abord, la manière dont le conseil est composé, la considération dont nous voudrions entourer son président, seraient déjà de fortes garanties contre les injustices. Les changemens de pénitencier, dans certains cas et à certaines époques, les visites des inspecteurs des prisons, un conseil créé hors de chaque pénitencier pour surveiller le conseil de libération dans certains cas seulement, telles pourraient être, entre autres, les garanties données aux citoyens ; garanties nécessaires, indispensables, et sans lesquelles, nous l'avouons, le système pénitentiaire d'aujourd'hui, avec toutes ses imperfections, nous semblerait préférable.

ADDITIONS.

N'ayant pas eu l'occasion de réfuter directement dans le courant de cet écrit quelques-unes des assertions que nous avons insérées dans le tableau des objections, aux pages 115, 116, 117, nous sommes obligés de le faire ici sommairement. On pourrait croire que nous avons éludé ces objections, si nous les laissions sans réponse.

Nous ne reviendrons pas sur ce que nous avons dit par rapport

Aux erreurs des tribunaux,

Aux abus de la peine de mort,

A ce que la réclusion débarrasse la société d'un criminel tout aussi bien que la mort.

Nous passerons de suite au quatrième point. Il porte : *La peine de mort prive la société d'un de ses membres.*

Et d'abord nous contestons qu'un individu ayant enfreint d'une si horrible manière le pacte qui l'unissait aux autres hommes, le pacte qui le rendait membre de la société, le soit encore. Un monstre n'est point un associé. La société se délivre d'un ennemi, et ne se prive de rien, pas plus qu'un malade ne se prive de la fièvre qui le tourmente.

Mais enfin, si l'on veut à toute force que l'assassin, l'empoisonneur, soient encore des membres du corps social, on ne niera pas qu'ils ne soient des membres gangrenés. Nous ne permettrons pas qu'on nous dise : « Le membre que vous retranchez, le croyant en état de corruption, n'est que malade ; » point du tout : les vols, les contrefaçons, les attentats aux mœurs, etc. etc., peuvent bien être les maladies du corps social, mais le parricide, l'assassinat et le poison en sont les véritables cancers. Nous avons d'autant plus raison d'établir cette parité, que nous ne voudrions conserver la peine de mort que pour un petit nombre de cas, qui prouvent la gangrène morale, l'extinction absolue des sentimens honnêtes; et dès lors, quand la société se délivre des membres qui en sont infectés, elle fait comme le médecin qui arrête le mal avant qu'il n'ait gagné les parties nobles.

La peine de mort, dit-on en cinquième lieu, *détruit et ne répare rien*. Suivant nous, au contraire, elle détruit ce qu'il faut détruire et répare ce qui est réparable; après le crime commis, elle rétablit la tranquillité sociale.

La sixième observation porte sur un point plus juste. La peine de mort prodiguée à des délits qui méritent tout au plus une peine correctionnelle est une si barbare injustice, qu'elle révolte même celui au préjudice duquel le délit a été commis; et, sous ce rapport, nul doute qu'elle n'engendre l'impunité; car la personne lésée est la première à protéger le coupable, à le sauver d'un châtiment non mérité, en s'épargnant à elle-même les remords d'avoir contribué à l'iniquité que le pouvoir social voulait commettre. Autrefois on pendait pour un vol domestique d'une valeur minime, et l'on dressait la potence devant la porte de la maison où le vol avait été commis : il fallait être bien inhumain pour dénoncer alors un coupable. La peine n'était pas en rapport avec le délit; elle était regardée comme une tyrannie. Que si, au contraire, la peine est juste, proportionnelle au délit, si elle a l'assentiment général, la peine ne produit pas l'impunité, parce que les citoyens n'ont plus rien qui leur fasse un devoir de protéger le coupable. Un sentiment d'humanité, qui n'est, à proprement parler, qu'une faiblesse, un oubli des devoirs, empêchera bien certains hommes de traîner devant la justice les coupables, même ceux qui ne doivent trouver dans la loi qu'une punition bien peu sévère de leur délit ou de leur crime; mais c'est là un mal qu'on ne saurait empêcher.

Le rôle de celui qui pardonne est d'ailleurs trop brillant; il flatte trop bien à la fois nos sentimens d'humanité et nos idées d'amour-propre pour que les hommes y renoncent facilement. Ces faiblesses humaines doivent être combattues par d'autres moyens que par des lois. Les lois peuvent seulement faire disparaître l'injuste rigueur des peines, en les rendant proportionnelles aux délits. Alors, si elles ne détruisent pas toutes les fausses idées qui nous font protéger et cacher les crimes, elles en détruisent au moins toutes les raisons plausibles. Nos mœurs rectifiées feront le reste; on ne confondra plus dans son mépris l'accusateur et le vil calomniateur; le citoyen doué d'assez de force de caractère, aimant assez la société pour remplir ses devoirs envers elle, même dans ce qu'ils ont de plus ingrat, avec celui qui autrefois, par esprit de vengeance, cherchait à attirer une injuste rigueur sur la tête de son ennemi innocent.

On a enfin avancé *que la suppression de la peine de mort ne mettrait pas la société en danger*; on l'a *avancé*; c'est tout ce qu'on a fait, car pour des preuves on n'en a pas donné ; et il est en effet assez difficile de prévoir ce que deviendrait une société sans le moyen de coercition le plus puissant de tous. On a bien présenté comme exemple certain pays où l'abolition de la peine de mort, pendant des intervalles plus ou moins longs, n'a point rompu les liens sociaux; mais c'est chez des peuples neufs où d'autres causes contribuaient puissamment à resserrer ces mêmes liens, ou dans de petits états placés sous l'influence de circonstances particulières et nullement applicables à de grandes nations. On n'a pas encore présenté l'exemple d'une grande nation comme la France, arrivée à son même point de civilisation et de corruption morale et se conservant pendant des siècles sans l'emploi de ce terrible moyen de coercition. Cet exemple eût été concluant.

Au reste toute la question est là, et quand on a avancé que l'abolition de la peine de mort ne mettrait pas la tranquillité sociale en danger, c'est parce qu'on lui a attribué des effets qu'elle ne produit pas, et qu'on a nié les résultats qu'on en obtient. C'est enfin parce qu'on l'a crue inefficace, injuste, inutile et nuisible. Or, c'est à ces reproches que nous croyons avoir déjà répondu dans cet ouvrage; c'est pourquoi nous ne nous étendrons pas davantage sur ce point.

Et puisque nous faisons ici des remarques pour ainsi dire détachées, nous profiterons de l'occasion pour montrer tout ce qu'il y a d'exagéré dans le *tableau comparatif et philosophique* de M. Charles Lucas *entre le système pénitentiaire et le système de l'échafaud*, comme il lui plaît de nommer le système pénal qui admet comme dernier terme de l'échelle des peines, la peine de mort. Il est curieux de voir que son exagération commence dans le titre ; car l'échafaud n'est point un système. Dans un système quelconque le dernier anneau de la chaîne n'est pas la chaîne même, le système entier. Les figures de rhétorique sont souvent aussi déplacées dans les sciences que le seraient dans la poésie et dans l'éloquence la sécheresse et l'exactitude de la langue didactique.

Nous connaissons, au reste, des hommes qui penchent bien pour l'abolition absolue de la peine de mort et qui, cependant, n'ont pu se défendre d'un certain étonnement en voyant les étranges contrastes que ce tableau présente dans presque tous ses points. Il y a fort peu d'articles sur lesquels on ne puisse faire des remarques qui affaibliraient considérablement l'effet qu'on a cherché à produire ou qui le détruiraient entièrement. Ce sont autant de sentences éloignées des motifs souvent bien faibles qui les ont dictées, et qui, dans cet isolement, offrent quelque chose de si nouveau, de si paradoxal, disons le mot, qu'elles produisent bien plus de surprise qu'elles ne concilient l'assentiment. Ce tableau comprend vingt-sept articles. Nous ne voudrions pas nous appesantir en faisant des observations sur un aussi grand nombre de points, nous allons seulement en considérer les premiers. Le lecteur fera sur les autres des remarques qui sont aussi intéressantes que faciles. Ce travail d'ailleurs a probablement été fait déjà.

SYSTÈME PÉNITENTIAIRE.	PEINE DE MORT.
1° Il n'avilit ni n'exalte le coupable.	1° Elle avilit et exalte le coupable.

Ainsi la peine de mort en elle-même produit l'avilissement du coupable.... Mais, si nous ne nous trompons pas, avilir, c'est couvrir d'opprobre, d'infamie quelque chose ou quelque être qui n'était point descendu à ce point de honteuse abjection ; avilir, c'est rendre vil ce qui ne l'était pas auparavant ; et l'infâme assassin ne se serait pas lui-même avili par son crime !..... et il aurait recouvré l'estime publique dans un pénitentiaire !... Non, jamais. Le criminel est déjà infâme et vil dès qu'il a commis le crime ; la peine ne fait que sanctionner l'arrêt déjà porté par l'opinion publique : *le crime fait la honte et non pas l'échafaud.* Votre système pénitentiaire ne sanctionne pas cet arrêt. N'infligeons pas d'une marque indélébile d'infamie l'homme qu'on peut espérer de ramener à la raison, à la vertu ; une fois stigmatisé, son retour serait à jamais impossible. Cherchons, au contraire, à rallumer les sentimens d'honneur et de probité affaiblis dans l'âme du coupable qui n'a pas encore parcouru tous les degrés de la perversité humaine, qui ne s'en est pas entièrement dépouillé : c'est là votre part de raison ; c'est là que votre système est admirable, incontestablement préférable à l'avilissement de nos bagnes et du fer brûlant; mais ne cherchons pas à ennoblir ce qui est à jamais abject, le dernier degré de la dépravation et de la perversité.

2° Il ne rend pas odieux l'homme qui la prononce. | 2° Elle répugne à prononcer.

Il est sans doute bien pénible à l'homme aimant, à l'homme sensible, d'avoir à prononcer la condamnation d'un coupable. C'est un rigoureux devoir que la société impose au magistrat, et qu'elle ne doit pas ensuite lui imputer à crime. Aussi il n'est pas vrai de dire que la sentence rende *odieux* le magistrat qui la prononce, comme on le donne à entendre. C'est un fait patent et contraire à cette assertion, que beaucoup d'honorables magistrats ont prononcé des sentences de mort dans l'intime conviction qu'elles étaient méritées, lorsqu'elles l'étaient en effet; et nous les voyons entourés, et justement, de l'estime et de la considération publique. Ne confondons pas: n'égarons pas l'opinion; lorsque le magistrat n'est, comme l'infâme Laubardemont, que l'instrument d'un tyran, il est justement odieux. Il ne peut en être de même de celui qui prête à la société l'honorable appui de ses lumières et de son intégrité.

3° Il ne prépare que d'honorables fonctions, et de doux témoignages de conscience à ceux qui coopèrent à son exécution.	3° Elle crée l'infâme profession de bourreau, et prépare au magistrat des remords.

La profession de bourreau est repoussante; mais quand elle serait infâme, cela ne prouverait pas que les emplois des pénitenciers soient tous d'*honorables fonctions* comme on le prétend. Si elles sont honorables, ces fonctions, c'est parce que tout ce qui n'est pas déshonorant devrait être honorable; mais il y a de l'exagération à dire que toutes les fonctions d'un pénitencier le sont dans le sens ordinaire de ce mot. De toutes les fonctions, celle de directeur en chef et celle de pasteur, sont certainement les seules auxquelles cette dénomination puisse s'appliquer; nous ne pensons pas qu'on doive l'étendre à celles de geôliers, de guichetiers, de gardiens, de chefs d'atelier, etc. etc., quelque utiles que puissent se rendre les hommes qui les remplissent. Le directeur et le pasteur peuvent se rendre éminemment utiles et être très honorables, et c'est pour eux, sans doute, que le système pénitentiaire prépare des doux témoignages de conscience, qu'on ne saurait étendre, malgré l'assertion, à ceux qui coopèrent à son exécution.

Quant aux remords que la sentence prépare aux

rable, incontestablement préférable à l'avilissement de nos bagnes et du fer brûlant; mais ne cherchons pas à ennoblir ce qui est à jamais abject, le dernier degré de la dépravation et de la perversité.

| 2° Il ne rend pas odieux l'homme qui la prononce. | 2° Elle répugne à prononcer. |

Il est sans doute bien pénible à l'homme aimant, à l'homme sensible, d'avoir à prononcer la condamnation d'un coupable. C'est un rigoureux devoir que la société impose au magistrat, et qu'elle ne doit pas ensuite lui imputer à crime. Aussi il n'est pas vrai de dire que la sentence rende *odieux* le magistrat qui la prononce, comme on le donne à entendre. C'est un fait patent et contraire à cette assertion, que beaucoup d'honorables magistrats ont prononcé des sentences de mort dans l'intime conviction qu'elles étaient méritées, lorsqu'elles l'étaient en effet; et nous les voyons entourés, et justement, de l'estime et de la considération publique. Ne confondons pas: n'égarons pas l'opinion; lorsque le magistrat n'est, comme l'infâme Laubardemont, que l'instrument d'un tyran, il est justement odieux. Il ne peut en être de même de celui qui prête à la société l'honorable appui de ses lumières et de son intégrité.

3° Il ne prépare que d'honorables fonctions, et de doux témoignages de conscience à ceux qui coopèrent à son exécution.	3° Elle crée l'infâme profession de bourreau, et prépare au magistrat des remords.

La profession de bourreau est repoussante ; mais quand elle serait infâme, cela ne prouverait pas que les emplois des pénitenciers soient tous d'*honorables fonctions* comme on le prétend. Si elles sont honorables, ces fonctions, c'est parce que tout ce qui n'est pas déshonorant devrait être honorable ; mais il y a de l'exagération à dire que toutes les fonctions d'un pénitencier le sont dans le sens ordinaire de ce mot. De toutes les fonctions, celle de directeur en chef et celle de pasteur, sont certainement les seules auxquelles cette dénomination puisse s'appliquer ; nous ne pensons pas qu'on doive l'étendre à celles de geôliers, de guichetiers, de gardiens, de chefs d'atelier, etc. etc., quelque utiles que puissent se rendre les hommes qui les remplissent. Le directeur et le pasteur peuvent se rendre éminemment utiles et être très honorables, et c'est pour eux, sans doute, que le système pénitentiaire prépare des doux témoignages de conscience, qu'on ne saurait étendre, malgré l'assertion, à ceux qui coopèrent à son exécution.

Quant aux remords que la sentence prépare aux

magistrats, suivant l'expression du tableau, nous ne pouvons les comprendre. Comment, en effet, supposer des remords au magistrat qui a l'intime conviction d'avoir rempli un devoir, d'avoir agi avec impartialité, d'avoir jugé en conscience, d'après les lois en vigueur, qui ne lui ont pas paru injustes? Le remords est un reproche secret de la conscience : nous supposons toujours un magistrat intègre ; le remords nous paraît impossible. Des regrets, bien vifs si l'on veut, voilà le sentiment qu'un magistrat à qui l'on démontrerait son erreur éprouverait sans doute; son âme pourrait être douloureusement déchirée par la pensée d'avoir condamné un innocent, que le cri de la conscience ne viendrait pas le tourmenter par des remords exclusivement réservés à celui qui a enfreint les devoirs de la morale en *connaissance de cause*.

4° Il ne met que le juste dans la loi.

4° Elle légalise le crime *.

Chacune de ces sentences soulève la question tout entière ; aussi ce n'est pas ce qu'elles renferment de général qu'il faut réfuter ici. Cela a été déjà fait. Écartons donc la question de savoir si

---

* On a fini par substituer au mot *crime* celui de *meurtre;* mais il est évident qu'on donne à ce dernier mot la même signification qu'au premier, sans cela l'assertion n'aurait pas de sens.

effectivement le système pénitentiaire *met toujours le juste dans la loi*. Considérons seulement ce qui est destiné à faire son contraste. *La peine de mort légalise le crime :* ainsi la mort d'un assassin est un crime ; seulement il n'est pas légalisé, quand il est exercé par un individu dans le cas de défense personnelle; et la loi qui prononce la mort pour la défense de tous, cette loi serait criminelle. On pourrait, tout au plus, voir une injustice dans la loi qui protége les citoyens aux dépens de la vie du coupable ; mais il y a encore loin de là au reproche de crime. Le crime est une infraction grave aux lois de la morale; et cette infraction n'est criminelle que parce qu'elle est accompagnée de l'intention de les enfreindre. Or, le législateur, s'il s'est trompé, n'a pas eu l'intention de devenir criminel. Là il peut être injuste, mais elle ne saurait jamais être criminelle. L'exagération de la passion peut seule avoir mis une qualification à la place d'une autre, qui en est si différente.

Viennent ensuite les cinquième, sixième, septième et huitième articles, qui sont précisément les objections principales auxquelles nous avons fait des réponses étendues.

Voici maintenant des détails sur les faits rapportés aux pages 284, 285. *Journal des Débats,* 10 *octobre* 1831. La cour criminelle de la ville libre de Brême vient de juger un procès criminel des plus remarquables :

Marguerite, née Timm, avait reçu une éducation assez soignée; son père, tailleur d'habits à Brême, vivait dans une honnête aisance. En 1808, à l'âge de vingt ans, elle épousa le sieur Mittemberg, sellier, qui possédait également quelque fortune. Sept enfans furent le fruit de cette union; trois d'entre eux ont survécu à leur père. Au décès de ce dernier, la veuve conserva largement de quoi vivre. En 1815, et dans l'espace de quelque mois, la mort emporta son père, sa mère et ses trois enfans; l'année suivante, son frère unique eut le même sort, peu de temps après son retour d'une longue absence, et à l'instant où il s'agissait de partager la succession paternelle. En 1817, la veuve épousa en secondes noces le sieur Gottfried, avec lequel elle avait, de son propre aveu, entretenu des relations illicites avant la mort de son premier mari. Quelques jours après les noces, Gottfried mourut subitement. Six ans après, elle allait épouser le sieur Zimmermann, lorsque celui-ci succomba à une maladie grave. En 1826, la veuve Gottfried vendit sa maison au sieur Numpf, charron, en y conservant un appartement. Quelques mois après, la femme Numpf mourut en couches; depuis lors, la veuve Gottfried se chargea du ménage du sieur Numpf. Celui-ci souffrait de temps à autres des vomissemens. Le 6 mars 1828, il remarqua qu'un morceau de lard apprêté par la femme Gottfried était enduit d'une substance étrangère; il le fit examiner par son médecin qui reconnut dans cette substance graisseuse une grande quantité d'arsenic. Sur la dénonciation du médecin, la veuve Gottfried fut arrêtée.

Depuis, plusieurs renseignemens parvinrent à la justice sur le compte de cette femme; l'instruction a prouvé et l'accusée a avoué qu'elle avait administré de l'arsenic en beurre à un grand nombre de personnes, dont quinze sont mortes victimes du poison, dix-sept ont survécu.

Voici le dispositif de l'arrêt rendu par la cour criminelle de Brême, le 17 septembre 1830 :

« Dans l'instruction dirigée contre Marguerite Timm, veuve de feu M. C. Gottfried, accusée d'empoisonnement et de plusieurs autres crimes, la Cour, vu le dossier, etc. etc., déclare la veuve Gottfried (qui s'est en outre rendue coupable de plusieurs vols, escroqueries et faux sermens, ainsi que d'une tentative d'avortement) atteinte et convaincue,

1° D'avoir assassiné, au moyen du poison, ses père et mère, trois de ses enfans, son premier et son second mari, son frère, son fiancé P. Y. Zimmermann, la dame Louise Meyerholz, le sieur

Jean Mosées, la femme du charron J. C. Numpf, née Mantz, la femme du tonnelier Shmidt; enfin le serrurier Frédéric Kleine à Hanovre; d'avoir en outre causé la mort de la demoiselle Élisa Schmidt par un empoisonnement qui peut n'avoir pas été prémédité;

2° D'avoir administré du poison audit J. C. Numpf à plusieurs reprises, et dans l'intention de l'assassiner, après avoir par là détruit sa santé;

3° D'avoir administré du poison à un grand nombre d'autres individus, avec préméditation, mais sans avoir eu le dessein de les faire périr; toutefois exerçant par là une influence préjudiciable à la santé de ces individus.

En conséquence, et conformément à l'art. 130 du Code d'instruction criminelle, ayant au surplus égard aux principes modérés de la jurisprudence actuelle, la Cour condamne la veuve Gottfried, en réparation des crimes par elle commis, et *pour servir d'avertissement utile à ceux qui seraient tentés de l'imiter*, à avoir la tête tranchée par le glaive, etc. »

En conséquence l'exécution de la veuve Gottfried a eu lieu le 21 avril 1831, sur la place de la Cathédrale, à Brême.

Un des assassinats les plus horribles dont fassent mention les annales du crime a été commis dans le voisinage de Brighton.

Un homme du nom de Jean Holloway ou de William Goldsmith, épousa, il y a six ans, une femme dont le nom de fille était Bashford. Ce mariage ne fut pas heureux. Plusieurs séparations, puis des rapprochemens eurent lieu. Plus récemment Holloway abandonna sa femme, et alla demeurer avec une femme nommée Jane Kennard. La femme légitime, se trouvant sans moyens de subsistance, s'adressa aux magistrats de Brighton, et ceux-ci forcèrent le mari à lui faire une pension alimentaire de deux schellings par semaine.

C'était toujours la femme Kennard qui lui en remettait le montant. Holloway paya long-temps la somme fixée, mais dernièrement il la réduisit à un schelling et demi, puis à un schelling.

Nouvelle plainte de sa femme et nouveaux ordres au mari d'exécuter la sentence magistrale.

La dernière fois que vint la femme Kennard, une querelle s'éleva, et les deux femmes se battirent; Holloway, peu d'heures après, alla trouver sa femme et l'accabla d'injures, et lorsque le propriétaire insista pour qu'il se retirât, il dit que dans peu de temps il se débarrasserait de sa femme. Depuis ce temps on ne sut ce qu'elle était devenue, jusqu'au moment où l'on trouva le tronc de son cadavre dans un bois taillis, à peu de distance de Brighton.

Il y a environ quinze jours, un pêcheur passa dans ce bois, et la terre ayant été remuée récemment dans un endroit seulement, cette circonstance attira son attention. Il vit une partie d'un vêtement; il pensa qu'il y avait un cadavre enterré en cet endroit; il en parla à ses connaissances, mais il ne fit aucune dénonciation à la justice. Un nommé Gillam et le pêcheur retournèrent dans le bois, mais quoiqu'il fît jour ils ne firent aucune découverte importante. Gillam revint avec sa mère et sa sœur, et ce fut alors qu'ils virent qu'il y avait quelque chose d'enterré. Gillam instruisit de cette circonstance l'officier de police de Preston. Celui-ci fit faire dans le bois les perquisitions nécessaires. On trouva un corps de femme horriblement mutilé : le tronc était étendu sur le dos, et les cuisses, qui avaient été coupées à la hanche et aux genoux, étaient déposées auprès. La tête, les bras et les jambes manquaient; le corps, qui était dans un état de putréfaction avancée, était vêtu d'un jupon, d'un corset et d'une robe; les cuisses n'étaient pas couvertes et paraissaient avoir été amputées avec beaucoup de dextérité, sans que les os fussent fracturés ni les muscles déchirés. Le trou n'avait pas plus de seize pouces de profondeur et plus de deux pieds carrés.

On envoya chercher des chirurgiens qui déclarèrent que cette malheureuse femme était enceinte de sept à huit mois. Lorsque cet événement fut connu, on chercha partout dans le taillis, et particulièrement dans les endroits où la terre avait été remuée; mais on ne put trouver les autres membres. On trouva cependant une boîte tachée de sang, que l'on présume avoir contenu les restes de la victime avant qu'elle fût enfouie. Il est impossible de se faire une idée de la consternation qui régnait à Brighton. La voix publique accusait Holloway et sa concubine; celle-ci fut arrêtée, et Holloway se rendit volontairement en prison.

Lundi, la femme Kennard fut interrogée ainsi que divers témoins, et plusieurs fois, pendant cet interrogatoire, elle s'évanouit. Les faits les plus importans furent ceux dont la maîtresse de la maison déposa. Elle dit que le jour où l'on trouva le corps, la mère du prisonnier alla chez lui précipitamment et dans une grande agitation, et parla du corps que l'on venait de trouver; qu'elle entendit beaucoup de bruit dans la chambre; et que Holloway, à son arrivée, la pria de se tranquilliser.

Les prisonniers n'ont fait que des réponses vagues, et n'ont rien dit qui pût les incriminer; ils ont emprunté une brouette dont ils se sont servis la nuit; elle était couverte de boue quand ils l'ont rendue. Après bien des recherches, on n'a rien pu prouver, si ce n'est que Holloway s'en était servi pour faire la fraude.

L'assassinat a-t-il été commis à Brighton ou dans le bois taillis? C'est ce qu'on ne peut décider. S'il a été commis à Brighton, comment son auteur a-t-il pu passer avec son terrible fardeau dans la partie la plus fréquentée de cette ville? S'il a été commis dans le bois même, comment expliquer cette amputation, si adroitement faite, que les chirurgiens entendus dans l'affaire ont déclaré qu'elle n'avait pu l'être que par un membre de la faculté ou un boucher? Les mêmes chirurgiens, après l'autopsie du cadavre, ont déclaré que les efforts de la victime contre son assassin avaient amené son accouchement; qu'il n'était pas complet.

Les recherches de l'officier de la police ont redoublé pour découvrir les autres parties du cadavre. On a fait vider une fosse d'aisance commune à plusieurs maisons, et entre autres, à celle où résidait Holloway lors de l'assassinat; au moment où l'on conservait peu d'espoir de rencontrer quelque chose qui conduisît à la découverte de la vérité, on trouva une jambe vêtue d'un bas; et peu d'instans après, la tête, enveloppée d'un morceau de couverture. Diverses personnes en reconnurent les traits, comme elles reconnurent les vêtemens qui couvraient le tronc. Les médecins vérifièrent que ces parties se rapprochaient parfaitement au cadavre trouvé dans le bois taillis. On assure que les criminels ont fait aveu de leur crime.

(*Journal des Débats*, 30 août 1831.)

FIN.